周易

家居环境调理

易界名家 独门首传

李计忠 图解《周易》系列

李计忠 著

团结出版社
UNITY PRESS

图书在版编目（CIP）数据

周易家居环境调理 / 李计忠著 . -- 北京：团结出版社，2010.7（2023.11 重印）
（李计忠解周易系列）
ISBN 978-7-80214-397-5

Ⅰ . ①周… Ⅱ . ①李… Ⅲ . ①周易 - 关系 - 住宅 - 居住环境 - 研究②周易 - 关系 - 住宅 - 室内设计 - 研究
Ⅳ . ① B221.5 ② TU241

中国版本图书馆 CIP 数据核字 (2010) 第 134757 号

出　版：团结出版社
　　　　（北京市东城区东皇城根南街 84 号　邮编：100006）
电　话：（010）65228880　65244790（出版社）
　　　　（010）65238766　85113874　65133603（发行部）
　　　　（010）65133603（邮购）
网　址：http://www.tjpress.com
E-mail：zb65244790@vip.163.com
　　　　tjcbsfxb@163.com（发行部邮购）
经　销：全国新华书店
印　装：三河市东方印刷有限公司

开　本：170mm×230mm　　16 开
印　张：21.5
字　数：275 千字
版　次：2010 年 7 月　　第 1 版
印　次：2023 年 11 月　　第 5 次印刷

书　号：978-7-80214-397-5
定　价：49.00 元

自 序

　　自伏羲画卦、文王演易以来，《易经》就被看成经典中的经典，哲学中的哲学，智慧中的智慧。道学专家萧天石先生曾说：《易经》"由无入有，由简入繁，由无极而太极、而阴阳、而四象、而八卦、而六十四卦、三百八十四爻，以至于无穷之象，无穷之数，无穷之变，无穷之理，均可推而得之，籍而用之。由一本而万殊，由万殊而复归一本；本一而无穷"（萧天石：《道德经圣解》）。不仅如此，《易》还是中华民族几千年文明的根源，为诸子百家之所祖。对中国文化影响最大的儒道两家，其中心思想无不以易为体，仅法易有别而已。儒法乾，道法坤。易之要在乾坤，以乾坤为门户。《系辞上传》曰："乾坤其易之门邪。乾，阳物也；坤，阴物也。阴阳合德，而刚柔有体。以体天地之撰，以通神明之德；其称名也，杂而不越，于稽其类，其衰世之意邪？"儒法乾，乾为纯阳之卦，法乾之"天行健"，而主"自强不息"，主先、主动、主上、主刚、主强、主进取，主张积极作为，是入世之学；道法坤，坤为纯阴之卦，法坤之"地势坤"，而主"厚德载物"，主后、主静、主下、主柔、主弱、主顺应，主张消极无为，功成身退，为出世之学。也就是说，儒家学说以周易中的第一卦乾卦为自己的逻辑起点，立论乾卦刚健特性，以此推演出自己对人生、社会、国家以至于万事万物的看法；而道家学

1

说以坤卦为自己的逻辑起点，立论坤卦厚德品性，以此推演出对人生、社会、国家以至于万事万物的看法。然乾阳极而阴生，泰极而否至，物不可极，极则必反；坤阴极而阳生，无为而无所不为。儒道虽立论不同，然异曲而同工。"两家思想之所以相反而又能终相合者，不穷通乎《易》，便无以得其几微矣"（萧天石：《道德经圣解》）。及至现代，中国科学教育最权威高校之一——清华大学的校训"自强不息"、"厚德载物"也出自《周易》乾坤两卦卦辞，即"天行健，君子以自强不息"（乾卦），"地势坤，君子以厚德载物"（坤卦）。意谓：天（即自然）的运动刚强劲健，相应于此，君子应刚毅坚卓，奋发图强；大地的气势厚实和顺，君子应增厚美德，容载万物。"自强不息，厚德载物"精辟地概括了中国文化对人与自然、人与社会、人与人的关系的深刻认识与辩证的处理方法。中华民族历经几千年时间的考验和兴衰变化，而一直能稳固地凝聚在一起，并保持一个伟大民族的生机与活力，是同这种深刻认识分不开的。事实上，"自强不息，厚德载物"已构成中华民族的民族精神与民族性格的重要表征。（徐葆耕：《关于校训的解释》）。由此可见，《易经》对中华文化影响之巨大、之深远！

古有三《易》，曰"连山易"、曰"归藏易"、曰"周易"。连山易属神农（也有认为属伏羲），归藏易属黄帝，周易属周。前二易已失传，独周易仅存，经孔子等人发扬光大而更加流光溢彩。周易是一部集理、象、数为一体的特殊的哲学专著。虽"《易》本为卜筮而作"（《朱子语类》），其中却包含了深邃的哲学思想，其卦形、卦爻辞无不渗透着深刻的哲学道理，经孔子（孔子对周易的哲学提升主要见诸"十翼"，即《彖上传》《彖下传》《象上传》《象下传》《系辞上传》《系辞下传》《文言传》《序卦传》《说卦传》

《杂卦传》）、王弼、朱熹、程颐等人的发展，已上升为体系完整的哲学著作，由此产生了专以阐释周易哲学大义为主要内容的"易理派"。而周易之要在理、象、数，其奇特之处、运用之妙几尽在其象数。离开象数，周易也就不再是周易，而仅仅是一部普通的哲学著作了。因此，只有"易理"、"象数"相互掺用、才能辨明周易大旨。南怀瑾先生也曾说："理、象、数通了，就能知变、通、达，万事前知了"（南怀瑾：《易经杂说》）。就易理而言，可以说，各有各的理，正理只有一条，歪理可有千条（南怀瑾语，见《易经杂说》）。正如《系辞传》所说，"仁者见之谓之仁，知（智）者见之谓之知（智）。"然而周易的象数，却是科学，科学只有真理与谬误之分。

周易的魅力在于其蕴涵的深刻哲理性，周易的哲理性又依附在卦画的无穷变化上，而卦画的变化又是基于数的严密推演。因此，作为一部博大精深的哲学著作，周易中还包含着其他哲学著作没有的以象、数为基本要素的特殊逻辑推演体系。《系辞上传》中就有专门阐释"大衍之数"的内容。辞曰："大衍之数五十，其用四十有九。分而为二以象两，挂一以象三，揲之以四以象四时，归奇于扐以象闰，五岁再闰，故再扐而后挂。天一地二，天三地四，天五地六，天七地八，天九地十。天数五，地数五，五位相得而各有合。天数二十有五，地数三十，凡天地之数，五十有五，此所以成变化而行鬼神也。"这是对周易著筮推演程序的介绍，但具体如何断卦，则没有说明。其实，古今易学专家皆精于象数和筮法。孔子及其周易传人梁丘贺、丁将军、孟喜以及西汉的焦延寿、京房等，都是以善占而名流史册。仅以孔子为例，孔子晚年酷爱周易，常爱不释手，读《易》韦编三绝，还说"假我数年，若是，我于《易》则彬彬矣。"也就是说，再给几年时间，就能够把周易融会贯通了。不仅如此，孔子还常常自筮。《孔子家语·好生》中就记载孔子自筮情况。原文如下：

孔子常自筮，其卦得贲焉，愀然有不平之状。子张进曰："师闻卜者得贲卦，吉也，而夫子之色有不平，何也？"孔子对曰："以其离耶！在周易，山下有火谓之贲，非正色之卦也。"

意思是孔子常常自己占卦。有一次占得贲卦，脸色变得很难看，显示出不高兴的样子。孔子的弟子子张，走上前来问道："我听说占卜得贲卦，十分吉利。老师，您的脸色为什么显得不高兴呢？"孔子回答说："因为它偏离我意。在《周易》上，山下有火叫贲卦，不是正色的卦。"贲卦，内离外艮，《象·贲》曰："文明以止"，也就是说内离明而外艮止。孔子本打算行道于天下，没有遇见乾龙等卦而得到贲卦，止以《诗》《书》，所以不高兴。这一案例说明，孔子晚年学易以后非常看重占卦。

周易象数及占卦方法随着历史的发展而不断丰富完善，并派生出了门类繁多、异彩纷呈的各种流派，诸如八卦六爻、四柱命理、梅花易数、奇门遁甲、大六壬、小六壬、紫微斗数、铁板神数、手相、面相等。这些流派虽各具特色，各有自己的逻辑体系和预测技法，其皆根源于周易八卦。近代易学专家尚秉和先生曾总结不同历史阶段周易占卦方法的区别，说："盖《易》之用代有阐明，而其别有三：伏羲以来察象，周用辞而兼重象，至西汉乃推本辞象而益以五行。五行明而筮道乃大备矣。是以汉之焦、京，魏晋之管、郭，唐之李淳风，宋之邵尧夫，其筮法之神奇，有非春秋太史所能望见者。则以春秋太史局于辞象，后之人能兼用五行也"（尚秉和：《周易古筮考自叙》）。也就是说，伏羲时期，占卦主要看卦象，以卦象推吉凶；周朝时期，虽也兼用卦象，但已重视根据卦爻辞判断吉凶；到西汉时期，已经把八卦和五行配合起来，按照一定的逻辑关系进行推演预测。所以，才出现西汉焦延寿、京房，魏晋管骆、郭璞，唐朝李淳风，宋朝邵尧夫等人的神奇占筮技法。这些技法是春秋时期专管占筮的太史们所无法企及的。

记得恩师曹宝件先生曾对我说："要想进入易学的殿堂，八卦是必修课。只有学好了八卦，才能起卦断事，明辨吉凶祸福。"还指出："学好手面相，可以识人面而知人心，又是为人排忧解难最快捷、最方便的门径；四柱命理易学难精，但必须要掌握，因为四柱和八卦是打开一切术数大门的两把钥匙，要为人解灾就离不开事主的四柱八字；奇门三式可学可不学，但要成为易学专家，至少要弄懂奇门遁甲术。易学专家的必精之术是地理风水，但要切记，十年之内不可研习风水之术，必须待到有一定生活阅历后，才可以深研风水，而且必须在研读十年风水之后，把玄空、三合、八宅等几个大门派的风水技法综合掌握，才能进行独立操作。因为风水术不同于其他术数，应用其他术数稍有误差只是误事，而应用风水术出了差错会损人家性命，甚至会损害人家的子孙后代。切记！"从此以后，我一直沿着恩师指导的这条道路往前走。如今，已过知天命之年的我，深感周易八卦之精妙，习之愈深，愈感其"洁静精微"，妙不可言、神不可言。

在长期的断卦实践和总结前人的基础上，我首创了"一卦多断"独门技法，并创新发展了"八卦断风水"、"八卦配十二官"、"大小限断流年"、"三飞"、"一卦断终生"等技法，以化煞、解灾、调理、改运等方法为人化解灾难，常有奇妙效果。断卦和化解灾难的实践使我深信周易八卦的科学价值。然而，易学知识博大精深、易学典籍浩如烟海，使人如站在易学殿堂之外，遥望宫殿的锦楼翠阁而望洋兴叹。

长期以来，我希望把自己几十年来学习积累的这些宝贵的周易八卦断卦技法公之于众，献给社会，造福于百姓，使中华民族易道发扬光大。2010年1月，我出版了《周易·一卦多断入门》《周易·一卦多断点窍》《周易·一卦多断精解》《周易与家居环境》四部著作，深受广大读者的喜爱，在4个月内销售一空，5月份又再次印刷。

之后，我又整理撰写了《周易·家居环境入门》《周易·家居与人生》《周易·家居与调理》《周易·环境与建筑》《周易·八卦与阵法》《周易·八卦健康案例精典》《周易·八卦案例通解》《周易·玄空大卦例解》等八部易学著作，以飨读者。这些书以周易八卦为理论基础，结合现代社会现实情况进行创新，源于古法而不拘于古法；在学理分析上，力求由浅入深、层层剖析、循序渐进、通俗易懂。

当然，周易之用，圆融活泼、运舞无休，由于本人才学有限、时间仓促，在撰写过程中难免有错漏之处，欢迎广大读者批评指正。

李计忠

庚寅年壬午月于海口

目 录

第一部分
峦头与环境风水调整

第一章　峦头

　　《葬经》云："葬者，乘生气也；气乘风则散，行之使有止，故谓之风水。且夫生气藏于地中，人不可见，惟循地之理以求之。然后能知其所在，使枯骨得以乘之，则地理之能事毕矣！"此言甚明，造葬必承地气之生旺，若得峦头之生气，又合理气之法度，无有不吉也。

　　峦头者，即龙、穴、砂、水四字也；理气者，即玄空飞星、八宅风水、三合水法、三元水法等。峦头为主，理气为用，峦头决定于理气，理气反作用于峦头，两者相辅相成，缺一不可。

　　时师常忽视峦头，专谈理气，本末倒置，与人相地，大失地理之义，不可不慎也。不知峦头者，不可以言理气；不知理气者，不可以言峦头；精于峦头者，其尽头功夫，理气自合；精于理气者，其末头功夫，峦头自见。当先论某地是某地非也，不当论其属何卦体，属何干支；盖真龙真穴，自无两宫杂乱之龙或两仪差错之水，此为峦头合理气之说。卦气之死绝，地气之大死绝；卦气之生旺，地气之大生旺也；盖一卦收龙，诸卦收水，尽皆合法，断非等闲之地可知；况必逐节推论，则龙之起处，水之来源，消之外口，必真龙正结，此理气见峦头之说也。

　　地理之道，首重龙。龙者，地之气也，水界则聚，风乘则散。水有吉有凶，风之为害，实是大忌。风有八风：

前有凹风，则明堂倾卸。案砂无有，牵动土牛，堂气不收，主贫穷绝败。

后有凹风，则背后空缺而受风背寒。必是无鬼无靠，穴星不起，主夭寿丁少。

左有凹风，则必是龙砂软弱无情，长房伶仃孤寡。

右有凹风，则是白虎空缺，小房败绝夭亡。

两肩凹风，则是胎息孕育元气受伤，焉有好地，主败绝。

两足凹风，则是非冲射堂局，则必水口斜飞。子孙受朝拜进贡之地低陷，荡家败产。

城市峦头，即外局楼房为砂，道路为水。左边楼房为青龙，右边楼房为白虎，前面楼房为朝案为朱雀，后面楼房为玄武即坐山。

第一节　论　龙

龙即山脉，不称山脉而称龙脉，是借龙的形象以形容山脉活泼而有生气也。盖山脉之起伏盘旋，有如龙飞凤舞，取其变化之莫测。所谓神龙者，见而在于田，飞而在于天，跃而在于渊。故山脉有时高耸云霄，卓拔万丈；有时伏于平冈，有时或落于平洋，蛛丝马迹，若隐若现，皆比喻神龙之飞跃也。

山龙发脉处谓之祖，为始祖→远祖→宗祖→太祖→高祖→少祖→父母→子息（结穴）。

龙脉如树干，干有大小，枝亦有大小，粗中有嫩也。总之，在每一分干分枝处，卓拔而起者，皆为祖山。例如我国之龙脉皆始于有世界屋脊之称的昆仑山，分而为四：

北龙由西藏高原向北行，循阿尔泰山山脉、兴安岭山脉，直达东北各省及韩国，谓之北龙。

中龙有二，其一为祁连山脉、贺兰山脉、阴山山脉、太行山脉，沿黄河流域抵黄海；其二为巴颜喀拉山脉、雪山山脉、娄山山脉、大巴山脉，以及大别山脉，沿长江流域抵东海。

南龙自喜马拉雅山脉，经五岭山脉，南循奥江达南海，东循武夷山脉过海峡，经澎湖列岛抵台湾。南龙祖山高度为世界之冠，而气势磅礴，南有云南两广及福建海南，北有西康贵州湖南江西浙江。因其气势高雄，到达尽头，犹有余力渡海而结台湾或海南。

一、龙的种类及吉凶性质

行龙因其形势不同，又变化万端，故其种类亦多，有生、死、强、弱、顺、逆、进、退、福、劫、病、杀等之名。并以生强、顺、进、福等为吉龙；以死、弱、逆、退、病、劫、杀等为凶龙。吉龙可用，凶龙不可用。

兹将吉凶龙格叙述于下：

1.吉龙

生龙者，星峰磊落，枝脚活动，行度摆拽，左右轩昂，枝脚活泼向前，皆有生气也，故此种来龙最吉。其结穴必然端正，其龙自祖山脉行度出来，大顿小伏，如生蛇之渡水，如啄木之飞空，应案分明，谓之生龙。此龙主必结贵大地，人丁昌盛出大富大贵公正之士，世享荣华。

强龙：星峰独起，体格雄壮，行度轩昂，力量盛大，有如万马奔腾，猛虎出林，渴龙奔海，鳞甲竖立而强盛。此格龙最吉，如融结成穴，骤富骤贵，威名天下，功业宏盛，永垂不朽。

顺龙：星峰顺出，枝脚顺布，行度团聚。歌曰："顺是开张向前往。"又飞势有序，送从向前，上下照应，左右环抱，皆有眷恋之情意而不忘。此种来龙最贵，主富贵绵长，百子千孙，孝顺和睦，多福多寿，世代康宁，可谓之丁财贵寿之龙也。

　　进龙：以其势有序，枝脚均匀，其龙自离以来，辞楼下殿，精神俊异，后龙形势节节增高，伦序不紊，由粗剥细，由老换嫩，如凤览德辉而下，如鸿戏水而飞。此种龙种最吉，必主富贵双全，朱紫满门，发福悠长，奕世荣华而不衰之格。

　　福龙：凡龙身圆润敦厚，行走悠闲，自少祖以迄父母山，均圆净而无臃肿瘦削之态，亦无急剧懒散之情，四周之山团团辏聚，不见怪岩耸削之峰峦，亦无穷山坑泄之恶水，此即福龙也。如有福之人得之，上得前人之荫，下得奴仆之供，而耸享安乐也，主发福悠远，富贵康宁。

2. 凶龙

　　死龙：峰峦模糊，手脚不动，星体直硬。歌曰："死是无摆动。"其势如鱼失水，如木无根，如顺水随流，如死鳅死鳝，皆无生气。此格最凶，不能融结，纵有形穴，必是虚结，若误下插之，必主穷残败绝。

　　弱龙：弱龙以其来势瘦弱，星峰骨直，枝脚衰缩，本体乏力，此种来龙必有风吹不吉。如误下插之，必主孤贫，伶仃疾苦困弱，有如失群之孤雁，一生无依终至败绝，故不可用。歌曰："弱是瘦峻嶒。"其龙自离祖以来，飘飘散散、险峻嵯峨、浮筋露骨，形如鹅头鸭颈败柳残花，此龙多遭风吹水劫，不能融结，纵有形穴，亦是虚伪也。

　　逆龙：逆龙星峰侧立，枝脚逆趋，行度乖戾，自离祖以来，高下不伦，忘前忽后，行度又处处桡棹不随，入穴处龙虎不卫，如雁之退飞，纵有形穴，亦为不吉，主凶暴忤逆盗军配之徒。并有半逆半顺者，有云："一种半逆半顺行，多为反戟福不轻，长幼吉凶分左右，悖逆爷娘身受刑。"故逆龙切不可插穴也。

　　退龙：其星辰失次，枝脚不伦，龙势退后，行度勉强，始小而终大，来龙低而穴星高，高下失序也。此种龙格最凶，不可采用，否则必主一发便衰，而无前进之力量矣。歌曰："退时渐萧条。"自离祖山以来，本无正气，勉强行度，如人之踏碓，如船之上滩，此格最凶，不堪裁穴。

病龙： 病龙星体虽美而有瑕疵，其龙自离祖山以来，禀气偏驳，美中不纯，出身行度起伏顿跌活动，虽有可观，而枝脚边有边无，边生边死，边美边恶，或一畔周密，一畔缺陷，或一节活动，一节起硬，或一边圆净，一边破碎，或星峰美恶不一，或四山送从不周，凡此之类，皆谓病也。虽有结作，而祸福相伴，好中不足，美事不周。

劫龙： 凡龙身及穴场广大，旁正难分，上则劫风穿穴，下则倾斜无势，或偏左右，则嫌后不能乘气度脉，前不能朝山拱穴，东牵西拽，模糊不清，此劫龙也。不特龙穴有此劫害，若朝山逼近，粗大高耸，至有压穴之害。又因面山或一旁之山过高，则有回风吹穴之劫害。三为直斜之水，有冲城割脚之害。四为风煞，洞风射穴之害。盖因砂之闪昳，风从闪处吹来，谓之风煞，若砂不能紧护，谓之洞风射穴，尤以乾、戌、丑、艮、巽、巳等风最忌，故先贤有云："乾戌劫煞多白蚁"也。

杀龙： 杀龙以其来脉带杀，未经剥换脱卸也，因其自离祖山以来，峻峭险壁、丑恶粗雄、露骨带石、枝脚尖利、破碎欹斜、硬直臃肿，全无跌断过峡，或虽经脱卸而恶形不改，观之而毛骨耸，步之而心神惊者，凡此等来龙皆称之为杀龙。以其杀气凶露，最为凶恶，如误下插之，主出凶狠强梁，为嗜杀诛夷惨灭之应。且如地方形势如此，亦主该地方常出凶徒有惨灭之应。可类推之，盖因人生之祸福，其无山家风水所生，即为地方风水所生也。

总而言之，凡来龙之变化万端，而其吉凶之分析与判断，皆要以实际之形势而定之，自不可受任何格局之拘泥，而更须明师之触类旁通与运用之妙矣！

二、龙的出身

龙的出身，乃祖山发脉，离祖出分行处也。盖一祖之下必分类，其间美恶吉凶，端倪已兆。若出身之际特异不凡，前去必有穿落转变融结富贵之穴；若出身之处不美，纵去有形穴，穴亦非吉地；若宏开阔帐而穿心出脉，或连连起峰而耸拔不凡，或辞楼下殿而磊落，或叠云集蚁而缤纷，或五星聚讲，正穿正出，中出中落，夹护拱照，气象轩昂，枝叶蕃衍，步骤活动。先贤云："大凡龙脉初发处，若屈曲如生蛇之下岭，而两边有蝉翼护带者，前去必结大地；其出瘦弱萎靡，不起伏，不活动摺摆，必不结地也。"

凡来龙的出身，分为下列各种，以审力量之大小：

干龙： 分为大干、中干、小干三种。大干者，即为干中之干也，其龙祖极为高大，而出脉分行之时，气势宏大，耸拔雄伟，拥从尊重，贵格全备，有如王者驾出，文武追随，大将赴敌，三军听命；中干者，亦与大干同一龙祖，只以气势行度稍次于大干耳；小干者，有的与大干同祖，有的与大干分出，其气势度又稍逊于中干矣，而其来龙皆有长达千里数百里或百余里，力量甚大。凡遇此等龙穴，必主出帝王、公侯将相之大富贵，且发福悠久也。

枝龙： 分大枝、中枝、小枝三种。大枝者，即为枝中之干也，其龙皆在大干之中，亦相当高大，于出脉分行之时，亦带诸般贵格，前呼后拥，气势行度，星辰磊落，其尊贵与小干龙相同，故配合完美者，亦有主出公侯将相之应；中枝者，即枝中之枝也，其龙祖皆在小干之中，或在大枝之上，其气势行度，较逊于大枝，若配合完美，亦主出尚书巡按之应；小枝者甚多，其龙祖皆在大枝或中枝之中，如其气势行度尊贵者，亦主出知府知县等之应也。总之，无论干枝，其所主之富贵大小，固有定数，但亦有例外者，必须要视其实际情形而判定之始可也。

垅龙与支龙： 垅龙者，高山之龙也；支龙者，平地之龙也。其力量之轻重，富贵之大小，自不能完全以支垄分优劣，但其形势各有不同，故观察之法亦有不同。例如，山垄则欲其高大雄伟为至佳；而支龙则以平地一堆为至吉，并以高一寸即为山为砂，低一寸为水为池也；惟以高山易看，而平地难辨耳。至于富贵方面，垄龙之势，出人较为威武英豪，勇敢果决，可见发福悠久；支龙之势，出人较为文弱忠厚，缺乏气概，可见发福参差也，但亦有例外者。

三、龙的护送

　　龙的护送，贵在龙脉两边的护从多。卜氏云："德不孤必有邻，看他护从。"经云："真龙身上多护卫，山水有情来拱揖。只有真龙坐局内，乱山却在外为缠。缠多不许外山走，那堪长远作水口，送在托山若两全，富贵双全真罕有。"皆言真龙融结，必有护从迎送，诸山以卫区之，有如大贵人出入，必有前呼后拥也。单寒之龙最为无用，杨公云："若是孤行无护卫，定作神词佛道宫。"此言龙之护从，愈多愈贵。经云："护从多喜到穴前，三重五重福绵延，一重护卫一代贵，护卫十重宰相地，两重亦主典专城。一重只出丞簿尉。

护龙图

迎送图

寻龙千万看缠山，一重缠是一重关。门户若有十重锁，定有王侯居此间。"

枝龙必须缠护周密，朝迎秀异，送从齐整，下手重叠，方有结作，不可以一山有情而取之。经云："枝龙身山亦可栽，若是虚花无朝应。半是虚花半是开，若是结实护缠回，护缠定要观叠数；一叠回来龙身顾，莫便将为真实看；恐是护龙叶交互，三重五重抱回来，此就枝龙身上做。"

干龙则取远迎远送，大缠大护，在眼界宽阔中辩认。但护山必有近者为侍为从，而远者为缠为迎，且在紧要过峡关节去处，必以近者为准。譬如奴仆近在身侧，则驱使得力，若去本身已远，则呼唤未及使令，安得其力哉。又须稍高大，不可太低小而不胜我驱使之任！亦不可太高大，而有奴来欺主之状，只宜相称于大小高低远近之间，斯尽其妙也。至于迎送者，两护顺从谓之送，两护逆因谓之迎，有双送迎，有迎无送，亦有送无迎，有边迎边送。

四、龙的剥换

剥换者，变化也。凡来龙必须脱清杀气，故来龙之剥换愈多愈吉，由形体粗老变嫩，由粗老之凶，变嫩趋吉，皆造化之妙。杨公云："一剥一换大生细，从大剥小真奇异，剥换如换好衣裳，如蚕脱壳蛾退筐。"廖公云："脱卸剥换粗变细，凶星变吉地。"卜氏云："星以剥换为贵。"皆谓龙贵有剥换也。

且如金星为祖，剥出水星，水星又换木。或木生火，火生土，土生金等。则迢迢生峰，节节合法合格，自必为富贵吉地。

剥换图

若遇有相克之时，则贵有救星，如金星行龙，木星作穴，金克木本不吉。如前图，但左右得火星以制之，或得水星以助之，亦为吉地也。又如远祖高峰是凶星，发龙却跌断过脉，退皮换骨，变出吉星作少祖山而结穴者，亦为美地。若后龙节节是吉星，中门一二节吉凶不明者，只小凶而已。若远祖是吉星，而剥出凶星作少祖出结穴者，乃为凶地！不可下穴也。后龙节节是凶星，则退卸入首一二二节是吉星结穴，而葬者变得一二代发福。剥到凶星即主祸败，后龙节节是吉星，只入首一节凶星，若穴情好，初代虽见退败，主二、三代剥到吉处，则又发福久远矣。

此以剥换星体吉凶，观前后节数占节代验祸福之大概。若其起祖迢迢行星入穴，全无跌断过峡，则是无变化，必不融结；无转变穿落，则无造化；不经退卸，则无秀气，虽有奔走之势摆摺之形，亦为伪龙，多是奴从之山，不必寻穴。纵有形穴龙虎案对分明，诸般合法，奈何龙无脱卸，无变剥，则气不全，脉不真，徒有杀气凶恶，乃花假之地。故凡寻龙，见无过峡剥变者，决无融结造化，就不必追寻矣！

五、龙的贵贱

观龙贵贱之法，当先察其祖宗父母，如人之祖考，如是贵人贤士，其子孙亦多肖其先世。

贵龙：经云："生子生孙巧相似。盖由种类生出来。"雪心赋云："祖宗耸拔者，子孙必贵。"玉髓真经云："贵龙胎息已非常，生出儿孙踵祖先，巧妙多传愈精细，愈远愈清贵巨贵量。"故凡贵龙其祖山必秀丽巍峨轩昂俊伟，或宝殿龙楼，或御屏

贵龙图

戾，或金鸾绮阁，必侵入云霄，延袤之广，及其出身辞楼下殿，精神卓绝，气象尊严，行度之间，重重开帐。经云："贵龙重重出入帐，贱龙无帐空雄强。"且其出入帐又皆穿心正出，不偏不斜，虽逶迤活动而穿帐贯串。玉髓真经云："贵龙多是穿心出。帐中过脉中央行，不出中央不入相。穿心中出是真龙，龙不穿心力量细。"

贱龙： 一行禅师云："贱龙亦自有中穿，脚似蜈蚣不尽偏，惟乏迎送不开帐，纵然有穴不端然。"所以贱龙自出身以来，星峰不见，起伏不明，头面破碎而丑恶，过脉偏斜而受风，峦头带石而巉岩，枝脚尖利又反逆；四势团党委交，散漫无收，腰长直硬，风吹水劫，无迎无送，护从不随，托送不卫，如死鳅死鳝之直长，又如饿马瘦牛之萎靡，登局之间，砂飞水走，明堂倾泻，下手无力，水口空旷决无融结，不足观也。然此之龙，本体既贱，或为贵龙作传送，或为贵龙作朝迎，或作护卫关峡，或作门户水口，如只作奴仆隶卒奔走供役于贵人之前，其他一无所取之地。

《雪心赋》云："祖宗耸拔者，子孙必贵，贵龙多是穿心出，帐中过脉中央行，龙不穿心不入相。"

六、龙的行正

华表者，水口间有奇峰卓或两山对峙，水从中出，或横挡塞水中，砂要高耸也。凡是山飞水走之处，即为龙尚行去未止之表现，不可在该处寻穴，因该处只为路过之龙也。《葬经》云："气以势止，过山不可葬也。"凡遇山势不停，水势险峻急湍不环，门户不关，罗城不卫，山水不团聚，皆属龙行未止。虽有奇形巧穴，但山水无情，自不必论之；若为龙之真止，则其玄武起顶，自然尊重而不动。

《葬经》云："其止如户，则其下手诸山自必回顾，众水归堂，而左右随从之山，更自枝枝齐止，朝对迢迢远来，亦并止于穴前，如拜如伏。"如见有众山咸止，诸水会聚，即为山水大会处，自必有真龙融结，当须寻穴。大地所止，必有华表捍门，罗星北辰（即水口间，巉岩石山耸立形状怪异）等山列布于水口之间，而形成内宽外窄，堂局宽广适中，其水口更属重重关锁，配成大地规模；如果门户不关，或门户关而诸山低小，或一重远一重，一山低一山，纵有小结作，亦易衰败，不足采用也。由此可知，凡行龙之止不止，观其水口，亦可知其大概。

明堂朝案图

《紫琼》云："山去水去随送去，此是龙行犹未住，山斜水走飞不停，不是真龙作穴处。"此言龙行未止，不可寻穴。凡山势奔走不停，水势峻急流，门户不关，罗城不卫，山水不团聚，皆是龙行之处，未为止息；虽有奇形巧穴而山水无情，亦不足论。若乃龙之真止者，则玄武顶自然尊崇不动，下手诸山则自逆顾，众水回澜，左右随从之山对峙；其水又必数源齐会，或汇为深潭，或弯折如腰带，或聚如锅底掌心，溶注不散，无泻漏倾倒牵拽直去之患。卜氏云："众山止处是真穴，众水聚处是明堂。"

七、龙的长短

张公云："大龙千里费推寻，一二百里作郡邑。干龙驻处分远近，千里为大郡，二三百里可为州，过此则封侯，百里只堪为县治，下此为市里。"此言龙长者结作大，龙短者结作小。惟此等长龙大为郡邑市镇，虽有贵穴，亦天藏地秘，鬼神呵护，以候有德之人来居，不妄为泄漏天机。至于一般龙脉而论，只须寻得百里，或六七十里，或三四十里，其次或一二十里，又其次二三十里，亦可谓长矣；凡求地权其结穴之真伪为主，而不可拘论其龙之长短也。

真龙融结，分牙布爪，其长者多为缠护，为下手为水口关拦，而正龙正穴，却缩藏于内，所以不可专取长者为贵。张公云："若还执一去寻龙，行遍江湖无一地。"龙来长远者，则因其受气多而福必深远；龙来短近者，则因受气浅而福力亦易止歇也，望触类而详之。

八、龙的真假

辨龙真伪之要诀，可于入首近穴数节内察之，远龙追寻来，如入首数节合格者，则其为真；若远龙虽美，而入穴数节内不吉者，决为假。同时，并须以穴辨之，假龙必无穴，真龙必有穴，此乃辨龙真假至要之法也。

凡龙之真者，祖宗挺拔，出身活动，其行度之间，或开帐穿心，或星峰秀丽，或桡棹枝脚；有起伏顿跌，有剥换转变，有过峡束气（脉），有摆布悠扬，有屈曲奔走可爱之势，及其入首穴情明白；下手有力，明堂平正，前案特达，四势有情，水城水口，皆合法度。天造地设，生成自然之妙！惟辨得龙真，插得穴的，则诸般自然法皆尽矣。

假龙虽有祖宗，但出脉不美，或强硬突露，或峻赠带杀；虽有开帐而脉不穿心，或有穿心而无迎送；虽有秀丽星周峰而孤削无枝叶，或偏斜带石无盖；虽有枝脚桡棹而面臂不均，或反逆带杀而尖利，或臃肿而丑陋，或拖拽太重而不顾；虽有起伏而过脉无线，或懒缓不明；虽有过峡而无遮护而水劫风吹。或长腰硬直，或斜出偏落；虽有剥换而愈剥愈粗，或先吉而剥后反凶，或先强而剥后反弱。龙既不真，则融结花假，自然件件不美，所谓一事假，其余皆假，纵使龙虎对案，堂局砂水合法，文笔插天，以及秀水特朝，亦无甚益，况背戾者哉！然此假伪之龙，多是为大龙作应护于数十里之外，或为正龙作关峡于数里之间，或孕育蛟龙而有深潭，或结为岩冈而有奇怪仙宫。故辨龙真伪要诀，只入首近穴数节内察之。远龙虽寻常，入穴数节合格者，决为真；远龙虽美，入穴数节内不吉者，决为假。

九、龙的宾主

主者，受穴之山头也；宾者，朝迎之山峰也。宾主趋迎者，情意相孚。

穴场为主为我，穴场前后左右向我作揖之山峰为宾客，即朝我者为宾客。宾客拱照穴场，情意相孚；若反弓背主则无情意。

宾主之关系，最重要者为：宾主要相称，情意要相孚；切忌宾强主弱，宾山欺主，情意背驰。张公云："主要迎客，客拜主。"若宾主不分者，或主宾无情者，或争龙争主者，皆不可采用也。地理贵在宾主有情，尤贵于宾主分明。须知众山相聚，其入穴之山，必然独特尊贵而异于他山，而左右护卫诸山，皆相拱揖者。又凡南北两山相对，皆可作穴者，须当辨清主客；作穴者为主，作朝者为客；若南山为主，其水城则必向南弯抱；若北山为主，其水城则必向北弯抱。

过峡未气图

若知水之所在，则知穴之所在也。经云："问君主客皆端正，两岩尖圆巧相应。主是三山品字安，客亦三山形一般；客山上见主山好，主山上见客山端；此处如何辨宾主，只凭水抱便为真；水城反处便为客，多少时师误杀人。"

周易家居环境调理

十、龙的过峡

峡者，乃龙之真情发现处也，故未有龙真而无美峡，未有峡美而无结吉地者。是以审峡之美恶，则可知龙脉之吉凶，融结之真伪也。所以相地之法，固须妙于观龙，而观龙之术，尤须精于审峡，而为堪舆之秘诀也。

唯观峡之法，固要活变，而过峡之种类甚多，尤宜细辨。兹并概说于下：

（1）经云："一断二断断了断，鹤膝峰腰真吉地。十条九条乱了乱，若是真龙断了断。一起一伏断了断，到头一定有奇踪。"此皆谓真龙过峡之断。

（2）过峡有吉有凶，尤当细察。须知过峡之脉，欲其逶迤嫩巧，活动悠扬；如梭带丝，如针引线，如蜘蛛过水，如跃鱼上滩，如马迹渡河，如藕断丝连。但仍须要有迎有送，护卫周密，分水明白，不被风吹水劫为佳。杨仙师云："一剥一换寻断处，断处两边生拥护"；廖仙师云："蜂腰鹤膝最为奇，最忌被风吹。"盖凡龙之过峡处，最怕风吹水劫，故必须要有护峡之山和之字水始为真贵之峡也。

（3）凡护峡之山，又以成形者为最吉。例如：成日月、旗鼓、天马贵人、金箱、玉印、龟蛇、狮象、象笏、戈矛等形者贵格。如此前去必结贵地，如成仓库厨柜，必结富地。

（4）凡过峡正则穴亦正，左出则穴居左，右出则穴居右。又有正出而斜过者，则穴亦正出而斜倒；有侧出而正过者，则穴亦侧出而正倒。透顶出脉者，则穴居脚下。脚下出脉者，则穴居顶上。又有凡子、午、卯、酉出脉者，必作子午卯酉向。乾、坤、巽、艮出脉者，必作乾坤艮之向，总不离四字之中。过峡之脉，必须合乎单清或双清，即合于净阳净阴之方位，而不可阴阳混杂也，余类推之。

（5）凡过峡之格甚多，有穿田过、渡水过、平地过、池湖过、双脉过、边池过、阴过、阳过、高过、低过、长过、短过、阔过、狭过、曲过、直过、明过、偷过等等，格有多端，难以枚举。大抵高过而不孤露，低过而不伤残，长过有包裹，短过而不粗蠢，阔过而不懒散，直过而不死硬，穿过而无水劫，渡水过而有石梁。或来仰而去俯，或来俯而去仰，为阴阳分受，斯为美矣。

（6）有一种凶龙，迢迢而来，更不跌断，全无过峡，直至穴场。虽极屈曲而奔走势雄，但因其无过峡，则无脱卸，杀气未除。若以其气势雄强，星峰秀美而误葬之，必主凶祸恶逆，但如其抽脉落下平洋，脱尽杀气，变换作穴者，不能以凶恶论之。至于平地之龙，亦有平地之峡，其情状与山地无异，但以其分水为准，如平洋无峡，亦非真龙也。

十一、龙的出脉

来龙之穿落变化，皆有出脉，其格有三种：中出、左出、右出。中出之脉最佳，左出之脉次之，右出之脉更次之。故其结作力量之大小轻重，完全以此决定。

图廖仙师云："穴后落脉要中出，中出方为吉，左出为轻右更轻，轻重此中生。"此为风水地理寻龙捉脉之关键。

1.中心出脉

乃受穴之龙，自远祖出身落脉，过峡落穴等处。其脉皆从中心穿出，左右均匀，

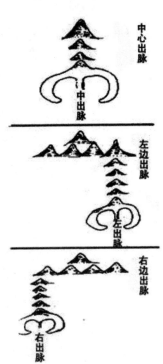

如蝉翼仙带，夹护整齐周密，或开帐贯中出脉，谓之穿心。或列屏台盖，而脉从中落，或左右摆布均匀，而脉从中发者，皆谓之中心出脉。如其防护周密，不受风吹，则其融结必真，所荫之力量必大，主巨富显贵。凡圣贤君子，光明正大之士，皆是中心出脉所优生也。

2. 左边出脉

凡来龙之出身发脉，行度过峡入穴等处，其脉皆从左边而出。其形为左少右多，两边不均，只是蝉翼仙带及外从之山，皆能照应周密，故前去必有结作，否则主凶。

3. 右边出脉者

凡来龙之出身落脉，行度过峡入穴等处，其脉皆从右落。形势为右少左多，只是蝉翼仙带及外从诸山，皆能照应周密，故前去亦有结作，否则自不必一顾。

十二、龙的入首

不论来龙千里，只看到头融结数节。凡审龙之美恶及诸般龙格，皆以入首穴后之二三节、四五节内，以至少祖山为最要紧切。如其龙势活动，头面端正，星峰秀异磊落传变，具有各种贵格，而随身枝脚，又起各种峰恋吉形，则其到头结作必真，力量必大而发福更速。若自少祖山以至近穴数节，全无吉星，不合贵格，或无枝脚，或格枝散乱、尖射而成鬼动等，纵然龙虎、明堂、朝案等

乾龙入首

入首图

件件皆美，奈何座下无龙，真气不缠，而使种种美丽成空，切不可葬。如少祖以上之龙特别可爱，而又误信庸师之言，谓远龙奇好，必后代有贵，只初代不吉，竟舍近慕远，希图后代之富贵，而误葬伪

地，反消己福。盖知初代已不吉，而行将败绝，安能等待将来乎？所以近穴数节，必要星峰优美，而近龙不吉，方吉龙虽好，则无法受用，遂以凶论。故穴后之数节，少祖、父母山下之来脉都应特别留意。

某龙入首，即穴后或左右二、三节之脉，或四、五节之入脉，或此处之来龙，称为入首。

十三、龙的五星体

五星者，与五星聚讲、五星连珠，皆有不同，而为龙格中最贵最佳之格，万不逢一。以其水星帐于北，火星耸于南，木星列于东，金星待于西，土星结穴而居于中央。五行各星，归于本宫本位，故称五星朝元。

水星帐北、火星耸南、木星居东、金星居西、土星居中，登局观之，五星升殿贵格。四面相等，各得其位，为天造地设，为五星聚精，万灵所萃，正气所钟，上应天星，下合八卦，诚为最尊最吉之地。但要星辰真正不欹斜破碎，不带凶杀，远近相称，始能合格。福德之家，葬其正穴，主出帝皇圣贤，其次主出王侯将相，贵极人臣，流芳百世，皇亲国戚，文武全才，大英雄豪杰，状元神童等，上上格之富贵。无论各仙师所称之九星或其他各种星辰，皆由金木水火土五星所变出，而亦不尽拘泥于何种星体也。

地理者，地即形势之地气也，理即理性之理气也。不论三合、三元、四大局、九星玄空等各派理气学说的真伪，能与峦头功夫互相论证无遗才是正诀。在理气方面，无所凭借证明真伪的情况之下，宜先下手探寻峦头的脉理

和地气的始末为要务。

风水者，风有散气之力，水有止气之功。故于穴场之上，辨明脉气之分枝，主脉或支脉须注意周围上下风水之形体，或左或右或中气，或上或中或下。又须以整个地局论证，而非古书所云：左边来龙，右边结穴；右边来脉，左边结地；龙之直到，中间点穴，如此简单也。

脉气之分枝，必有其形迹，水界之处脉气必重，此无定法，惟凭经验而取之。每见时师，常点正穴，以为脉气甚重，全部收之为吉，而葬后主家损丁破财，不知何故？乃因脉气全收，吉凶之气并存，当理气不合法时，凶气侵矣！

龙分山龙和平洋龙。上述专论山龙，山龙结穴以藏风聚气为止，要落平洋方可结穴；平洋之地多见城市、市镇，乃为卧龙，无形迹，唯以水论之。平洋之水龙以屈曲灵活为上，又以大水会小水之地方能结穴，因阴阳相交方能结穴，好似阴阳相配方能成孕，此乃平洋结地之秘诀。有人说，平洋一穴胜千山，不无道理。

十四、二十四龙

龙之美恶在于其体，龙身之吉凶见其星体。未入山而先见其星峰，尖圆方秀者吉，破碎欹弱者凶。星体有兼有贴有衬，兼者，一山兼数星之体，如土不土，金不金，或边土边金，此金土兼体也；贴者趋于前，衬者撑于后，龙身星体既明，至于求穴，不过探囊取物。龙身变格有三，如垄龙、冈龙、地龙。垄龙峰嶂耸拔、冈龙如蛇过路、地龙灰中穿线。垄龙亦有冈龙地龙之脉，地龙亦有垄龙之体，高山重在起峰，平地贵如涌浪。高山脉气奔行，峰不开帐，两旁无护为独山，又号孤龙，而无生息。亦有一等假龙，与真龙无异，至到头却无结果，为断山，又称顽龙。

兹将二十四龙之克应说明如下。

【乾龙】若乾龙为起祖，卓立云霄，如龙楼风阁者，山脉过峡，起伏盘旋，布气行度，到头结穴，与众不同。乾龙不可成双龙行，最忌后面又有一亥龙同行，亥乃龙之曜鬼，此为先贤之所大忌。乾龙要单行，砂水全备者为上格。

　　1. 乾龙火星变土星结穴者——主产状元宰辅之后代。

　　2. 乾龙木星结穴者——主出尚书侍郎之后代。

　　3. 乾龙金星结穴者——主出甲屏翰林之职。

　　4. 乾龙水星结穴者——定出翰林学士之后代。

　　5. 乾龙土星结穴者——主出科甲秀士之后代。

【亥龙】《易经》曰："亥在天门之左，紫微傍照之所。"天极天乙常居也，又得天皇之星下照亥地。若亥龙起祖，严清过脉，为上吉之龙。二十四龙之中，有五龙难下位，亥龙就是其中之一。所谓五龙难下者就是指：

　　1. 亥龙左乾右壬。

　　2. 辛龙左酉右戌。

　　3. 午龙左丙右丁。

　　4. 巽龙左辰右巳。

　　5. 卯龙左甲右乙。

　　亥龙作向，不得稍有偏斜。

【壬龙】壬之天星称天辅，又曰阴权。壬龙也要单龙行度，不要与亥龙并行。若自乾方作祖，转壬出脉者，主科甲，官居极品；若离方起祖，由坤转壬脉结穴者，主巨富，富中取贵。壬龙有三宜：

　　乾方有高峰者——取坤入午方结穴。

　　坎方有高峰者——取甲乙入壬方结穴。

　　午方有高峰者——取坤入乙甲方结穴。

【子龙】坎龙入首，一白正临，九紫对照，八白居左，六白居右，两相辅佐，天星称阳光，又曰太阴或称天垒。若起祖骨脉分明，地局端正，到头结穴者，为龙之上吉，若转坤结穴者，主富贵，惟出双生之儿女；若由坎出脉，转乙出面结穴者，主武略将帅之职，又出英雄伟人。坎龙不喜在东南巽方有高峰，主家财消退。

【癸龙】癸为阴光，或曰瑶光、北道、天汉。癸龙起祖，旋申结穴者，主出英雄豪杰，才堪将帅。若转乙出面结穴者，主科甲当贵；若翻身逆势，旋申至午作回龙顾祖穴者，主速发科甲，主生双生之儿女。

【丑龙】丑与八白同宫，在天为四金之神，在地为四时之季。天市垣中天机一星傍照，星曰牵牛或天厨朱金。若丑龙起祖，骨脉分明，不带癸煞，为龙之上吉。入艮转震出面结穴者，主文武全才，威镇边疆。由艮起祖，自丑出脉，转壬向丙结穴者，主科甲，丁财大旺，若转艮向未结穴者，主大富，牛羊发家。

【艮龙】艮为天市，或称阳权，又曰天枢。凡艮龙起祖，必卓拔高拱如华盖，如文笔，如玉印，如武金，如贪狼。艮龙不可与寅龙并行，俗称之为八煞龙。

艮龙重视最高山峰的形态：

木形——主出侍部尚书的文官。

金形——主出征伐边境的武职权贵。

火形——主出性格急躁，修养不佳的子息。

土形——主富有，未必能有贵格之论。

【寅龙】寅乃天权星所居之地，又名功曹，或曰天培。北斗之天柱，八白傍照，而贪狼天枢一星下照寅地，故为龙之上吉。

寅龙也是单龙为佳，最忌与艮龙同行，谓之八曜行龙。喜在坤、乙这二个方向有高大脉峰，行度以坎方入离方之处而结出穴形者，能出富贵显宦之人。

若西北乾方有高峰脉，自坎转入乙处结穴者，亦主出富贵。

【甲龙】甲为文章之府，宰相之宫，天星曰阴玑，又曰天苑、天统。凡甲龙喜单清过脉，地面端正，砂水全备，正出结穴者，为龙之上吉。

甲龙正入首而结穴者，定必主少年登科。

如果在坤方有峰脉，入于坎方转寅者，主文武全的人才。若是由坤转入申方者，只主小贵，或者是富而不贵，而且也主人丁不甚兴旺。

【卯龙】帝出乎震，天星曰阳衡，又曰天冲、天命。若震龙出脉，单清过峡，不带甲乙，骨脉分明，到头成火星结穴者，主文武全才，三公将相。

震是正卯的位置，讲究的条件比较多一些。

（1）山形如果成廉贞火，又有四神拱，指定要庚水来朝，三样条件俱备的震山，可以出性格烈躁之武将。

（2）震龙不可以兼甲，也不可以兼乙。由于"甲纳于乾为孤，乙纳于坤为虚"。震为坤的八煞恶人。古人曰："甲孤乙虚带乾坤之气，可主灭门。"

古人又曰："阴阳相乘，祸咎灭门。"它的意思是阴阳不可以双来，所以卯龙不可兼甲、乙。

【乙龙】乙纳于坤，天星曰天官，又称骑官，或称天根、天府，氏宿四星赤居其所。若坤方作祖，由坎转乙出脉结穴者，主科甲名利双全。若乾方起祖由甲转壬，单清过脉，主官居极品，且主女贵。

【辰龙】 辰为天罡星，又曰亢金，太乙一星傍照，亢宿金龙正照辰地，故辰龙过峡必结大地。若辰为起祖方位，要呈大开帐之形势，旋转入甲而转于乾而结穴为上吉。

【巽龙】 巽之天星曰阳玑，又曰天乙。左为天田，右为天门，中为天关。

巽龙最喜是独峰，或者是双峰，不喜多峰的山形，不可以与辰龙并行。此也就是前面所说的龙身带煞，先贤均有忌于此，视为不祥的征兆，也不可以兼巳。

诸龙中，独以巽最宜而不宜低，也不喜水朝流而去。

巽为天帝文章之府，若自兑方起祖，由丙入丁转辛入亥，往巽出面结穴者为上格，主公卿之职，文章金玉之贵。若震山起祖，由庚结穴，或帐下贵人出脉，由艮转向巽结穴，朝案齐云，主出将入相。若峨眉山现，女必为妃。

【巳龙】 在太微垣之东，天屏一星下照，天帝常临，为之生地，星之称为天堂、明堂、青蛇、赤蛇。其龙行度，要骨脉分明，地局端正，为龙之上吉。

若庚方起祖，转艮起祖入亥转酉结穴，或由艮起祖转卯结穴者，主文武全才，富贵双全。

巳龙与巽龙不可以并行。

【丙龙】 丙居太微垣下，离明之府，九紫傍照之宫，别称天贵，又曰阴枢。凡丙龙起祖，骨脉分明，单清过脉，地局端正，为龙之上吉。

丙龙最忌与午龙同行，此龙为廉贞火，定主火灾。丙龙兼巳可产大富贵之人。若从艮方入首，结穴起顶处，见艮、丙、兑、丁、巽、辛之六秀山峰，主文武全才之士。若龙真穴的，砂明水澄，峰案齐备，主出将入相之贵。

【午龙】午为天马，又曰阳权、太阳，异称炎精、天广、游魂。凡离龙起祖，星体端正，不带丙、丁为龙之上吉。

离龙不可与丙龙同行，谓之廉贞火龙；若不制之，火灾难免发生。

【丁龙】丁在九紫之旁，南极寿星下照丁地，故名南极，又曰天柱、阴阖、寿星。凡丁龙起祖出脉，地局端正，起伏而来，到头结穴者，主文武全才之士，富贵清高之人。

丁龙转入丙是为赦文龙；丙水朝丁，亦名为赦文水。虽然不是主大吉之征兆，却是避凶的最佳格局，主家无凶祸，犯罪即赦。

【未龙】未为鬼金之地，别称天常、元阴。震纳于庚，亥、未合之，故从震卦而论之。

先贤云：卯龙入穴，作甲山庚向，未水来雷击而兴，未水去雷击而败。非但卯龙未水如此，未龙卯水亦然。

喜在兑方有峰脉，入丁而再转于丙。可以主翰院，人财二者大旺，少年登科，且主为官清正。

【坤龙】坤之天星曰玄戈，又曰阳戈、天戈、天铖、老阴、玄阴、玄峰。书云："玄戈行龙兼鬼气，少亡孤寡并僧尼。"玄戈乃坤龙也，未之星宿为鬼金羊。

故由坤龙起峰，祖位要如旗如圭，不可与未龙相互并行。一峰低，一峰高之起伏，是为上上之格。

【庚龙】庚纳于震，天星曰天汉、天潢、阴衡、长庚，天帝司庚。四月太阳到申山，十月到申向。

庚龙起祖峰者，最喜出丁而入于巽。在向卯方位结穴，主出威武忠勇之士。

【酉龙】兑之天星曰少微、阳关、阳盖，又称为金鸡。乃少微垣一星最明，下照酉地，为枢机之府。

酉龙喜单脉而行，尤喜在丙方，丁方正面出而结穴者，皆主荣贵之地，但不喜双脉平行而过。

【辛龙】辛之天星曰阳璇、太乙或天乙，主文章之府，又为图书之府。凡辛龙起祖，单清过脉，地局端正，为龙之上吉。辛龙不可左兼酉，右兼戌，兼左犯八煞龙。若辛龙从丙方入亥而结穴者，乃是主富贵之地。

【戌龙】戌之天星曰河魁，又曰文魁、天魁、魁罡、鼓盆。为文章之府，奎娄二宿亦居其所。

戌龙行度过快，非大于龙而不能，不宜将戌龙指称为墓龙。乾方高峰之入坤而转乙结穴者，吉祥之地也。

以上之廿四龙法，但在宋代之论龙，已经不再只对山的本身细节上推论。而从能符合于撼龙的条件，改而以此山之形势的弯曲、角度以及何方高、何方曲、何方低而论龙了，并讲究来势、水界、分合等等。

十五、平洋水龙

古曰："山群以山为龙，水群以水为龙。山上龙神不下水，水里龙神不上山。"是山水为堪舆之二大枢机，惟后世人之论龙神者，但以山之脉路可寻者为龙神，而不知山与水各自有龙神，仅知山之龙而不知水之龙，遂使平洋水局之地，亦概以"山龙"论之谬矣。古仙师云："行到平洋莫问踪，只看水绕是真龙。平洋大地无龙虎，茫茫归何处？东西只取水为龙，插着真穴出三公。"

1. 水龙散气

水龙斜行似有曲折而非环抱，又无他水作内气，龙穴无气不结穴。如图所示：

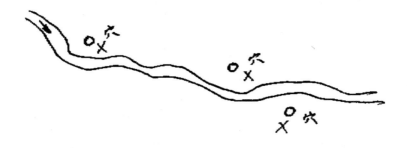

平洋水龙散气不结穴图

2. 水龙聚气

大江大河，一二十里而来，不见回头环绕，中间虽有屈曲，决不结穴；直至环转回顾之处，方是龙气止聚处。经云："界水所以止来龙，若一二十里尚不见水回头，则前之屈曲乃行龙处也。"诗云："龙落平洋如展席，一片茫茫难捉摸；平洋只以水为龙，水缠便是龙身泊。"凡寻龙须在水城回绕处求之。然水来路远，其势宽大，中间虽有小回头处，乃真龙束气结咽之处，即未结穴。直至大缠大回之处，方有聚气。水路到头形势宽大，很难捉摸，必须求支水界割，如得支水插腹，界出内堂，砂水包裹，方为真穴。如图所示：

周易家居环境调理

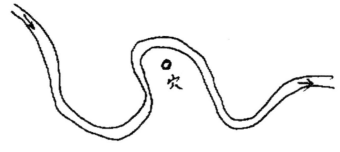

平洋水龙回头聚气结穴图

3. 枝水交界

右前一枝大江自右到左，右后一枝大江亦自右趋左，与前倒左水合流屈曲而去，此两水合流一水，形成引脉之局。又有两水合出是真龙，局中龙脉宽，寻水路插脉割草以作内局，龙虎前后左右朝抱周密，方可立穴。此局于腹插入小水分界，左右重重交锁，三分四合，束气结咽，龙脉到头，圆净端严，形势极秀，横来横受，向前面砂水弯抱处立穴，以迎面来水，福力甚大。

如图所示：

枝水交界结穴图

4. 曲水朝堂

凡曲水当面朝来横过穴前，须就身回环抱屈曲而去，坐下要枝水界割兜收龙脉，或二三重，叠叠绕于穴后，方成体势。其穴前横界深水大阔，则气荡太狭则气促，面朝水箭射，恐破气伤泄。此地曲水单缠，一路兜收，脉气凝聚，大能发福，坐下无玄武水，大江绕护，乃是行龙腰结，非尽龙也。其力比两水合出稍轻，若得去水在玄武后回头从下作包裹而去，更自不同。

5. 两水夹缠

合流而出，来见之玄，去见屈曲，局内紧拱，不宽不荡。不必支水割界成形，只要中间界割，束腰收气，则穴法完固矣。两水合出前三五摺屈曲整肃，当面水立向，虽顺水而不至于直流直去，亦不嫌顺局也。龙尽气钟，更得外堂曲水有情，明堂内砂好似织女抛梭，节了包承，则水虽曲而气自固，主发文翰清贵。若局内宽大，更得支水兜插成局，而得水潴有回头砂，色裹穴场，亦发财贵且富。

6. 水缠玄武

局前大水聚于明堂，从东南横流过右抱身，缠于玄武，三四曲曲而去。砂水反关于坐下，其水在穴后，法当向曲水立向。前有曲水明堂，流神自南而绕，亦可就水处立向，富贵两美。但聚水在前，秀水在后，先富后贵。若来水自北而南，水流包裹整齐，则福力尤

重，代代出魁元；若水有牵拽，便不发秀矣。左缠发长房，右缠发中房，福力悠久，大旺人口。

7. 顺水界抱

一片大砂，周围四水团聚，中间却插一支水直至大砂中腹，然后分作两路割界于左右，裁成龙虎砂，聚夹于穴外。穴前蓄成一河荡，五六亩或十数亩，函聚穴前。虽元辰向穴前出去，然得屈曲如之玄不见直流，又蓄聚不泄，形势尤佳，不可以元辰水直出而弃之也。此局亦主发福一二纪，财不甚厚，人丁虽盛而不秀，小贵而已。河荡中得一砂盖过不见前水出去，乃为可贵，如无小砂盖过，三四十年后便见退败。

8. 曲水倒勾

青龙有水屈曲就身，抱缠玄武回头顾家而去，此绕青龙缠玄武势也。于玄武插一支水转摺直至腹中，作一挽水勾形穴，交能发福。穴前虽无吉秀砂水朝应，而水脉自坐穴后来气脉完足，丁财极盛，贵而悠久。

9. 远朝幸秀

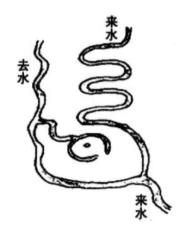

曲水朝堂，从左转右，弯弯就身迂转，却又得客水从东来缠玄武与曲水合干局后。此亦两来成势，而曲水之内，并无插架成穴，反于客水插一支水横架于曲水之后，秉曲水之秀，所谓移花接

木，名曰远。幸主迁居易姓，或赘婿过房登大贵，或远乡冒姓冒籍发科甲，或于边疆立功业，或文人立武功，武人立文业，或于他途成各气。然局周密，其气完固，主人丁繁衍，累代不绝。

10. 远水幸秀

曲水当面朝堂，或倒左倒右，本局无支水插界成形，却于他方外求插下割界，金盘仰掌，势插于曲水之下，亦名幸秀。然穴后又得一支水包承于玄武与曲水合作一路而去，则水口当以曲水为主。若后面外水不与玄武合流，则水口当从本穴支水去处论之。虽曲水回头交锁织结，不至渗漏，方为大地，其水去处虽不屈曲，亦不为害。盖本支之水，乃龙之元辰，而曲水乃客水也，不过邀客水之秀以发福焉，其流之曲直无预于本龙之气，但要坐下元辰水去得曲为贵，此等当过房，入赘而发，他途半籍登科甲。

11. 流神聚水

诸水路中，唯水聚堂第一。盖水为富贵枢机，故水神涣散，不惟不发，亦主败绝。古人论水不荡，然水直去则曰水无关栏，务得局前水蓄积，方为吉地。此图左右砂头朝抱，而前又见众水朝流聚汪成潭，只有一路或缠玄武或过青龙，此来多去少，所谓朝于大汪，泽于将衷，潴而后泄之势也。垣局周密，众水聚堂，十全大地，主三四十纪之福，孟仲季三房并发，但潭湖不宜大宽，众人之水，非一垣之水，情不专而发福亦不专矣！

12. 界水无情

寻平洋地与山龙不同，只要水抱左右前后，委曲向内，贴身围绕，就可立穴。凡直来硬逼，不顾堂局大凶，虽支水勾弯，亦不有穴。雪心赋云："荡然直去，不关栏其内，岂有真龙？"诀云："水能界生气，弯曲回绕者界生气水也。荡直不顾家者，散生气也。"经云："生气尽从流水去。"赤霆经云："棹椅反张，手足握曳，败绝之藏。"又云："官供职，鬼不还气。"上图主父子分居，兄弟别离。书云："砂分八字水斜流，田园不留丘。"

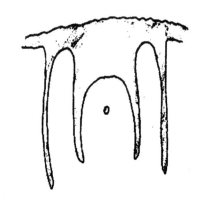

13. 来水撞城

穴前水弯抱如带，左右龙虎紧夹护送，形端局正似为结，地向前明堂水更屈曲而来方妙。今向前有二三路水直冲穴前，为金五箭来撞城，其祸最凶。书云："直则冲，曲则朝。"又云："一箭一男死，二箭一女死，箭左损二房，箭右损长房，箭中损三房。若斜冲主子孙军徒，又曜煞，主刑戮，甚至绝嗣，凡穴前有此直水，或得池湖受之，或横案遮之，方能免祸。"雪心赋云："为人无后，多因水破天心。"

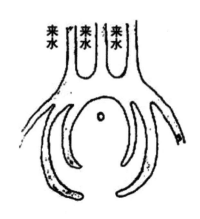

来水　来水　来水

14. 曲水斜飞

凡水来去，要朝抱就身，尤要弯环委曲之玄，去要回头缠绕。此局前左来，右抱就身，似可为穴。形如之字，虽见屈曲，然势如曳索，斜来不秀，而非朝堂，其边去水虽见就身抱局，不远反跳斜飞，更不回顾家，则去水似是而非，穴之仅斩，发不能悠久。若认为之如带则误矣！水城固要圆抱而来，去亦宜朝拱。书云："水来曳索，曲而斜，此处莫安排。"又云："水若回头号顾家，水不顾家家必破。"雪心赋云："水若过坟而反跳，一发便衰。"所以水之来去，可想见矣！

第二节　论　穴

龙真穴的，穴者只在方寸之间，如花之果，乃大地融结之处。千里来龙，只宜一穴。点穴者，仅凭目力功夫也。

地理龙穴之说，乃天造地设生成自然之理，绝无一毫勉强；若有勉强，便非真造化。雪心赋云："既有生成之龙，必有生成之穴。"故龙穴既皆生成，则砂水莫不应对，而龙虎明堂水城，自然件件合法。为何？盖龙譬如君也，穴譬如臣，砂水譬如天下庶民，君明臣良，则万民莫不向化，四夷莫不宾服。如云之从龙，风之从虎，各以类应耳。

若龙不真，则穴与砂水亦即皆背戾。纵有假情，终是勉强，有真见者不为所惑，故相地之法，先须察"龙"。经云："恐君疑穴难取裁，好向后龙身上别，龙上生峰是根核，前头形穴是花开，根核若真穴不假，盖从种类生出来。" 又云："龙若真时穴便真，龙如不真少真穴。"皆为有真龙方有真穴。若龙不真，纵有天然可爱之穴，亦是花假虚伪而生气之钟矣！然辨穴固在审龙，若有龙无穴，法亦不葬。杨公之三不葬，首言："有龙无穴不葬"。今以诸家之法，参之吴景鸾仙师之穴法标准：

一曰穴形：非百物形象之形！而取杨公筠四象窝、钳、乳、突之形。

周易家居环境调理

二曰穴星：非九星之星！而取夫张子微五星金、木、水、火、土之星。

三曰穴证：取夫前后、左右、龙虎明堂之诸应。

四曰穴忌：则致辨夫粗恶、急峻、臃肿、虚耗之诸凶。

一、穴星

古云："穴星不是天上生，乃是入首之山形。"盖五星者实五行也，将山形比较取于五行，由五行正变而论吉凶。穴星分为金、木、水、火、土五星，分辨吉凶，乃以星之清、浊、凶三者而定之。

1. 金星结穴

古代歌诀：金星形体净而圆，弓起深如月半边；

秀丽笃生忠义士，高雄威武掌兵权。

金星山形

金星清者名官星，主出人刚正忠义，威名显赫，武职致贵；浊者名武星，主赫赫之名，其贵气稍次；凶者名历星，其性惨暴无道，主出大盗，招灭绝之祸。

金星结穴可分仰、覆、侧三停，如太阳、太阴、覆钟之类。若金星开窝，扦取水泡处，无窝则挂角；若窝角不明，则未结穴。凡金星结穴，清而巧者主贵，厚而饱满者主富。阳而满者，穴宜中扦；阴而缺者，宜扦其口；覆釜之金，穴取中平。

2. 木星结穴

古代歌诀：木星身耸万人惊，倒地人看一树横；

有水令人身显贵，欹斜不正反遭刑。

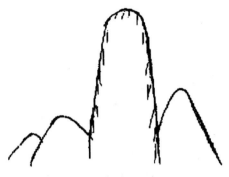

木星山形

木星清者名文星，主文章科名，声誉日盛；浊者名艺星，主才艺出众；凶者名刑星，轻则招残疾之苦，重则犯法遭刑。

木星结穴有坐、立、眠三势。立则为冲天之木；眠则有交枝、有曲尺、有腕缆、有浮水、有玉枕；木星是出乳作穴，为坐势，又为贴壁木，星多金钗之形。木星有节，穴取鼓节。木星无节，取直木开口，穴扦开口处。木星结穴，总不离盖、粘、撞三法。木星立势，气耸于上，穴多高结，要顶上平正，要有微窝，要三方之山高耸，要包裹严密。要下粗上嫩，如此则为真结，乃盖之立穴也。

3. 水星结穴

古代歌诀：涨天水星浪交加，或落平洋曲似蛇；

智巧聪明多度量，荡然无制败人家。

水星清者名秀星，主人智巧聪明，度量宽宏，并发女贵；浊者名柔星，主出人性懦，萎靡不振，轻则献媚之人，重则病苦短寿；凶者名荡星，主出人放荡无制，败家破业，水溺肾病，淫邪奸诈。

水星行龙于平冈，其形曲摺而秀美。入于平洋，则有如层层波浪，穴必动中取静。曲折而来者，穴扦于腕，如波浪者，扦于斗口窝藏之处，此水之转金体结穴，亦即动中之静，否则不易扦穴。故堪舆漫兴云："涨天水星浪交加，或落平洋曲似蛇，智巧聪明多度星，荡然无制败人家。"又云："金星重叠二而三，动处各为金水涵，斗口窝中莫放过，其家兴发百斯男。"有长老云："水星不宜下水穴，下了人丁渐消灭，好从金顶问根源，应产子孙贤贵。"

4. 火星结穴

古代歌诀：火星作祖似莲花，贪巨相承宰相家；

只有开红堪作穴，亦须平地出萌芽。

火星山形

杨公曰："大地若非廉贞相，为官终不至三公。"火星之吉者，于高山如烈焰烧空，火舌上吐；秀丽尖耸者多作祖宗出脉，形如初淀莲花，瓣瓣上翘；在平岗则手足延袤，纵横生焰，水火相连；在平洋，则斜闪田中生一水里石梁。

火星清者名显星，主文才出众，贵至宰相；浊者名燥星，虽小富小贵，但性情刚烈暴燥，易成易败；凶者名杀星，主出人惨酷无道，有灭身绝嗣之应。

火星很少直接结穴，多作祖山、山口、神庙。若火星结穴，则必变出土星，或跌落平洋，结成大地。火星转土而结穴者，要有木乳，然后于乳尖处剪之，谓之剪火法。盖火性炎，而火焰起于微动之处，剪之方见精神也。总之，火嘴要看尖处，若开钳开口，谓之"火放灰中似见红"；若不开口，谓之"死火带煞"，不可扦葬。

5. 土星结穴

古代歌诀：土星高大厚而端，牛背屏风总一般；

若在后龙兼照穴，兄弟父母并为官。

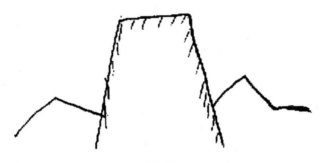

土星山形

土星清者名尊星，主出人有五侯之贵，功业崇高，子孙绵衍，福寿同门；浊者名富星，主出人富多贵少，丁口生旺，长寿之应；凶者名滞星，出人懦弱，不思进取，晦滞多病，牢狱之灾。

土星结穴有土角流金、土腹藏金、挂角之金，此皆以土星结穴而转体。盖土星其本身粗大，若无此三种转体之形，虽土星重叠，亦不成穴。故先贤有云："土星行龙家足肥，却如斗斛向前飞，再看开口中裁穴，若是无钳两角宜。"

二、穴的

老阳穴居乾，老阴穴居坤，太阳穴居震，太阴穴居巽，中阳穴居坎，中阴穴居离，少阳穴居艮，少阴穴居兑，共此八穴。及木穴在东，火穴在南，金穴在西，水穴在北，土穴在坤、艮，此皆得位者，如锦上添花。

穴形古代歌诀：开面开口复开手，窝钳乳突纷纷列；

金木水火土五行，形家分辨若已清。

葬门所在必窝藏，不见头而见灵光；

灵光如何揭面示，只有凡夫无上苍。

阴阳：

以龙定穴，须审入首，阴阳取中突之上。光洁巍巍者，太极静而生阴，突之上窟

阴中；泽润杂壮者，太极动而生阳，所以三阴从天生，以其阴根于阳也。故阴脉必上小而下大，其出口必尖，结穴处必凸，皆脉沉必上大而下小，其出口必圆，结穴处必凹，脉浮而穴阳者也，宜浅。地无阳气不生，山无阴脉不显，峻者为阴，平者为阳，乳为阴，窝为阳，乳者葬其平，取窝者葬其急。山龙之脉，其气属阴，多乘其止，故曰"葬麓"；平洋之龙其气属阳，多取顶，故曰"葬巅"。

阴多者收阳，阳多者取阴，收阳取阴，总不离"窝、钳、乳、突"四字。所以窝钳乳突，葬乘生气，脉认来龙为主。

1. 窝穴

古代歌诀：龙身阳结为窝穴，葬法须知浅则宜；

　　　　　阔狭浅深如合格，一家饱暖定无疑。

窝穴者，以窝内圆净，弦棱明白，有微乳微突为佳；窝穴乃穴星开口曲抱而成，形如鸡巢、凹字、掌心、金盘、锅底、荷叶等物。

窝穴有深窝、浅窝、阔窝、狭窝、张口窝、藏口窝、边窝、二窝等。其形如下：

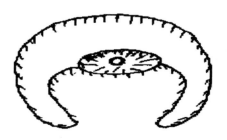

窝形穴

2. 钳穴

古代歌诀：本身有手为钳穴，直曲短长要抱湾；

虎口推开安正脑，仙宫逆转即天关。

钳穴，穴之两手似钳子状。穴中必须有隐眉砂包裹方为吉，有正变格，分为：直钳、曲钳、长钳、短钳、仙宫、单提、叠指、连直、边曲等。扦穴必取于生气处，其法为：钳形穴遇钳中微有乳者，宜于乳头处扦穴；钳中微有窝者，则宜在窝心扦穴。其穴形图如下：

钳形穴

3. 乳穴

古代歌诀：阳来阴受为乳穴，乳穴粘毯法葬深；

两臂护来无均缺，儿孙满眼玉森森。

乳穴，穴形有如乳状，穴星开两臂，乳生在中央。经云："乳头之穴怕风劫，风劫入来人绝灭。"乳穴有：长乳穴、短乳穴、小乳穴、大乳穴等，其形如图：

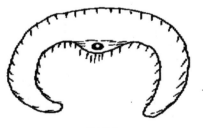

乳形穴

4. 突穴

古代歌诀：山中有突少人知，若在平洋突更奇；

山谷藏风顶上葬，平洋看水定高低。

突穴，又名泡穴，穴形起顶，形如覆釜，或似泡形。山中之突穴，要得左右拱抱，外山遮拦，藏风聚气，方为贵地。突穴分有：大突、小突、并突、双突、三突、鹊突等。其形如图：

突形穴

俗语："寻龙容易点穴难。"视龙点穴，须先察看何方来龙，什么穴星，其脉气流于何处，穴星开口何形，穴名如何等。古法有木星葬节，火星葬焰，水星葬泡，金星葬窝，土星葬角。

三、八卦与穴得位出煞

只要阴穴生在阴方，阳穴生在阳方，为得地得位；穴前煞水出得清白，即发富贵且迅速。

1. 老阳乾穴得位出煞

古代歌诀：老阳之穴似覆钟，将军大座却也同；

正坐乾宫为得位，子孙富贵列三分。

老阳坚刚之气，其结穴如覆钟，如半月，或如人形。穴中无乳突者，正坐乾方，即顶龙正葬，为老阳得位；其进神在右，煞神在左，务要右边水过堂，出乙辰而去，必位极人臣，官居朝政。如图穴坐乾或亥，向巽或巳，右水例左出乙辰方，对面案山为娥眉案。

2. 老阴坤穴得位出煞

古代歌诀：老阴穴是剑脊形，外来龙虎凑合成；

若有坤申为得位，绵长富贵旺人丁。

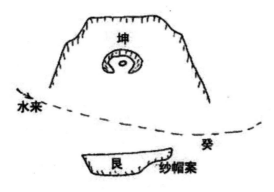

老阴坤穴得位出煞图

老阴重厚之气，其穴形如剑脊。本身无龙虎砂，多以外山凑合取用。若正坐坤申方，即顶龙而葬，为老阴得位；进神在右，煞神在左，宜右水倒左水出癸丑方出，则富贵绵长，人丁大旺。如图穴坐坤或申，向艮或寅方，右水倒左出癸丑方，艮上有纱帽案。

3. 太阳穴得位出煞

古代歌诀：**太阳结穴似仰盂，开口开手穴心虚；**

　　　　　　坐于甲卯为得地，子孙永远佩金鱼。

太阳结穴，形似仰盂，故本身龙虎砂开手复开口，中间却无乳突，居震宫为得位；进神在左，煞神在右，即顶龙而葬，收左边水过堂，出手辛方，当富贵双全，威德远震。

穴坐卯甲向酉庚，左水倒右出辛戌方，当面蝠形为案山。

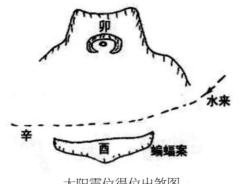

太阳震位得位出煞图

4. 太阴穴得位出煞

古代歌诀：太阴穴星本属木，只因下断中不足；

若坐巽巳是本宫，子孙富贵多财福。

巽为长女，属木，其卦下断，结穴乳头短，坐巽巳为得位；进神在右，煞神在左，即顶龙而葬，收右水过堂出辛戌方，必富贵双全。

如图巽巳山，右水倒左出辛戌方，当面天马山作案。

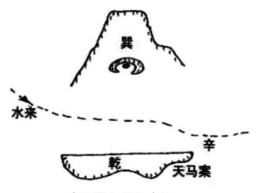

太阳巽穴得位出煞图

5. 中阳穴得位出煞

古代歌诀：中阳之穴中画长，恰与壬字一般样；

正坐坎宫名得位，案有尖峰既济良。

中阳结穴，开手独长，形如壬字，正坐子壬为得位；进神在左，煞神在右，即顶龙而葬，收左边进神水上堂，从丁字方放出。再配对

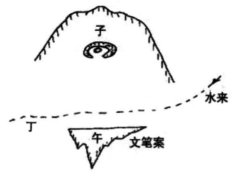

中阳坎穴得位出煞图

面文峰挺秀，名水火既济穴，定出贵贤，绵绵不休。

如图坐壬子向丙午，左水倒右，水从丁未方出，对面有尖峰。

6. 中阴结穴得位出煞

古代歌诀：**离为中女即中阴，结穴多成火字形；**

离龙大拜故主贵，必要云水压穴星。

穴星结穴成火开，居南得位，须后面入首是丙字，对为云水案相制，方为离龙大拜。进神在左，煞神在右，即顶龙正葬，收左边进神水上堂，从癸丑字出，必出文臣宰辅，若缺一样，则一发如雷，一败如灰。

如图坐离向坎，左水倒右出癸丑方，当面有云水大案。

中阴离穴得位出煞图

7. 少阳结穴得位出煞

古代歌诀：**二星角出小窝形，老阴开口少阳生；**

坐在艮寅为得位，发富发贵发人丁。

艮寅穴多自土星角出，略出小窝，所以阴极阳生也，坐正艮寅为得地。进神在右，煞神在左，即顶龙而葬，取右边进神水过堂，出丁未方，对面得三台作案，定然人丁大旺，富贵双全。

如图坐艮寅，向坤申，右边倒左出丁未方，对面三台案。

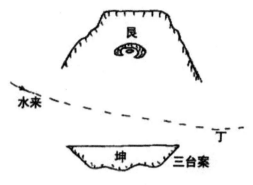

少阳艮穴得位出煞图

8. 少阴穴得位出煞

古代歌诀：少阴兑卦本属金，开了金窝现乳形；

又因上缺成凹脑，得坐庚酉福满门。

结穴富中出乳，穴星凹脑形，若坐庚酉之字为得地。进神在左，煞神在右，即顶脉而葬。取左水上堂，自右边乙辰而出，丁财两旺，科甲满门。

如图坐西向东，左水倒右出乙辰方，对面玉尺案。

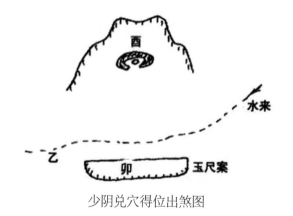

少阴兑穴得位出煞图

四、四杀定穴

1. 压杀穴——其穴在上停，如天穴仰高穴，近于山顶处，为天穴。

2. 藏杀穴——其穴在腹部窝藏之内，为中停穴，人穴。

3. 锐杀穴——其穴在下停，又为地穴，近于山脚处。

4. 闪杀穴——其空在左边或右一边。

五、穴内土色

依地母卦纳甲之方位，判定土色之吉凶；而土色以红黄为上，白色次之，青黑色为凶，不取。惟大吉地多特具五色土而为上吉。兹将在穴场测得何龙入首，其土之颜色列出，以供参考：

乾来龙：穴土必黄。　　兑来龙：穴土必白。

离来龙：穴土必黑。　　震来龙：穴土必红。

巽来龙：穴土必黄。　　坎来龙：穴土必黑白。

艮来龙：穴土必青。　　坤来龙：穴土必青黄。

总之，土之质，喜细而坚，土之色，喜光彩鲜明而不泽，此为穴之贵者，土之质顽硬，或砂块松散，而土之色，燥、暗、秽、泽者皆为穴之贱也。倘是石穴，脆嫩似石非石，或土穴，似土非土，精而不粗，则均生气之聚。润而不枯者，乃真阳之应，皆为真穴。若土之气带有芝兰香味者为贵穴。若臭秽难闻之土质为贱穴。凡穴内之土带金黄色，鲜明光彩细而坚者，为主吉之土。

六、富贵贫贱穴法

1. 富穴

十个富穴九个窝，恍如大堂一暖阁。

八面凹风都不见，金城水浇眠弓案。

四周八围俱丰盈，水聚天心更有情。

入首脉气结其形，富比陶朱塞上翁。

2. 贵穴

十个贵穴九个高，气度昂昂压百僚。

旗鼓贵人分左右，狮象禽星带衙口。

眠弓案山齐胞下，临宫峰耸透云霄。

三吉六秀并天马，贵如裴杜福滔滔。

3.贫穴

十个贫穴九无关，砂飞水直不弯环。

头卸斜流龙虎反，胎息孕育受风寒。

水城淋头并割脚，簸箕水去退庄田。

扦茔莫犯诸般煞，世代寒贫似犯丹。

4.贱穴

十个贱穴九反弓，桃花射胁直相冲。

子午卯酉为淋浴，掀裙舞袖探头形。

更有抱肩斜飞类，翻花扯拽假公卿。

尤防离兑与巽位，砂水反背秽家声。

七、穴辨明堂

《雪心赋》云："入山寻水口，登穴着明堂。"明堂者，财库也，乃向前案内龙虎环抱，所形成之堂局。又云："群山止处结真穴，众水聚处是明堂。"总宜圆润，平垣，穴对明堂喜中分两半。而明堂又有内、中、外之分。内明堂即小明堂也，内得虾须、金鱼二水交合之气，则穴的"真穴不意"矣；中明堂承接小明堂，为青龙、白虎之砂，环抱所形成之局面，后自玄武起顶所来之水，统由龙虎两砂拦截关锁，注于明堂之中，此乃中明堂，富贵贫贱，寿夭穷道，祸福死生皆于此辨之；自少祖随龙而来之水，案山将其紧紧兜拦，由罗城砂关锁之水，也谓之外明堂。古先贤云："一代明堂，二代穴，三代砂上不用说，四代五代龙虎上，七代八代居朝案。"其感应之快慢虽不尽然如此，然而亦足以见明堂之主要。

明堂为财库，所谓财库者，即水之聚会处，以养龙穴也。明堂要平坦悠缓，水要囊聚于其中，除干旱外，必要四时不干，如有池沼汇于穴前大吉。明堂既为水之会处，故不宜填塞阴滞，若为低砂阻挡，虽美如方圆之印绶，在子午巳酉之向前，必有堕胎之虞。赖氏《催官篇》亦以巳为地户宜开，凡阴龙遇巳方有砂闭塞，主女人无生育；阳龙遇此方有圆墩之砂，妇女必有堕胎之祸。由此可知明堂闭塞之害。穴前的小明堂内，切忌茶槽水；凡穴前流水似茶槽者，主妇人杀夫不用刀。内明堂之正窍位水口，有树枝杂物阻寒者，主眼疾瞎目之虞！

八、穴法

古人扦地定穴之中心，是用倒杖之法。倒杖法乃定穴之真诀，卦理是没用在倒杖法之中；当然卦理尚有其用途如趋吉避凶，知坐向峦头配理气、日课等等。所以，倒杖者无须用卦，用卦者无须倒杖，此两者之功能不同。倒杖定穴，须用于寻太极之天心正位及脉止气蓄之处。卦例则为坐山立向，消砂、纳水断吉凶。

言倒杖，须知来龙起伏、剥换、过峡、束气、脱胎、换骨，到头入首落脉结穴，峦头形势胎息孕育，太极生成，阴阳变化等等。此乃山川理气之造设天地生成，故倒杖之生成用于太极生成阴阳变化之地，有赖明师之心目灵力巧夺天工配合找出天心正位。

世称仙师"杨筠松"之倒杖法，实际是"刘淼"的倒杖法，或者是"赖布衣"的倒杖法，均无不可。倒杖一法虽然是比"撼龙经"之规模小得多，然却比较合乎实用。

"倒杖"这一个"杖"，是"帐"的代用词。"帐"就是"龙开帐"的"帐"字。"倒帐"，即是指山从高处缓缓低落下之形态，所以倒杖一法，叶九长谓之"穴法"。唐代堪舆家杨筠松先师有十二杖法，图文皆藏于古今集成艺术典范。笔者细辨之，认其全在辨扦穴，理精法备，可为学者之借鉴。兹述于下：

1. 顺杖

顺接来脉正气入穴，坐在中正，龙正受入脉之气，不强不弱，不硬不急，缓来聚穴，左右龙虎砂适中，太极晕不偏不斜，此地宜"顺杖"。

2.逆杖

逆接来脉，倒受入穴，祖山耸拔清秀，惟此山形比较高直的一种山脉，而且下降之坡度很急，只能在较平坦之处，偏侧而下穴。此法又称之谓"急来闪受法"。

逆杖大都阳阴发，速来强结空，气从对面来，发福亦速。

3.缩杖

缩即收敛、退缩。入首之脉，气聚于峰顶，脉落在高处停气，吐毡开窝，俗称"天螺穴，或百会穴"。

此"穴"之形式，与常法所论的"不葬孤独山头"有些相近，但并不是完全一样，其中有三个关键为吉凶区分。

①此山与其他之"山峰"距离很近，大约而言，不会超出半公里至一公里之遥。如果其他山峰与此山峰太远，则成孤独山头了。

②此山之坡度很峻，在很短的距离就成"山峰"。有如经曰："势短"而"聚高"。

③山顶要有至少数十公尺的"平顶"，如此入棺之后，不要作太大、太高的"坟墩"。远处一眼辨不出山顶的坟。如此就正好符合经云："缩入天庭"之旨矣。

4.缀杖

缀即用线缝合。这是指很直的山脉，落脉急速，以致到头忽然顿成削壁，不能拖延到最底，将尽未尽。当然不可能在削壁附近入穴，故以取"客土"缝合、化煞，使祥和之气自然而生，亦称为半接脉方式作穴。

5.开杖

来脉直冲，而且粗恶带煞。倘若当头立穴，直受来气，则犯罡煞之气，故须对准顶峰落脉中分"两傍"，饶减其强猛之气。但不可脱离"气脉"。

此法与"逆杖"很相似，其不同之处有二：

①逆杖之山直冲，但不带煞，"开杖"之山是带煞，当然先得要明白何谓煞了？煞字是作挡煞看，即是立穴之前，有些不相衬之乱石、怪砂，令人有一种穿插纷乱之感。

②"逆杖"与此处之"开杖"，关键在于"堂气"。如果在明堂上不受煞的影响，就应当以逆杖随偏一点就可。如果明堂上，承受到"煞"的影响，如此就至少要偏离三四尺方可。

6. 穿杖

气脉斜来或旁来，堂局端正，有朝有案，龙虎弯抱，水蓄堂中，乃坐正斜受，脉气入穴。此局为前官后鬼，宾主相迎。

7. 离杖

主星高壮，如木火之星冲天，落脉急速难停，脉路地法承受，止后又起凸泡，此为离脉结穴。故离脉用离杖。此法若四势产衡则大吉。

若平洋，突高忽低的山形，是属"脱脉"，与原来之山势一点关联都没有。因此在平地的形态中，寻找到"穴"，一定要在寻"平洋一凸"之坡地方为合宜。先贤云："平洋一凸值千金。"

8. 没杖

阴来阳受。来脉急落结穴开窝，气沉窝底，龙势向阴健直至，入首处方化阳结穴。然"没杖"者，化阳开窝深沉，故采用没杖。

9. 对杖

全看左右前后之四势，来龙落脉后，如平地一片，无窝钳乳突之形势可取，全凭主峰之尖峰及左右之辅弼及宾客，四正有情，用天心十道法，截定穴场。

10. 截杖

龙气旺盛，到毡唇，吐长舌，此乃龙脉余气所生。

①若有吐舌者，均带煞气，故须用"截杖法"，截断前方余气。

②若来龙到头不结穴，或堂局不美，而后节堂局美且聚气，可扦葬后节龙。截断前去之脉气，谓之"骑龙截关"。

11. 顿杖

主星高大，而来脉之穴后平饿（凹），左右均饱，则须要用"客土"来加以修补，填平以配其局。

补穴星之高度不足，造修补之功方成吉地，是谓顿杖法。

12. 犯杖

四山皆高大，惟此主星低小。因穴场不可低，恐逼压穴，故宜在峰顶微下处"开金井取水"。是谓：高居尊位，以尊居帝座，来降伏群山，称犯杖法。

以上倒杖法，归类十二格，说明按龙落脉乘气法，此乃地理之正宗。有正统之峦头配

理气，才能造就正统之地师。可惜伪书集于市，后学堪舆之爱好者，不可失稽而腐流斯。

九、证穴

1. 明堂证穴

明堂之中最喜聚成窝窟，方能承受众水而聚气。诀云："明堂如掌心，家富斗量金。"大抵明堂以聚水为上，朝水次之。明堂水聚中，则穴在中；水聚左，则穴在左；水聚右，则穴居右。以砂证明堂，以水证穴，能于此以观之，则证穴亦易矣。

2. 龙虎证穴

先贤董德彰云："观龙虎住处，定穴之虚实；观龙虎之先后，定穴之左右。龙有力倚左，虎有力倚右；龙逆水穴依龙，虎逆水穴依虎；龙虎山高穴亦高，龙虎山低穴亦低，不高不低穴中裁。龙山有情穴在左，虎山有情穴居右。"此皆以龙虎证穴之要诀也。

3. 向背有情证穴

审穴之法，须宾主相对有情，龙虎抱卫而无他顾外往之态，水城抱身而无斜反，堂气归聚而无倾泻，毡唇铺展而无陡峻，此皆气之融结而吉。董德彰先贤云："一个山头下十坟，一坟富贵九坟贫，共山共向共流水，只看穴情真不真。"盖山势高而扦低，则四山高压；正当低而扦高，则拥从夹照不过；正当中而扦左右，则案山堂局皆偏，而青龙白虎失位，或急，如此者安得有情。故不可有咫尺之误，必须斟酌穴情，使高低得宜，务须中正无偏，自然山水四向有情，而得的穴也。

《发微论》云："向背者，言乎其性情也。其向我者必有周旋之意，其背我者必有厌弃不顺之昧，虽暂然，或矫饰，而真态自然不可掩也。"是以观形貌者得其伪，观性情者得其真；对向背之理已明，而吉凶祸福之机灼然矣。孟浩谓："地理之要，不过山水向背而已。"诚确论也。此皆以向背有情定穴之法也。注重前官后鬼之星辰，即向背宾主相迎。

4. 以水证穴

登山点穴，须看水势，水之所趋，则知穴之所在。如水城弓抱左边，则穴在左；若水城弓抱右边，则穴居右；如中正溶注，或水城中正弯抱，则穴居中；如潮源远，明堂宽，则穴宜高；如元辰局势顺，

以水定穴（一）

以水定穴（二）

则穴宜低；近水小者，穴宜点高；若水大者，穴或点出，或点近，则水荡而骨朽，必凶矣！

刘伯温云："大水近边莫下穴，下后人丁绝！"杨公云："山随水曲抱弯弯，有穴分明在此间。"廖公云："真龙落处众水聚。"皆以水势定穴之大法也。

5.天心十道证穴

天心十道者，即前后左右十道之山；后有盖山，前对照山，左右两畔有夹耳之山，谓之四应；下就明堂，左右分龙虎十道，不可脱前，不可脱后，不可偏左，不可偏右，如十字登对为美。

6.朝山证穴

穴前之山为朝山，朝山高，穴宜高；朝山低，穴宜低；以近案有情为主，不可逼压。

7.唇氈证穴

唇氈（shān）为穴之余气发露，大者曰氈，小者曰唇。氈如被褥，唇如嘴唇。

凡真龙结穴必余气发露，而有唇氈，如氈在此铺，穴在此住；唇于此吐，穴在此扦，此乃天造地设之妙应，若无此，则非真结穴。

十、穴之地剪裁培补法

结穴有不周正者，必须用人工培补剪裁。阳来必须阴受，阳来者是生成巨窝巨窟，窝窟之中要有乳突，盖乳突为阴；若无乳突即开穴而葬，但是阴阳不能配合，谓之"孤阳不生"。龙砂水法，无一不佳，而不欲弃之者，则可将地面之浮土挖去尺许为穴，然后堆土而葬，气从地下而上升；若有小泡微突，则开二三尺深为宜，仍堆棺而葬，或窝突过于饱满，则须锄去，再开平盘立穴。若是阴来，必须阳受，阴来而未开窝钳者，是为钝阴，谓之"孤阴不育"。若砂到水澄，则将微窝微钳处展开，形成显然之阳结，庶几得天地阴阳之交合而生也。

天地构成真穴，多有将其钟灵之处。掩而护之者，或因四季多云雾，掩其大势，使人不觉；或因满山皆土，一石盖占之者；或满山皆石，而于灵气所钟之弃者。此皆天地自然之掩藏，故须具有慧眼卓识者能辨明地之吉凶。虽结成奇龙怪穴，或为天地自然之掩护，亦不能逃其眼底矣。

又如砂到水澄，但结穴处左侧方见有不吉之水来，可将左边用土填补，将之培至不见为止；若右前方见某吉水，可将土掘去数尺，使之敞开。立于穴处，用罗经校正，验证诸水皆为吉也。如此则房房匀称，房房财丁两旺矣。

兹再举一回龙逆结式。凡来龙自左而来，然后回转逆结者，水必自前方而来，向左方流去。逆潮必要有低砂横阔，来水平坦悠悠，缓若无低砂横关者，则必须穴前有毡唇，此乃脉穴之余气前伸，以挡来水而免冲城割脚也。若两者俱无，或余气不足，可将穴前之土顺势延伸，培出数丈，使穴地高出水面以资补救。回龙逆结，下砂必短缩。俗云："回龙逆势去张朝，不怕八风摇。"又云："一山关尽沿途水，不管下砂美不美。"此言龙之有力也，但下砂虽可短缩，切不可低缺，若低缺则穴风吹，风吹则气散，水亦见其斜飞矣。故必须将低缺处，用人工培高伸长，其高低长度，应视砂水方位之吉美而定也。

总之，穴可剪裁培补，但不可挖掘过甚，过甚则会伤其龙。若伤其龙，则福未至而祸先到矣，慎之。兹将穴场之缺失采取的裁剪法，用图解示之，以供参考。

1. 补左砂法

穴情既真，虽有外护辽隔，但不能听我运用，总是有缺欠什么？以补其不足之体，内补既成，福荫绵绵。

2. 补右砂法

龙虎砂之不齐，非欠左，必欠右。若不加以人工补造，久而久之，则生气亦会偏枯；修补后，气象方自舒畅矣。

补左砂法

3. 补穴顶法

平冈（洋）之龙，其顶部大都欠耸，以致穴场体弱，必须补顶。补顶后，使束咽后之龙气，可顺利送至穴场，如此生生不息缓缓而下至太极晕处，而成美地。

补右砂法

补穴顶法

4. 补毡襟图

吉龙真穴之下，有毡襟双合水下消欠缺者，乃生气之未充足处，可略加客土使穴相称，堂气必会丰满圆润。

5. 左生右死

斜落之脉，生气聚于金水相生之处。但来龙处全部肥满，其体浊而不清，必剐其右腋之死肌，使形体显现，有清而不浊之妙，方能孕育生成。

6. 右生左死

一生一死之砂是常见的，全赖目力之辨别，但修补之妙，方能使其起死回生。凡真龙穴者，有左腋死肉侵龙者，必剐而去之，余肉已除，生气重现，必多福。

补毡襟图

左生右死图

右生左死图

7. 明堂开窝法

脉直，真龙穴丰满之体，必开深窝造出内明堂（除去暴体），以新其灵气，如此形和气平，自然多吉。此等作法，必须造察视结穴何处，不可破坏了太极晕。

8. 培补弱体法

低微体势，气弱不能上升，必依其本星之形势，加培客土，以彰大其规模。使低微之弱气而成壮健之体，吉气自然旺盛。

明堂开窝图

9. 筑堂完气法

外砂虽然紧密，内堂不锁（闭），元辰直泻出。必于堂前作一小

培补弱体图　　　　　　　　筑堂完气图

月眉，以成为内堂，使元辰不致直流。初年一二代无退财败家之弊。若元辰不流，生气自全，故有"开堂不如筑堂"之说。

10. 筑砂抵煞法

凡潮水之局，倘若龙虎砂欠交，穴低潮高，难挡其煞者，必在堂前高筑砂案，以抵其直冲之煞，庶能化煞为吉祥。仙人（先人）作此法，亦能造大福之应验。

筑砂抵煞图

十一、中国古代葬法

1. 五不葬

① 气以生和，童山不可葬。（童山即草木不生之山。）

② 气因形来，断山不可葬。（崩陷凿断，则气脉不能续。）

③ 气因土行，石山不可葬。（温润细嫩，颜色鲜明者吉，石间有土者亦吉，惟巉岩焦黑、青板、顽硬者凶。）

④ 气以形止，过山不可葬。（气因势而止，穴因形而结，若其势竟去，称过龙。）

⑤ 气以龙会，独山不可葬。（独立之山，全无依靠之处，是脉尽

气绝之所，且单山孤露，风吹气散。）

2. 六戒

① 莫下流水地，立见败家计。② 休寻剑脊龙，杀师在其中。

③ 忌怕凹风吹，决定人丁绝。④ 最嫌无案山，衣食必艰难。

⑤ 坐怕明堂缺，决定破家业。⑥ 偏嫌龙虎飞，人口两分离。

3. 十忌

① 忌后头不来。② 忌面前不开。③ 忌朝水反弓。

④ 忌凹风扫穴。⑤ 忌龙虎直去。⑥ 忌直射横冲。

⑦ 忌淋头割脚。⑧ 忌白虎回头。⑨ 忌龙虎相斗。

⑩ 忌水口不关。

4. 十不向

① 不向流水直去。② 不向万丈高山。③ 不向青鸟赤石。

④ 不向白虎过堂。⑤ 不向斜飞破碎。⑥ 不向外山无案。

⑦ 不向面前逼窄。⑧ 不向山凹崩缺。⑨ 不向大山高压。

⑩ 不向山飞水走。

5. 二十八怕

（1）怕空亡；　　　　　　　（2）怕压迫；

（3）怕脚飞；　　　　　　　（4）怕箭插；

（5）怕泄气；　　　　　　　（6）怕水牵；

（7）怕凹风；　　　　　　　（8）怕孤寒；

（9）怕气短；　　　　　　　（10）怕尖削；

（11）怕风吹；　　　　　　　（12）怕凶顽；

（13）怕水反跳；　　　　　　（14）怕堂水不合；

（15）怕面前横头直；　　　　（16）怕山干枯破碎；

（17）怕水牵牛直射；　　　　（18）怕砂水反走；

（19）怕对山捶胸；　　　　　（20）怕龙虎压穴；

（21）怕明堂倾泻斜侧；　　　（22）怕前枯井后仰瓦；

（23）怕龙虎断腰；　　　（24）怕明堂空旷；

（25）怕穴前堕胎；　　　（26）怕伤脉断气；

（27）怕失脉脱气；　　　（28）怕龙砂起浪虎砂窜堂。

第三节　论　砂

砂是龙穴之护神。龙穴若无砂，则风不能避，气不能聚，龙穴风吹气散，则不成地矣！

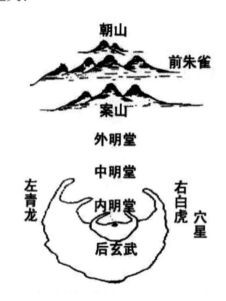

砂者，朝拱环抱则有情，斜飞反去乃无意。其形尖圆平正、秀丽端庄者吉，破碎欹斜、形容魃拙者为凶。陡峻一边为背，平坦一边为面。砂有背面，面者情之所交，直射者为杀，长拖远拽者为劫。杀砂冲撞弱主，劫砂照处无地。龙真则砂活跃而有情，龙假则砂硬死而无意。先贤云："有是龙则有是穴，有是穴则有是砂水。未有龙真穴的，而砂水不称者也。亦未有龙穴不真，而砂水合格者也。是辨在龙穴不在砂水也。"

盖砂随龙穴以为吉凶，龙贵砂贱，贱而化贵。龙贱砂贵，贵而为贱。先贤吴景鸾云："砂如妇女，贵贱从夫"是也。

龙如人之贵贱，砂如人之器用。在朝象官，在野象物。可因龙而定砂之形象，不可因砂而定龙之吉凶。或问护山何以称砂，砂者石之散气也。石发之处，左右之山生砂。护山者，龙之散气也。龙到之处，左右之山来护。龙原于骨，护即骨精之散气。

穴地左右两旁以及前面的山，一概统称为"砂"。按其方位之不同，砂有不同的名称。墓穴前面的地称为明堂，近明堂的山称为案山，案山之外的远山称为朝山，总称"朱雀"；墓穴左边的山称为青龙，墓穴右边的山称为白虎，墓穴后边的山统称玄武。

前朱雀，后玄武，左青龙，右白虎是"四兽"，四方之宿名；假借四方之宿名，以别四方位也。

一、朱雀砂

穴前方的砂曰朱雀，亦名"朱鸟"，取其阳明之意。故凡案山、朝山或远峰，皆属"朱雀"。案山者，指穴前近穴之山；朝山者，指距穴前远处之高大山峦。案山之外，或朝山之外，有突出之尖峰，如文笔竖立，谓之文峰。依据堪舆风水断诀，主出文贵科甲，如教育部长、博士、硕士、大学榜首等。

穴为主，案为宾，宾主相对必须端庄有情。案山喜近且小，近则穴前收拾周密，不使元辰水直流无收，不使明堂旷阔，旷阔者而气不融聚。然案虽喜近，太近则逼窄促窒，不能伸张，气局不能开豁光明。朝虽喜远，过远则散漫空旷而无特来趋就之情，只对穴场呈秀之美。若消砂得当，亦对穴场有所助益之功。

《雪心赋》云："无案官禄假"。可见朱雀对穴场之重要，不可不知。所以龙真穴的，必左右龙虎砂，紧紧贴身拥护环抱，若是无朝案砂者，则须诸水汇聚前穴方。故先贤云："有案须端正，无山要水朝"。明乎此，则朝案之作用，及其有无皆以此定论矣！

先贤云：

何知人家出富豪？一层高了一层高。

何知人家退败财？顺水斜飞两脚开。

何知人家出富贵？文星近案福禄至。

何知人家主离乡？一山顺窜过明堂。

何知人家被火烧？四面山峰似芭蕉。

何知人家横事来？停刀山在面前排。

此言恋头形状之吉凶。《拨砂经》谓："朱雀生旺二房当，只恐时师不能装。"总言之，生旺奴泄砂煞之重要性，学者不得不慎重天星五行之相生相克也。

案使我喜悦者，必得入怀之案，近关穴前，以收拾堂气最为得力，发福极速。所以有"伸手摸着案，腰缠财万贯"之证言。穴前宜求特异之朝山而对之，主宾以客贵，而愈显其尊也。如峰多环列，则取中间一二特异之峰正对为美。平原之穴，只取平原为案，平洋高一寸为山，低一寸为水，或田中草坪，或水界田岸，但微高者，皆是朝案，如有高坎或高山，远朝尤美。反之，案外无山而空旷，则主绝！诀云："一重案外见青天，后代少人烟！"如无朝案，则以水秀为上。

《寻龙经》云："凡看地先看案，有案兜栏气不涣，逆砂顺案为祥，齐眉应心莫斜窜。"盖案山之用，内以收龙穴之气，外以挡冲射之水。穴前有案，则明堂无散气之弊；穴前无案，由不免流于旷荡也。惟真龙结穴，无案有朝亦吉，须明堂有聚水。

面前有案值千金，远喜齐眉近应心。

案若不来为旷荡，中房破财祸相侵。

官星，生于案山背后，要有回头，不可太高照穴。古书云："无官不贵。"论官星者，有书载云："试问如何谓官星，本山前面更有山，官星在前不多见，见者名为现世官。大凡官星无凶杀，只恐是官非是官。假官飞扬多顺水，前去一向无遮栏，此是离乡不好处，时师误作官曜看。又有似凶却为吉，顺逆自是分两般，要知仕宦千万里，本是离乡去作官。若是来龙山骨贱，不出官从出贫寒，遂使官星是凶曜，离乡从此误人看。若是贵龙作形穴，任是飞扬与牵制，或是顺水生尖秀，纵是离乡官不竭。"

案山背后有官星，或是官泮拜舞形。

此物出官为最速，儿孙当代调圣廷。

朝山为穴前远而高之山峰，又称"应星"。穴为主，朝山为宾，配合得体，主宾相应，方得其妙。古书云：点穴先须要识朝，朝山不识术非高。纵有真龙朝对恶，亦须凶报不相饶。

穴星案山官星朝山图

二、玄武砂

穴后之山峦，龙身自父母山开帐转翅而来，至结穴处必一线过脉，然后束气昂头，结成形局，谓之"胎息"。两旁所顿起之小山，如护如拱有力，圆者谓之御屏仓库。所以"胎息之山一线长，万钧之力此中藏"，此乃玄武之脉线。

凡来龙直受、斜受，横龙结穴，皆以玄武为主体。必要端正尊严。不宜摆头，摆则主星歪斜，玄武不宜反背，靠背之山不宜偏头微露，斜而微露者谓之"探头山"，主出贼盗之子孙。横龙结穴，尤须有鬼曜星才是真，鬼者穴后之山；穴后即玄武之后者谓曜星，为主贵之砂峰，但此峰在穴场大都不能看到。

《堪舆漫兴》云："曜乐托穴莫相离，如库如屏法最奇；惟有横龙全在曜，曜山不到穴无依。"又云："横龙结穴必依鬼，鬼若长兮泄我气。横龙无鬼必虚华，纵有穴情非吉利。"故古人论玄武必以鬼曜之有无，以证穴之真假。

鬼星者，生于主山背后，书云："无鬼不富。"此为鬼星存在之妙，尤其横龙结穴，必赖鬼星为之拖撑。盖横龙结穴而无鬼星，纵有穴情，亦属虚花之地。

横龙结穴鬼星图

三、龙虎砂

风水学把墓穴两旁的山称为"龙虎"砂。左边的称为"青龙砂"，而右边的称为"白虎砂"。青龙白虎的作用主要是在墓穴的两旁拱卫，使墓穴不外露，避免受风。故先贤云："龙虎古称卫区穴，福祸最关切。"

青龙、白虎二砂有自穴场龙脉本身发出者，有自他山来抱者，有一边为本身发出而另一边为他山来护者，有一边而无另一边者，有单边及双边者，皆为龙虎砂，不忌拘泥也。凡龙虎砂均须向穴场弯抱，

来龙来水去水龙虎砂全图

开面有情。自他山来护者，必要龙虎配对均匀对称。

白虎高而青龙低者，必要青龙长大；白虎长而青龙短者，必要青龙高出，谓之龙让虎、虎让龙，此为相亲、相护之意。"不怕青龙高万丈，只怕白虎回头望"。

若青龙摇头而不顾穴，龙气必从左而去；若白虎摆头而斜飞，龙气则从右而行。凡登山察地，不管青龙白虎如何，首先总要看水出何方。关锁堂内水之砂，谓之下砂——地户之方。若下砂高而有力，自必结穴矣。若水自右方出，喜白虎砂高大；水自左出，则喜青龙高大。先贤云："入山看水口，登穴相明堂。"水口紧密，必因下砂关锁有力也。可见各种砂，对穴场是何等重要。

（一）单提

左单提：右边无白虎砂。

右单提：左边无青龙砂。

凡单提者，须在缺方之处有客山环抱，客水卫穴，以遮蔽受风吹为上。

古云：边有边无号单提，谁知相谈公位亏。

苟得逆关收众煞，房房有子贵而奇。

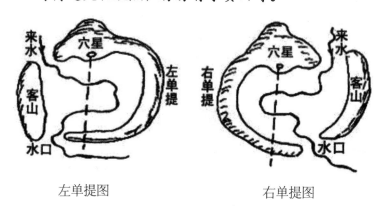

左单提图　　　　　　　　右单提图

（二）下关砂

下关砂，是指逆锁去水而伸出的龙砂或虎砂，又称"下臂"或"下手"。下关砂为财砂。

有经云：堪舆吃紧下关砂，发旺人财总是它。

若使下砂无气力，诸山如画亦虚花。

下关砂闭图　　　　　　　　下关砂不闭图

古人云："有地无地，先看下臂。未看后龙来不来，先看下关紧不紧；未看结穴稳不稳，先看下关回不回。"

四、水口砂

凡未寻龙穴，宜先于水口间观察，正所谓"入山寻水口，登局看明堂。"若见水口溪河中有奇异之石，或成形之山，内必有大地也。

古云：入山口诀有水口，水口如关地可寻。

忽见禽鱼游水间，定知有穴在花心。

水口交锁重重，使水不直射去为宜。古云："水是山家血脉精。"水若直去，龙气涣散，不成地也。

水口砂大致有：狮、象、日、月、旗、鼓、龟、蛇、岩石、顽石。

水口砂图

五、房份

独子居全部。有二子则长房居左边龙砂，二房居右边虎砂及穴星、案山、明堂等。有三子则长房居左边，二房居穴星主星明堂朝案等，三房居右边虎砂。有四子则长房居左前龙砂，四房居左第二节龙砂，二房居中穴星明堂朝案，三房居右边虎砂。其余类推。

总之，一、四、七房居左边龙砂；二、五、八房居中间明堂穴星朝案之位；三、六、九房居右边虎砂。

六、砂之吉凶

砂分官、鬼、禽、曜、乐、托、青龙、白虎、朱雀、玄武、护卫、罗星、北辰、华表、捍门及各方位之山，皆称为砂。砂之尖秀明丽，肥圆方正者为吉；砂之崩坏、破碎、粗恶、杂乱、斜侧、尖射者为凶。吉砂近穴场者主速发，在远及不见者主迟发；又凶砂在近见到者主祸速，在远及不见到者主祸迟。

肥圆方正高大之砂，主出人大富大贵，并主出人身体健硕。尖秀高耸之砂，主出人大文贵、大文豪，文名显赫；如鹤立鸡群，为领导，并出人俊秀。太岁到方，管一年之吉凶。吉砂主出贵出丁出富。若砂崩破，歪斜则太岁到临大凶。

计算砂之富贵大小寿考，皆以砂之先后大小高低定之，如穴星或主星高耸，或乾巽之山高耸，或丙丁之山高耸，皆主高寿。凡在午位之砂，尖秀高耸，主出圣贤为王者之师，以午为圣人之门，但要龙真穴的方为上上格，否则主出聪俊贤良之士而已。

凡砂以天然生成之形势为主，以人力造成者，亦同论吉凶，但其富贵吉凶之大小有别。真龙、真穴之吉地，其砂水必能自然配合妥当，绝无高压凌迫之弊，如有稍嫌逼近之处，亦可制化以利用之，而使获大吉。砂之强大高秀者主大吉，砂之低小尖秀者主小吉。

女人亦分宫位，巽龙巽砂，兼主长女、长媳发富贵；午龙午砂主次女、次媳发富贵；酉龙酉砂兼主三女、三媳发富贵。此为兼发女人分房份之位法，其余类推之。由此可知巽离兑之龙砂吉穴等，不仅可以发男人，而并兼发女人也。至于坤龙坤砂，亦兼主发老母、老祖母等。

七、风煞与化解

凡在穴场之四周，不得有凹缺风吹，否则主死亡、败绝。

古云：

子午巳风入穴场，主入蛇鼠。

卯酉风入穴场，主穿棺。

巽坤风入穴场，主翻棺。

乾艮风入穴场，主入白蚁又出癫人。

辰戌风入穴场，主损丁。

寅申巳亥风入穴场，主烂棺、人亡、妇淫。

丑未风入穴场，主棺入水、翻棺、为僧、癫疯。

如有风煞吹来之方位，即为无砂。若其砂有缺陷，故必须迅速种植较大之竹木，或培成一个大土堆（最好是可保永久性），或筑围墙遮挡之，即可反凶为吉。如无法改善，以迅速迁走为要，而不可稍有怀疑观望之。在穴场上，所能见到前后左右之各砂，如有不吉之形，则必须迅速设法遮挡之；若不吉砂逼近穴场之处，则必须在下葬之前改善之，以免后患。盖风水之事，与其他各事不同，以其为凶之感应，极其迅速，且动则皆有死亡或不利主家之应，故不得稍有疑忽矣。

八、拨砂诀

拨砂要诀，以天星二十八宿为主。各宿之星光不一，远近大小不同，故互有盈缩之别。但山峰有大小之分，而星宿落于山峰之上，决于主穴分金坐度之间，必须恰到好处，主见仙人手段。《洗心镜》云："世人晓得拨砂法，天地都来在掌中。"二十八星宿所居人盘二十四方位列为：

子午卯酉太阳火。　甲庚丙壬太阴火。

乾坤艮巽本属木。　　乙辛丁癸便属土。

辰戌丑未即是金。　　寅申巳亥皆属水。

此是拨砂真妙诀。　　见砂分金配度坐。

山峰须有人盘位。　　吉凶祸福有分明。

由上得之，全在二十八宿度上分别，各有七政齐于虞帝，乃分日月金木水火土。故消砂以人盘为主，消得干净则吉；倘若带煞，带泄，则福未至而祸先来。故与人安葬，造福全在于消砂纳水功夫之上。俗云："不会消砂，祸事如麻；不会纳水，百事见鬼。"

砂法有五种，分为生砂、旺砂、奴砂、煞砂、泄砂。砂的吉凶之分，在于立穴定向之分金坐度。若分金坐度为土宿，四周有火宿落于砂峰之上者，是火来生土，生我者为生砂，为生气、为贪狼、为催官、为进财，最吉。凡土宿落于山峰之上者，是土见土也，为比旺，为旺神，又称旺砂，主出人多才艺，文武功勋富贵大吉。凡水宿落于山峰之上者，是土克水也。我克者为奴砂，居官得禄而和平，主富，亦为吉砂。若见木宿落于山峰之上，是木来克土，克我者为杀（煞）砂，为凶，主灾祸疾病，而至于败绝。若见金宿落于山峰之上者，则土生金，我生者为泄砂，为盗气、为退气、为伤官、为凶砂，主消零冷落。《拨砂经》曰："控制山

筑砂抵煞图

川，打动乾坤，全在拨砂作用。"而其所决于吉凶者，则在生、旺、奴、泄、煞五字诀中分之。

例如，立坤山艮向（人盘中针）坐井木犴，向斗木獬。若见亢金龙、娄金狗、牛金牛、鬼金羊等辰戌丑未之砂峰，有一二高起者，即为煞（杀）砂也，此为破军星、立见消亡。倘坐度近于鬼金羊，后山玄武高大，或入脉之山龙带鬼金，则散绝甚速，不出三十年，已无骨血留存人间矣。

砂诀云："翻来倒地面向天，总在拨砂尖上论。"砂尖二字者，即砂峰之高起处。凡二十四山，如坐乙辛丁癸之土度者，生砂有八，即子午卯酉以及甲庚丙壬之火也。土见土为四旺砂，土见寅申巳亥之水，为四奴砂，土见乾坤艮巽之木，为四煞砂，土见辰戌丑未之金，为四泄砂。罗经二十四向配二十八宿，有四金、四水、四土、四木，而火有八者，包含子午卯酉日月之火也。

九、古代二十四山砂法

（一）乾砂

乾方有砂为高峰形，则主独步魁首；低而圆正者，也可主科甲；乱峰而低小者，就只主小富豪之身世。

（二）亥砂

亥方有山砂高插，尤以"卯、酉、巽、艮"四龙，主富有。亥砂忌独"离"龙。

（三）壬砂

壬砂要重重叠叠最为妙。若壬方有高峰似鼓盆形照穴，为鼓盆煞，主殃灾绵绵而来，人丁家族俱不安康。

（四）子砂

坎砂要秀直，而在艮方也有山峰如笔，且在丙、午、丁方相互对照，主独步魁首之贵。

（五）癸砂

子午卯酉喜相逢，寅申巳亥为我奴。

乾坤艮巽切莫逢，辰戌丑未休相见。

乙辛丁癸一般同，掀裙舞袖砂再现。

不堪生于沐浴方，子癸丑砂胎堕殃。

（六）丑砂

乙辛二峰高且圆，丑未主富发牛羊。

艮震双峰齐拱峙，武镇边关保朝纲。

兑庚二龙砂水秀，科甲绵绵丁财旺。

四金朝流并坐山，痼疾横逆出游荡。

（七）艮砂

艮峰如笔列三台，三台齐秀催官巍。

与国为姻食天禄，一峰独秀必夺魁。

若然小笔积金帛，被石点破官必颏。

（八）寅砂

龙穴局势无亏失，吉星到位官必至。

吉凶详察看高低，便是高下分消息。

寅沙自有其妙处，僧道医家为师妙。

（九）甲砂

甲峰甲龙出富贵，乾峰卓拔最为美。

坤砂如笔状元生，巽山双朝宰相位。

印居寅甲出师巫，里巷厌听樗蒲声。

画笔尖歃列寅甲，贼旗斜侧位居辰。

（十）卯砂

震庚二峰入云霄，英雄将相挥三军。

丙峰高照如旗样，定主武将在军前。

乾巽二砂齐拱照，又主文官不用武。

未峰高耸如剑戟，操持威勇人人服。

（十一）乙砂

四维峰高叠叠起，八将朝来真可喜。

最忌巽辰二山高，压龙住神真可耻。

（十二）辰砂

丁峰高卓癸山尖，科甲绵绵寿命添。

坤艮二峰列云汉，富贵盛时生状元。

辛峰木体真可喜，为官极品沐君恩。

酉龙见之主癔哑，缺唇露齿含糊声。

辰砂形状若呈凶，出盗招劫逆子攻。

（十三）巽砂

一峰秀出二登科，双峰兄弟同科举。

若见双峰列云汉，兄弟联名亲御翰。

独有巽峰陡然起，经略之士端可拟。

参军司户小峰峦，低圆方正富而已。

远峰列笋天涯外，博学才子天下传。

外朝山水外甥贵，半子廊廊是蛾眉。

更有如花女人好，夫勋子禄承恩荣。

男为驸马女为妃，中男秀子夸门楣。

更知巽砂若秀美，为官清廉光门庭。

（十四）巳砂

巳砂如笔似火星，能文能武产贤英。

辰峰尖锐高且耸，为官极品振朝廷。

赤蛇挠印如圆平，腰悬斗大才纵横。

甲庚丙壬砂重叠，低圆方正富而已。

巳砂若然破军样，必出长女配秃头。

（十五）丙砂

巽峰高卓两水朝，定主为官长寿考。

丙与丁方三砂拱，亦主食禄在朝中。

艮方卓立贵人峰，才高及第状元公。

有砂有水出显宦，有水无砂富而已。

丙砂开口欹斜样，家中定有目亡人。

（十六）午砂

离峰独出当星马，丙丁二峰起无价。

壬子癸方三砂耸，山势磊落如水星。

离方砂水若朝穴，龙虎抱卫出公卿。

火星独耸丙午方，常常回禄见灾殃。

若得乾壬山卓拔，泄制火星产贤良。

午砂破碎穴前立，管叫代代出穷郎。

（十七）丁砂

丙丁二水势洋洋，四维八将砂苍苍。

射策金门朝第一，定主薇垣作栋梁。

二宫有水名赦文，永无凶祸临家门。

蚕姑巢丝如白雪，老来戏采娱晨昏。

丁砂高耸又欹斜，家中药炉不离房。

（十八）未砂

辰戌丑未四高峰，翰林进士状元公。

莫谓四墓无用处，二十四龙为独尊。

阳龙列我难作势，阴龙欠我少祖宗。

庸师不识真龙诀，乱向山头住口哄。

未砂吉中亦藏凶，代代均出逆子凶。

（十九）坤砂

坤峰端拱正如圭，三甲之中定夺魁。

山形卓拔斾旌样，男作将军女帅府。

乱峰低小郡衔职，山谷地母无亏欠。

若见圆锋钵盂样，定出尼姑与和尚。

坤方砂形端正吉，老母定主寿而康。

（二十）申砂

申峰高卓八云霄，状元魁首姓名香。

辰戌丑未天涯外，玉堂金马显文章。

寅水申水水来去，阳局山水吉无虑。

行龙忽入震宫转，切忌水向申方中。

申砂尖形为火砂，官司口舌频频来。

（二十一）庚砂

兜鍪剑戟出庚兑，将军威武边夷镇。

判笔兑庚辛更奇，雷动天汉世无敌。

庚要豪雄须百步，威权显赫田阡陌。

面结正东居将位，明堂丁艮问前程。

庚砂形样若不美，伤灾招非莫停止。

（二十二）酉砂

巽峰相照齐云霄，辛巽峰同多友僚。

更兼酉峰山拱指，君王启沃论功超。

鱼袋居酉官易期，坎巽四幕为横尸。

酉砂形为破军样，唇亡齿寒必相见。

（二十三）辛砂

辛巽二砂似文笔，曜气高腾状元出。

山形虽美位方凶，切忌四金亦非忠。

辛水水朝逢金宝，更有如花女人好。

穴兼巽龙为第一，水朝砂秀登科甲。

但嫌山秀水斜侧，风流女子多颠倒。

辛砂模样叫人厌，家中肺病连连见。

（二十四）戌砂

乾坤二砂入云霄，定作元笔姓名标。

巽艮二砂齐拱峙，忠臣孝子令闻昭。

乙辛对照科翰苑，子午二龙富无骄。

辰戌砂高双照穴，富贵双全夸市朝。

戌砂若然破军样，家中必招回禄惊。

十、三吉六秀砂

砂法之中，定三吉六秀，是来龙过峡之后。立在束气起脑分脉处，见其左方高出者在何字？右方高起者在何字？前方高起者在何字？后方高起者在何字？用地盘正针格之。地理学家是以贪狼、巨门、武曲为三吉，破军、禄存、文曲、廉贞为四凶，能收三吉六秀中之一、二山峰，而贴近穴场者即为大地。凡山峦以龙为主体，以三吉六秀定其何为吉？何为凶？乃于扦穴定向，分金坐度时，吉者收之，煞者出之，是谓"收山出煞"也。

例如，立亥山巳向，癸龙入首，癸纳于坎卦。以巽为贪狼、艮为巨门、震为武曲。故巽艮震峰为三吉。巽

72

纳辛、艮纳丙、震纳庚，故辛丙庚峰为六秀。

又如，立子山午向，亥龙入首。亥为震卦所纳，以离为贪狼，乾为巨门，坎为武曲，故离乾坎峰为三吉。离纳壬、乾纳甲、坎纳癸，故壬甲癸峰为六秀。

乾坤坎离阳龙之三吉六秀，皆为阴，震巽艮兑阴龙之三吉六秀，皆必为阳。盖群阴一阳，乃以阳为君，群阳一阴，乃以阴为君也。故有立阳向配阴龙，反之立阴向配阳龙，谓之"夫妇相配法"。

卦收先后天来水，
龙与向先后天同位。

第四节 论 水

《葬经》云："风水之法得水为上。"杨公云："未看山，先看水，有山无水休寻地。"又有先贤廖金晴云："寻龙点穴须仔细，先须观水势。"从以上三位堪舆名家的说法，可知水对穴情的重要性。

《堪舆漫兴》亦载曰：寻龙山水要兼论，山旺人丁水旺财；只见山峰不见水，名为孤寡不成胎。

一、山水形局图

水随山转，山停则水聚，山环水抱。（如图）若山势奔驰，或水离山，则水流急湍，（如图）山形直走，水便放乎直流。所以看水即知山脉之动静缓急。水之盘旋屈曲乃砂恋水，水峦砂也。

大抵山主贵，水主富。水浅处，民多贫；水聚处，民多稠；水散处，民多离；水深处，民多富。故山气盛而水气薄者，仅为政治中心；水气盛而山气薄者，则为经济枢纽；有山无水，必为凶悍贫乏之民；有水无山，定是骄奢淫佚之族，必

山环水抱图

须两相调济始可得宜。又山嫌粗恶，水爱澄清，纵横似织方知眷恋之情，汇泽如湖，乃辨朝宗之势，故于入首结穴处，看其左右前后，若

见水之屈曲交流犹同织制者，此砂峦水而水峦砂；犹如夫妇情意之缠绵。众水到堂汇聚，则知水交砂会；若水不入堂而则知砂不会，而水不交矣。书云："扬扬悠悠，顾我欲流。"此语不特形容其广阔深澄，以及平坦悠缓之貌，抑且说尽入怀囊聚，眷恋有情，只见其来而不见其去之意也。短短八字，竟将山水配合之情形容殆尽。又云："大地必有逆龙之水，好地必有逆砂之流，龙逆为上，砂逆次之。"山之得水，水之得山，有如夫妇之相偶，故龙水之相逆者，山水交欢之象也。又云："逆水一滴，甚于万派。"言龙水交欢之极者，此所以龙逆为上，砂逆者何以次之？盖水之欲出，以砂而强留之。交合出于勉强，自当次于自然，故龙逆水，水逆龙为夫妇之交感。百川周归，万派朝宗者，龙而又亲来而不去，聚而不散者，峦而不峦也。

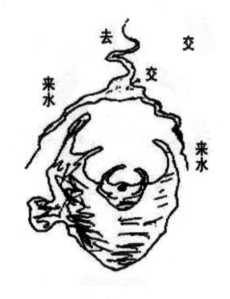

两水交合图

城门关锁图

　　水若屈曲有情，必合星卦为吉，九曲秀水，却为外应而地结于内，愈为珍贵，三台朝案，临于当前，而穴结于前，易近易发。凡两水合流谓之交，关栏紧密谓之锁。玄屈曲谓之织，众水会聚谓之结。如下四图：

明堂水聚图

玄字水屈典图

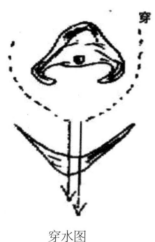

穿水图

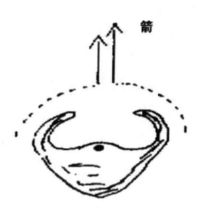

牵牛水直去图

穿破龙虎明堂者，割脚无龙虎者割也。直去为箭，直冲为射。来看山先看水，有山无水休寻地，有水无山亦可裁。真龙不配凶水，吉水不向凶龙。水绕过穴而反跳一文不值；水若入怀而反抱，一发便衰；水如平平悠缓，不冲、不射、不割、不穿，而又不带凶煞者，穴得之为最吉。

水破明堂，穿心直流或水冲断龙虎砂臂等。

穴前之明堂喜圆净，平正，水要囤聚澄清并要四季不竭。杨公云："富贵贫贱在水神，水是山家血脉精。山静水动尽可定，水主财禄山管丁。"故水之斜飞直窜反弓，皆属无情。若层层泄出，一溜便去，无砂关锁，则不归聚。若堂局过于宽大，则水必散漫，散漫则龙不停，气不聚矣。因是先贤云："迢迢四水入明堂，直冲直射不相当，若还屈曲溁洄转，贵上金阶杰满仓。"

明堂之水，有来自百数十里者，或十余里者，或数里者不等。有自外逆来者，有自左边青龙与前案之间而来者。

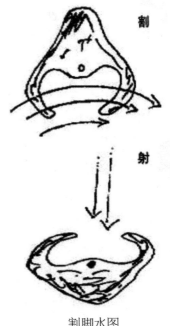

割脚水图

二、水法分房

水之范围，指水在穴场前后左右而言。凡来去之水，对风水吉地皆有吉凶作用，在穴场石碑前，能见到之水，主速发；见不到之水，主迟发。近穴场之水亦速发，距穴场较远之水，主迟发。若以房份而言，在先之水先发，在后之水迟发。

环抱水图

水法分房，立于穴前定之，长子在右，二子在左，三子在向前，四子在案右，五子在案左，六子在案中，即一四同宫，二五同宫，三六同宫。

一子向上是真元，二子脚踏两头船，三子却从何处立，孟白仲青季在前。

例如立酉山卯向，若巽巳方来水，主一四七房先发，艮丑去水主二五八房后发。卯方当面水朝来，主三六九房先发。

水之来去，均关祸福。若右水倒左，先发长房；左水倒右，先发二房；若当面有水朝来，则先发三房。故水有先到后到，来者为先到，去者为后到。当面朝来为即到更速。故左右水，前朝水俱关系房份。水之消纳必合乎净阴净阳。如立阳向，左水倒右，左是阳水来，右是阴水去，即二房发，长房贫。如立阴向，左水倒右，左是阳水来，右是阴水去，即长房发，二房贫。如面前有水朝来，则三房管。主阴向，阴水朝来三房发，阳水朝来三房贫，故立向不可不慎重。

冲心水图

三、详论水龙

（一）直流水

葬经云："气乘风则散，界水则止。"气者地气也，以龙喻之。藏风蓄气是风水学的基本原理，而阴宅以水为重，以水之形势若何，看龙气之聚散与否。

直流水，若当面直流而去，龙气亦随水而行，主无气之地，必主财破丁绝。若有水直冲龙穴，则龙气犯冲，主伤丁官司是非之咎。

宝照经云：

> 水直朝来最不祥，一条直是一条枪。
>
> 两条名为射胁水，三条去是三刑伤。
>
> 直来反去拖刀煞，徒流客死少年亡。

时师只说下砂逆，祸来极速怎堪当。

二宅街路如此样，极宜迁改免灾殃。

左边水射长男绝，右边水射少男亡。

水直若然当面射，中男离乡死道旁。

东西南北水射腰，房屋横死绝根苗。

贪淫男女风声恶，曲背驼腰家寂寥。

此段言明冲射水之为恶及分房吉凶，甚验。且言道路冲射与水路相当，不可不防。

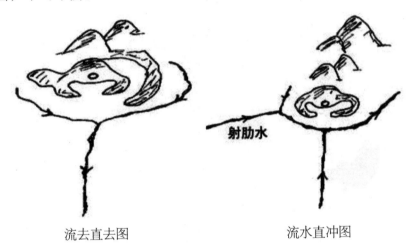

流去直去图　　　　　　　　　流水直冲图

四、环抱水

水势向内弯抱有情，称环抱水。环抱水为吉水，一方面此水界止龙气，一方面挡住水外凶气入侵，主丁财贵之水。

环抱水图

五、反弓水

水势向外弯曲之水称反弓水。此水为凶水，主龙穴之气涣散，有害无益，不可用。

宝照经云：

左边水反长男死，离乡忤逆皆因此。

右边水反少男伤，风吹妇女随人走。

当面水反中切当，断定中男有损伤。

左右中反房房绝，切忌坟宅遭此劫。

如图所示：

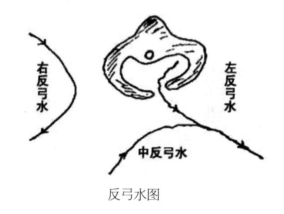

反弓水图

六、淋头水

水在穴后，成凹形，地势又比穴位高者为淋头长。淋头水不吉，水侵棺木，主家人有头痛风湿骨痛病等。如图所示：

淋头水图

七、地泉水

三面环山葬于低洼之处或田间、平地等，称为地泉水地。此地不吉，水易侵穴中，无生气，不可用。有云："不可掘地及泉。""湿地不可葬。"若四面均高而穴位低下，为地狱池，凶。如图所示：

地狱池地图

八、荫龙水

穴前明堂，自然微凹，众水朝聚，即水聚天心，或四季有水，自成池塘，乃为吉水，龙真穴的之地，富贵双全。葬穴不宜贴近，圆形池塘则为血盆照镜不吉。如图所示：

荫龙水图

九、茶槽水

穴前明堂，有一深沟或河流，形同茶槽。内虽有水，亦为凶水，不可葬之。如图所示：

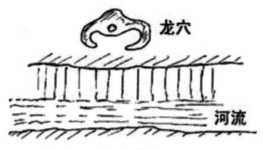

茶槽水图

十、割脚水

割脚水离穴位近且直冲而过，此水为凶水，主后代出人断腿接肢之祸，不可不慎。如图所示：

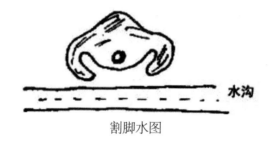

割脚水图

十一、横过水

横过水离穴位稍远，为止气水，或左来右去，或右来左去，不犯割脚或似茶槽者，为吉水，主房房福泽。古云："水者，龙之血脉，穴之处气，来龙非水送无以明其迹，结穴非水界无以明其止，龙穴端赖水为证应。"对横过水之论述：

横水无劳分左右，但须下臂有关栏。

上砂缩短不随水，福泽房房稳似山。

如图所示：

横过水图

十二、朝来水

穴前特来之水为朝来水，古云："洋洋当面朝，当代出官僚。""朝水一勺能救贫。"当面来水须屈曲为佳，若直射急冲则应，"当面朝入，子息贫寒。"之咎。如"九曲入明堂，当朝出宰相。"此水为朝拜水也。

> 翻身作穴有洋朝，
> 水若朝兮穴要高。
> 直射无遮水祸患，
> 之玄屈曲产英豪。

九曲水入明堂图示：

九曲水图

十三、蓄聚水

蓄聚水者，水得储之谓，湖泊池沼水塘，皆聚水也。古云："湖有千年不涸之水，家有千年不散之财。"乃指水主财也。

> 穴临池沼最为良，此穴须知无上稀。
> 苟得真龙并穴正，黄金满堂有何奇。

周易家居环境调理

一潭深水注穴前，不见来源与去源。

巨万资财多足义，贵在朝堂代有传。

十四、顺流水

顺流水指穴前之水随明堂势而去，此水宜屈曲而不见其去为佳，若直长而出为牵动土牛，龙穴无气也。

顺水之龙穴要低，有砂交锁穴天然。

面前若见滔滔去，纵使龙真慎祸危。

去水吉图

十五、五行论水城

（一）金城水

水城为龙穴之门户，取吉环抱有情为佳。

金城弯曲抱吾身，如月如弓产凤麟。

若是反弓不揖家，石崇富贵亦须贫。

金城水交，富贵双全

金城水图一

反弓水至，财散人离

金城水图二

（二）木城水

江流长直形如木，射穴冲心人不安。

横过尤嫌情绪懒，斜飞焉可穴前看。

峻急直流号木城，势如冲射最无情。

军败流离及少死，贫苦困顿受伶丁。

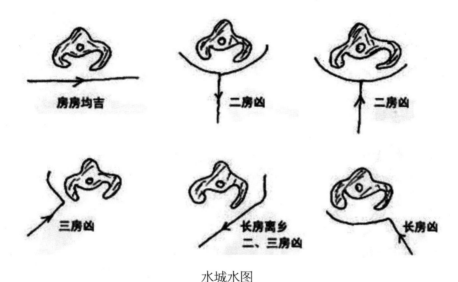

房房均吉　　二房凶　　二房凶

三房凶　　长房离乡　　长房凶
　　　　　二、三房凶

水城水图

（三）水城水

屈曲之玄号水城，盘桓顾穴似多情。

贵人朝堂官极品，更讲奕世有声名。

之玄屈曲似生蛇，当面朝来官如麻。

去水之玄皆可取，俱须水口不容槎。

水城曲曲过，富贵擢高科

水城水图

（四）火城水

火烧之水是何形，斗角尖斜火焰生。

交剑挦须无二样，军徒瘟火事无停。

破碎尖斜号火城，或如交剑急流争。

更兼湍激澎湃样，不须此处觅佳城。

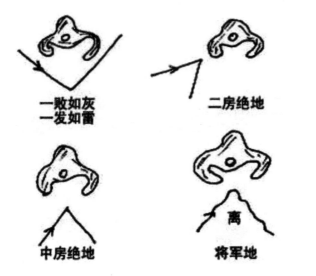

一败如灰
一发如雷　　二房绝地　　长房绝地

中房绝地　　将军地

火城水图

（五）土城水

方正横平号土城，有凶有吉要详明。

悠洋深聚知为美，争流响峻祸非轻。

棋盘局面土城水，过穴朝来在一边。

若见下砂有接应，大湾小疵亦堪扦。

家有全名，富厚多信

土城水图

十六、无水

高山无水可收，藏风为上。

穴前无水，须明堂成掌心窝状，将附近干流收聚为上。若四山瘦小懒散，穴前无掌心窝者，轻则贫贱，重则凶祸。古人云："一点真原，即为发富发贵之根本。穴前无水，明堂似掌心可看作水。"

干窝结穴水前无，天作明堂驷马车。

四兽平和生温饱，三阳逼窄主图圄。

第二章　古贤文献

第一节　《葬经》详解

《葬经》乃晋代郭璞所作。

《葬经》曰：葬者，乘生气也。

注："葬"即坟茔；"乘"即收纳得位；"生气"即地气生旺，如龙脉活动转变，水之屈曲环抱等。

夫阴阳之气，噫而为风，升而为云，降而为雨，行乎地中而为生气。

注：此言天地阴阳之气，明而感之者为风、云、雨，阴阳之气行于地中为地气，使人不见。

生气行乎地中，发而生乎万物；人受体于父母，本骸得气，遗传受荫。

注：地中生气，生育万物，如草木之生，故有"童山不葬"之说，乃因地无生气，草木不生。祖父辈之骸骨，因得地气之荫，山川灵秀之气，存而不腐，其气荫福子孙后代。

盖生者，气之聚凝；结者，成骨死而独留，故葬者，反气纳骨以荫所生之道也。

注：此段言明，生人与坟宅之关系也。地中生气凝结之处使骨骸永存，其气能荫佑生人也。

气感而应，鬼福及人。是以铜山西崩，灵钟东应；木华于春，栗芽于室。

注：此为地人感应之说。后段举例说明，灵钟产于铜山，铜山崩

塌，灵钟自鸣；春天来临，树木开花，于家中之麦种亦自发芽。

气行乎地中，其行也，因地之势；其聚也，因势之止；丘垅之骨，冈阜之支，气之所随。

注：辨地气之行止，看龙脉之形势。山坡起伏前行之势，地气亦随之而行；龙脉形势静止之处，地气亦止。

气乘风则散，界水则止。

注：地中之生气，遇山势凹风之吹，则气散；地中生气，外遇水横过或弯曲环抱而止。

古人聚之使不散，行之使有止，故谓之风水。

注：风有散气之力，故穴位忌凹风吹来；水有界气之力，故地气必见水来环抱有情。此乃"风水"二字的综合运用。

风水之法，得水为上，藏风次之。何以言之？气之盛，虽流行而余者犹有止，虽寒散而深者犹有聚。外气横行，内气止生，盖此言也。

注：此段言风水入用之法，得水为上，因水有止气之力；藏风次之，因风有散气之咎。"外气"指形势山脉外之水，"内气"指地气。

浅深得乘，风水自成。土者，气之母，有土斯有气；气者，水之母，有气斯有水，故藏于涸燥者宜浅，藏于坦夷者宜深。

注：此段言葬法，文中"藏"即葬墓，涸燥之地其气上升故宜葬浅，坦夷之地地气下沉故宜葬深，均以接收地中生气也。土即土山、土质，生气在土中行，故有土之地才谈地气；水是气之母，有水之处生气方存。但有石山奇地，成形之穴，斟酌可葬。

土形气行，物因以生。地势原脉，山势原骨；委蛇东西，或为南北；宛委自复，回环重复；若踞而候也，若揽而有也；欲进而却，欲止而深；来积止聚，冲阳和阴；土厚水深，郁草茂林；贵若千乘，富如万金；形止气蓄，化生万物，为上地也。

注：此段言龙脉行止之法，结大地也。如龙脉如蛇行，或东或

西，或南或北，回龙顾主，形止气藏，富贵上等吉地也。

地贵平稳，土贵有支；支之所起，气随而始；支之所终，气随以钟。

注：此段言龙脉运行贵在平稳，忌斜歪不正，又须有枝龙分脉，如母生子之意，否则为孤龙也。

观支之法，隐隐隆隆；微妙元通，吉在其中；地有吉气，土随而记；支有止气，水随而比；势顺形动，回复终始；法葬其中，永吉无凶。

注：此段言"观支之法"，"支"即龙脉穴地之分脉，知分脉流行之处，即知穴位地气之大小，得龙脉之正穴，永吉无凶也。

夫重冈叠阜，群垄众支，当择其特；大则物特小，小则特大；参形杂势，主客同情，所不葬也。

注：此指高山重冈之地之葬法，众山会聚，取其群雄之龙而用之，为特；若高山形杂，不结穴，或争斗如战场，非龙气之钟，故不葬。

夫垄欲峙于地上，支欲伏于地中；支垄之止，平夷如掌；故支葬其巅，垄葬其麓；卜支如首，卜垄如足；形势不经，气脱如逐；夫人之葬，盖亦难免；支垄之辨，眩目惑心。垄言茯老，支言其嫩；老忽变嫩，嫩忽变老，所以眩目惑心也。

注：此段言龙脉结体老嫩之辨法，如穴星特峙不可葬为欺穴；形势不齐整，主气涣散不可葬等。

祸福之差，候虏有间；山者，势险而有也，法葬其所会；葬者，原其所始，乘其所止，审其所废，择其所相；辅者，即缠护夹从，龙怕孤单，故须夹辅也。

注：漫山重岭，均有地穴乎？非也！故葬于众山交会之局中，此局是否众水交会，偏枯旺相何处，立穴收入为佳；龙要有缠护夹从之山，以为官者有侍从之意，否则变为孤龙，为官必小。

避其所害，浅之乘之，深以取之，开以通之，合以固之。乘金相水，冗土印木；外藏八风，内秘五行。

注：避其所害，如四风吹散，流水冲射，去水直走，反弓射胁等宜避；乘金相水，冗土印木，指入首一二节之山形，金星生水星为吉，木星克土星为凶，主结穴之星峦也。此段言消砂之功。

地德上载，阴阳中和，五土四备，是以君子夺神工改天命。

注：此段言葬得其法，有改命转运之吉。

上地之山，若伏若连，其原自天；若水之波，若马之驰，其来若奔，其止若尸。

注：此指龙脉活动，似水波，如马驰，乃生气之龙脉也，而其止住如尸之静，法葬于静止处。

若怀万宝而燕息，若具万膳而洁斋，若橐之鼓，言气之吸也；若器之贮，言气聚而不散也；若龙若弯，或腾或盘，禽伏兽蹲，若万乘之尊也；天光发新，明堂开也。

注：此段主要讲结穴成形之地，如飞禽，如猛虎，如龟蛇等。

譬水万派，同归于海；星虽遍天，必拱北辰。例众水皆为穴用，诸山皆拱此龙。龙虎抱卫，主客相迎，四势端明，五害不亲，十一不具。

注：此段言龙脉须得众山环拱，众水之收纳，龙虎砂抱穴有情，朝案山相应，乃为上吉之地。

山之不可葬者有五：

气以生和，童山不可葬；

气因形来，断山不可葬；

气因土行，石山不可葬；

气以势止，过山不可葬；

气以龙会，独山不可葬。

注：此段论五不葬，"童山"指草木不生之山；"断山"指来龙到

处所断之山，主无地气；"石山"指岩石之山；"过山"指来龙行过之山；"独山"指单独一山，无他山之拱并。

占山之法，势为上，形次之，方又次之。势如万马，自天而下。其葬王者，势如巨浪，重岭叠障，千乘之葬。势如降龙，水绕云从，爵禄三公。势如重屋，茂草乔木，开府建国；势如惊蛇，屈曲斜倚，灭国亡家。势如戈矛，兵死刑囚。势如流水，生人皆鬼。

注：此段从龙脉气势断地之大小吉凶。

形如燕巢，法葬其凹；形如覆釜，其巅可富；形如植冠，永昌且欢；形如投算，百事昏乱；形如乱衣，妒女淫妻；形如灰囊，灾舍焚仓；形如覆舟，如病男囚；形如横几，子灭孙死；形如卧剑，诛夷逼僭；形如仰刀，凶祸伏逃；牛卧马驰，鸾舞凤飞，龟蛇鱼鳖，以水别之；形类百动，葬皆非宜；四应前按，法同忌之。

注：此段言结穴山形葬法吉凶。

夫千尺为势，百尺为形；势与形顺者，吉；势与形逆者，凶；势凶形吉，百福希一；势吉形凶，祸不旋日；千尺之势，宛委顿息；外无以聚内，气散于地中；不蓄之穴，腐骨之藏也。盖噫气为能散生气，龙虎所以卫区穴，叠叠中阜，左穴右缺；前旷后折，生气散于飘风；腾漏之穴，败椁之藏也；外气所以聚内气，过水所以止来龙。势来形止，前亲后倚，为吉藏也。

注：此段言形与势合看辨吉凶，"外气"即水，"内气"即地中生气。

地有四势，气从八方，故葬以左为青龙，右为白虎，前为朱雀，后为玄武。玄武垂头，朱雀翔舞，青龙蜿蜒，白虎驯服，形势反此，法当破死。故虎蹲谓之衔尸，龙踞谓之嫉主，玄武不垂者叼尸，朱雀不舞者腾去。土圭测其方位，玉尺度其遐迩。以支为龙虎者，来止迹乎冈阜；要如肘臂，谓之环抱。以水为朱雀者，衰旺系乎形应，忌夫湍激，谓之悲泣；朱雀源于生气，派于未盛，朝于大旺，泽于将衰，流于囚射，以返不绝；法每一折，潴而后泄，洋洋悠悠，顾我欲留，其来无源，其去无流，故言山来水回，贵寿丰财；山囚水流，虏王灭侯。

注：此段言四兽宜忌。

夫土欲细而坚，润而泽，裁肪切玉，备具五色；干如穴粟，湿如刲肉，水泉砂砾，皆为凶穴。

注：此段言辨穴土之法。

穴有三吉，葬有六凶。

藏神合朔，神迎鬼避，一吉也；

阴阳中和，五十四备，二吉也；

目力之巧，工力之具，趋全避缺，增高益下，三吉也。

阴阳差错为一凶；岁时之乖为二凶；

力小图大为三凶；恁恃福力为四凶；

僭上逼下为五凶；变应怪见为六凶。

注：此段言穴有三吉，葬有六凶之法。

穴吉葬凶，与弃尸同。

注：穴者指龙穴，葬者指葬法。

势止形昂，前润后冈，龙首之藏；鼻颡吉昌，角目灭亡；目致侯王，唇死兵伤；宛而中蓄，谓之龙腹，其脐深曲，必后世福；伤其胸胁，朝穴莫哭，是以祸福不旋日。葬山之法，若呼谷中，言应速也。

注：此段言葬地得法或不得法应吉凶之速。

第二节　《青囊奥旨》详解

《青囊奥旨》乃唐代杨筠松所作。

《青囊奥旨》曰：年来养老看雌雄，天下诸书对不同。

注：雌为阴，雄为阳，阴阳二气也。山即龙脉为阳，水为阴，此山水之阴阳也。天气左旋为阳，地气右旋为阴，先天之理，有气斯有形，形以气成；后天之理，有形斯有气，气以形蓄。故寻龙之法因形察气，龙从左旋则气必从左为阳为雄，龙从右旋则气必从右为阴为雌，阳龙必结阴穴，阴龙必结阳穴；阴穴为窝，阳穴为突。用阴阳去论证龙穴，与天下诸书是不同一理的。

先看金龙动不动，次认血脉定来龙。

注："金龙"即龙脉，"动"指活龙，"不动"指死龙，活动之龙为生气龙脉，可寻地；死龙为死气龙脉，不可寻地。"血脉"指水，"来龙"即龙从何方来，以水论之，水来龙即来，水去龙即行去。

龙分两片阴阳取，水看三叉细认踪。

注："龙分两片"指龙脉分枝，为左龙或右龙，龙之左旋为阳，右旋为阴，立穴取定之。"三叉水"指城门，止龙气所踪，以为立向之用。

江南寻龙江北住，江西龙去望江东。

注：此指四龙顾祖之地，龙之行去依依不舍，顾祖有情，如龙脉向南行，又回头北望，其转头之处必能结穴。

二十四山分顺逆，认取阴阳祖与宗。

注：此从龙祖上立罗盘，看龙脉左旋为阳为顺，右旋为阴为逆，即二十四山之阴阳即明。

阳从左边团团转，阴从右路转相通，若人得知阴阳局，何愁大地不相逢。

注：龙脉左边为阳若环绕，而又有从右边为阴转相环护，为阴阳交会，重重交锁，乃结大地也。

是以圣人卜河洛，瀍涧交华嵩。

注：指古圣人以河图洛书之理，以定水神交锁于向首之方位，以为定局。

相其阴阳流水位，卜年卜宅始都宫。

注：辨明水位之阴阳，以龙水配合而定宅。

朱雀发源生旺位，一一开讲说愚蒙。

注：朱雀为穴前明堂朝案，穴前有吉水以界龙气，如在生旺之卦位，且龙水能配合，乃为真地，不能有疑虑不清之处。

先天罗经十二位，后天方用支干聚，四维八干辅支位，母子公孙同一类。

注：此段讲罗经有二十四山，分阴阳，父母子孙天地人三元。如巽宫辰巽巳三山，辰为地元逆子，巽为天元父母，巳为人元顺子，而辰为阴支，巽巳为阳支。

二十四山双双起，少有时师知此义。

注："二十四山双双起"有几层之意：一是三合水法中把二十四山合成十二位，以生旺墓来收水，如甲卯乙辰巽巳之山，则甲卯为旺，乙辰为墓，巽巳为生；二是指立向必兼，如甲兼卯，卯兼乙等，以防犯罗盘立向空亡压线之咎；三是玄空飞星山星与向星，以断二宅休咎。

五行拨配二十四，时师此义何曾记。

注：指二十四山分五行，如甲为阳木山，卯乙为阴木山，辰为阴土山，巽为阳木山，巳为阳火山等为正五行。

识得精微分五行，知得荣枯死与生。申子辰坤壬乙水，巳酉丑巽庚癸金，亥卯未乾甲丁木，寅午戌艮丙辛火，用此步水与量山，万里山河一饷间。

注：此为二十四山双山五行，用以立向消砂纳水。如申子辰合水局，故以水论；双山辰乙，辰为水，而辰从乙，则乙亦为水；甲坤双山，申为水，则坤亦为水，故申子辰坤壬乙为水。其余类推。

山上龙神不下水，水里龙神不上山。

注：山管山，水管水，不能混杂。龙神者，五行之生旺气，流行

周易家居环境调理

于地中，神妙莫测，故以龙神名之。此段言有两种说法：其一是从峦头上言，即山有山之生旺，水有水之生旺，论山只以来龙入首一节，原何五行，既以本山纳音起长生，以观方上之山得何生旺，宜见山，不宜见水，见水则为山上龙神生旺之气下水；反之，水里龙神取向上原何五行起长生，以观方上之水得何生旺，宜见水，若见山则为水里龙神生旺之气上山。其一是玄空飞星，山上排龙旺星不宜下水，水里排龙旺星不宜上山，否则犯上山下水之咎。

二十四山分两路，认取阴阳祖与宗；二十四山论五行，知死又知生；不问坐山与来山，死气却虚闻。

注："两路"即阴阳，"五行"即双山五行。"死生"指从立穴之山上或向上起长生诀，论各方旺衰生死之气。若不明坐山与来山（来龙）是穴位之生旺衰死，无以寻地。

一生二，二生三，三生万物，是元关；山管山，水管水，此是阴阳元妙理。

注：相地明阴阳之理，自然法则，山与水虽相辅相成，但不能驳杂。

阳山阳向水流阳，此说甚荒唐；阴山阴向水流阴，笑杀人拘泥。若能勘破个中元妙用，本来同一体。

注：此辟时师相地之误。

更有收山出煞法，前后八尺须无杂；坎癸申辰坤乙星，离壬寅戌兼乾甲，此是阳山起顶来；收山出煞正宜裁，斜侧收入阴阳取，缓逢生旺实奇哉。

注：此为立穴定向之诀，子癸申辰坤乙午壬寅戌乾甲十二山为阳山，指龙入首一节，为阳龙入首。从穴位上起长生诀，便知来龙入首之生旺，生旺则用，衰败则弃之。

艮丙兑丁并巳丑，巽辛震庚亥未受，此是阴山入穴来，立向何须拘左右；若逢顺逆有从来，取脉论方向上裁。

注：艮丙酉丁巳丑巽辛卯庚亥未十二山为阴山阴龙入首，宜立阴山阴向，此乃龙气不杂，为理气上之用。

此是收山出煞书，三节四节不须拘；只要龙神得生旺，阴阳却与穴中殊。

注：收山出煞法只以龙神生旺为要，可从坐穴上起长生，察龙入首一节为何字，以生旺取之即可。至于如何起长生，如立乾兼亥山，乾亥双山为木之长生，则壬子为沐浴，癸丑为冠带，艮寅为临官，甲卯为帝旺……。如来龙从艮寅方来为旺气，转乾亥结穴，指龙之生旺。

更看明堂并朝水，文库大小俱得位；截定生旺莫教流，直射直流家退败；射破生方言少亡；冲破旺方财狼当；沐浴来时男女乱，库方来到定非祥。

注：此从向前明堂与理气合断，向上收水起长生诀，生旺方宜有吉水蓄聚或环抱，若直冲直射总非宜。此收沐浴水直冲或直流而去，主家中男女有淫乱之事等。

更看诸位起高峰，尖秀方圆俱得位；生方高耸旺人丁，旺位起峰官爵位。

注：此乃收山出煞之法，以山上起长生诀，看生旺方位之山势如何，以定吉凶。

坐向须明生克化，进退水路总非轻。生出克出为退曜，生入克入为进神；退水何愁千百步，进水须教流入户。

注：此段言收水之法，以坐山五行与来水纳何卦或为何干支四维之五行，论五克吉凶，如坐巽山属木，水从申方来，申为金，为金克木即为进神水；若水从丑方来，丑为土则木克土为退神之水，其余类推。然生克吉凶不比生旺衰败之气吉凶之轻重为要，读者亦慎用之。

时神得位出公卿，大旺人丁家巨富。

注：山管人丁，水主财禄，于山之生旺之方有山，于水生旺之方

有水，谓之龙神得所，故主丁财贵显耀之地。

天上星辰似织罗，水神三叉要相过；水发城门须要会，却似湖里雁交鹅。

注：水交城门为龙穴精神所在，城门者水会之处也，宜在生旺方。玄空飞星上之城门为向首两旁之宫，合城门诀为吉，不合城门诀为凶，有云："城门一诀最为良，造宅安坟大吉昌。"此时读者也许会问，若符合杨公水法但不符合玄空城门水法，如何论之？此须靠时师实地堪察水神形势若何来定，若合城门诀但有不足之疵，则以杨公天机水法（生旺墓水法）论之即可。

水名消息要知音，却向元空里面寻；乾坤艮巽先发长，寅申巳亥长伶仃；甲庚丙壬中房发，子午卯酉中男杀；乙辛丁癸小男疆，辰戌丑未少男殃。

注：此从来水收水上分房吉凶之论。

沟壑明堂定方隅，便从品折审萦纡；四尺五寸为一步，折取须教向所宜；小神须要入中神，中神流入大神位，三折更上御阶去，一举成名传万古。

注："神"指水，直来者为来气，弯曲者为蓄气，宜大水收小水，曲弯弯而来，为吉水，故主富贵。

奇贵贪狼并禄马，三合联珠贵无价；小神流短大神长，富贵声名满天下。

注：奇贵贪狼并禄马，指坐山禄马贵之方有秀峰，或坐山三奇贪狼方有奇峰；"大神长"指天门来水远而大，主吉。

申子辰收坤乙壬，寅午戌收艮丙辛，巳酉丑联巽庚癸，亥卯未联乾甲丁，山与水须要明此理，水与山祸福更相关。

注：此言杨公水法，立申子辰为三合联珠之山须收坤乙壬方来水，为山向同元一气，因申子辰坤乙壬之双山五行均为水。其余类推。反之亦然。

左行子丑向未扬，申酉抵亥左为阳；右行午巳辰卯寅，向子猴羊右为阴；二十四山分五行，尽在顺逆里面寻，依此法不必问纳甲。

注：从龙左行右行分二十四山之阴阳，从其顺逆上看，不必寻纳甲卦气之说，如兑纳丁，立兑向须收丁水之类。

颠颠倒，二十四山有珠宝；顺逆行，二十四山有火坑。

注：有两种说法：其一是杨公水法收左水倒或右边倒左，何吉何凶，吉者为珠宝，凶者为火坑；其二是玄空水法，宜到山到向，不宜犯上山下水，到山到向为珠宝，上山下水为火坑。

雌与雄，须令交会合元空；雄与雌，也向元空卦内推。

注：雌雄即阴阳，指二十四山之阴阳，如向上之水其交会处，合生旺之卦为吉，不合者凶。

合元空，翻天倒地对不同；用元空，三年大发福无穷；局金龙，经纬阴阳义不同；动不动，只待高人施妙用。

注：合元空指合杨公水法或玄空水法，合者发速；"金龙"即龙脉，于二十四山方位有不同之来去须辨明；"动不动"指龙脉生死之意。

第三节　阴阳二宅形势吉凶

一桥高架宅厅前，左右相同后亦然。

不出三年并五载，家私荡尽卖田园。

析：宅厅前有高架桥横过或直冲，或在左边、右边后边，表示三至五年之内，家财耗尽，人口有伤。

此宅左短右边长，君子居之大吉昌。

家内钱财丰盛富，唯因次后少儿郎。

析：宅形左短右长之造，或外砂左短右长，主家庭兴旺，但久住后少儿孙。

　右短左长不堪居，生财不旺人口虚。

　住宅必定子孙愚，先有田蚕后也无。

　析：造宅右短左长或外砂右短左长，主少人丁和财不旺。

　昔日周公相此居，丑寅空缺聚钱赀。

　家豪富贵长保守，不遇仙人怎得知。

　析：丑寅方空缺之宅形或外水，主长保富贵。

　辰巳不足却为良，居之家豪大吉昌。

　若是安庄终有利，子孙兴旺足牛羊。

　析：辰巳方不完整反吉，主丁财两旺。

　仰目之地出贤人，庶人居之又不贫。

　子孙印绶封官职，光显门庭共九卿。

　析："仰目之地"指高地，但须左右有护砂，主官贵。

　中央高大号圆丘，修宅安坟在上头。

　人口赀财多富贵，二千食禄任公侯。

　析：乃金星山形，左右环抱，方应。

　坎兑两边道路横，定主先吉后有凶。

　人口赀财初一胜，不过十年一时空。

　析：此段甚验，如坐巽向乾之宅，坎兑一路横过或坎方、兑方分别有道路横过，先富后贫。

　此宅修在涯水头，主定其地不堪修。

　牛羊尽死人逃走，造宅修茔见祸由。

　析：水之起源处造二宅，必应。

　前狭后宽居之稳，富贵平安旺子孙。

　资财广有人口吉，金珠财宝满家门。

　析：指宅外形势，前狭后宽安营，藏风蓄气之故。

　前宽后狭似棺形，住宅四时不安宁。

赀财破尽人口死，悲啼呻吟有仅声。

析：指宅形或外形势，凶宅之地。

西南坤地有丘坟，此宅居之渐渐荣。

若是安庄并造屋，儿孙辈辈主兴隆。

析：西南纯阴地有丘陵坟地为砂，故应。

此宅卯地有丘坟，后来居之定灭门。

遇师不辨吉凶理，年久坟前缺子孙。

析：卯为东，阳气重地，若见阴坟之气，主应。

此房正北有丘坟，明师安庄定有名。

君子居之官出禄，庶人居之家道荣。

析：正北指子位有丘陵，主吉。

前后有丘不喜欢，安庄修造数余年。

此宅常招凶与吉，得时富贵失时嫌。

析：宅之前后均有丘坟，吉凶参半。

此居乾地有丘陵，修宅安庄渐渐兴。

女人入宫为妃后，儿孙以后做公卿。

析：乾方有丘陵，一层比一层高，男女应吉。

此宅前后有高砂，居之依师不为差。

田财广有人多喜，家道兴隆富贵家。

析：前后有高砂不逼压乃应。

西高东下向北阳，正好修工兴盖庄。

后代资财石崇富，满宅家眷六畜强。

析：西高东低且北方有吉砂乃应。

此宅方圆四面平，地理观此好兴工。

不论宫商角徵羽，家豪富贵旺人丁。

析：乃平地造宅，宅形齐整则吉。

此宅观灵取这强，却因辰巳有池塘。

儿孙旺相家资盛，兴小败长有官防。

析：辰巳（东南）方有水塘，小房吉而长房败。

前后高山两相宜，左右两边有沙地。

家富且贵多年代，寿命延年彭祖齐。

析：乃为藏风蓄气之地，故应丁财贵寿。

此宅左右水长渠，久后儿孙福禄齐。

禾麦钱财常富贵，儿孙聪俊胜祖墓。

析：宅之左右水为龙虎水神有护气之功，乃应。

左边水来射午宫，先初富贵后贫穷。

明师断尽吉凶事，左边大富右边穷。

析：左边有水来冲午方，乃应。

此屋西边有水池，人若居之最不宜。

牛羊不旺人不吉，先富后贫少人知。

析：西边水池看其吉水还是凶水来论。

西北乾宫有水池，安身甚是不相宜。

不逢喜事多悲润，初啼富时终残疾。

析：乾宫之水池，看其为吉水或凶水来论。

后边有山可安庄，家财盛茂人最强。

若居此地人丁旺，子孙万代有余食。

析：后边有山为靠山，形势吉美乃应。

前有大山不足论，不可安庄立坟茔。

试问明师凶与吉，若居此地定灭门。

析：前有大山逼压为凶地。

此宅后边有高冈，南下居之第一强。

子孙兴旺田蚕胜，岁岁年年有陈粮。

析：此指北高南低之宅。

此宅四角有栗林，祸起之时不可当。

若遇明师重改造，免赦后辈受凄惶。

析：宅之四角种有桑树，不吉。

此宅前后有坟林，凡事未通不称心。

家财破败终无吉，常有非灾后又侵。

析：阳宅前后为乱坟地，阴气太重故应。

左边孤坟莫施工，此地安庄甚是凶。

疾病缠身终不吉，家中常被鬼贼侵。

析：阳宅左边如有一座孤立的坟墓为凶。

此宅右短左边长，假令左短有何妨。

后边齐整方圆吉，庶人居之出贤良。

析：房宅以坐后齐整为佳，忌倚斜。

东北丘坟在艮方，成家立计有何妨。

修造安坟终获吉，富贵荣华世世昌。

析：艮方有丘陵坟墓主吉应。

此宅东边有大山，又孤又寡又贫寒。

频遭口舌多遭难，百事无成后来推。

析：此乃大山于东逼压之故。

此地观之有何知，前山后山不堪居。

家贫孤寡出贼子，六畜死尽祸有余。

析：宅之前后有山逼压，似人被困住不动，应凶。城市楼房前后逼压亦同。

中央正面四面高，修盖中宅福有余。

牛羊六畜多兴旺，家道富贵出英豪。

析：中央四面均高者，若不逼压或不似困囚乃应。

四面交道主凶殃，祸起人家不可当。

若不损财灾祸死，投河自缢井中亡。

析：宅之四周道路交叉，乃井字路不吉。

此地只因道左边，久住先富后贫寒。

贵重之人终迪吉，若逢贼者离家园。

析：指路在宅之左边，环抱为吉，冲射则凶。

此宅东北斜道行，宅西大道主亨通。

虽然置下家财产，破败一时就灭倾。

析：东北方或西方有大道直通阳宅，主应。

雀武龙虎四神全，男人富贵女人贤。

官禄不求而自至，后代儿孙福远年。

析：前朱雀，后玄武，左青龙，右白虎于阳宅之四周其形势吉者应。

此宅安居正可求，西南水向东北流。

虽然重妻别无事，三公九相近王侯。

析：收西南水来，从东北方去乃应。

前有丘陵后有冈，西边稳抱水朝阳。

东行漫下过一里，此宅安居若是强。

析："后有冈"指有龙脉为靠山，"前有丘陵"为案山，收西水之吉而行东方流去主应。

西来有水向东流，东显长河九曲河。

后事绵远儿孙胜，禾谷田蚕岁岁收。

析：西水来长，而东去九曲，坐后有山为靠，前有朱雀翔舞，王侯之地。

南来大路正冲门，速避直行过路人。

急取大石宜改镇，免教后人哭声频。

析：南方有路直冲大门，宜建挡墙以避之。

东西有道直冲怀，定主疯病疾伤灾。

从来多用医不可，儿孙难免哭声来。

析：东或西方有路直冲阳宅，主病伤之灾及子孙不安。

南北长河又宽平，东岭西冈三西层。

左右宅前来相顾，儿孙定出武官人。

析：外形局美，南北河宽平，东西冈岭层层高，为出武贵之地。

艮地孤坟一墓安，莫教百步内中间。

久后痴聋并喑哑，令人有病治难痊。

析：艮为东北方，有一孤坟贴紧房宅，主病。

右边白虎北联山，左有青龙绿水潺。

若居此地出公相，不入文班入武班。

析：此乃水浇青龙，虎山驯服之应。

北有大道正冲怀，多招盗贼破财来。

男人有病常常害，贫穷不和闹有乖。

析：北路冲宅，北为坎卦，坎主盗贼。

东西有道有门前，莫使行人断遮栏。

宅内更有车马过，子孙富贵得安然。

析：此指东西横过之路，不宜拦挡。

乾地林木妇女淫，沟河重见死佳人。

坤地水流妨老母，子孙后代受孤贫。

析：乾方林外有沟河，不利妇女；坤水伤老母，后代贫。

寺庙丘坟世要知，不分南北与东西。

离宅未有一百步，以后伤杀子孙。

析：寺庙乃纯阳之地，太贴近主伤后人。

青龙若有二山随，其家养女被人迷。

招郎义子其家破，不出军时有匠贼。

析：左边青龙有二山相并，乃应。

白虎若见二山随，定教妇女被人迷。

二姓之家来合和，忤逆人家媳骂姑。

析：右边白虎有两山相并，乃应。

门前若有玉带水，高官必定容易起。

出人代代读书声，荣显富贵耀门眉。

析："玉带水"即环抱水。

门前若有两等树，断定二姓同居住。

大富之家招二妻，孤翁寡母泪沾衣。

析："两等树"指两种不同之树，若见门前乃应。

面前凶砂若有此，左火砂来兄必死。

右火冲身弟必亡，当前尖射中此是。

析："凶砂"此指尖形火砂，冲左边应长房凶，冲右应小弟灾，冲中间应二房殃。

门前三塘及二塘，必啼孤子寡母娘。

断出其家真祸福，小儿落水泪汪汪。

析：门前二、三塘贴近，如血盆照镜，乃应孤寡，小儿落水而亡。

明堂若见似芒槌，少年枉死此中推。

招郎义子其家破，不出军时有匠贼。

析：明堂里有芒槌砂形及应。

若见鹅颈鸭颈前，淫乱风声处处传。

孤寡少年不出屋，男跏女跛不堪言。

析："鹅、鸭"指砂形，其现于明堂。

明堂三尖并四尖，断他致死祸淹淹。

定出气泪及患眼，更兼脚疾甚难痊。

析："三尖四尖"指尖形砂现于明堂乃应。

若见明堂三个角，瞎眼儿孙因此哭。

单传人口多少亡，气通其家常不脱。

析：明堂呈三角形，乃应。

明堂返转似裙头，家中淫乱不知羞。

孤寡少亡端的有，瘟疫麻瘟染时流。

析：明堂呈裙头形主应。

面前一山如人舞，家中定出疯癫子。

时常妖怪入家门，手足之灾定不虚。

析：明堂案山有一人舞砂形乃应。

若见明堂似牛轭，定断其家会做贼。

瘟疫疾病不离门，少死人丁哭不绝。

析："牛轭"指明堂砂形。

拖尸之山如此样，劝君仔细看形相。

缢颈之山白路行，时师法术要消详。

析：阴阳二宅明现有"拖尸""缢颈"山形主应。

若见明堂似蜒蛐，黄肿随身出云游。

懒惰儿孙常脚疾，儿孙产难尽遭尤。

析："蜒蛐"指明堂之形局。

竹木倒垂在水边，小儿落水不堪言。

栏栅添置犹防可，更有瘟灾发酒癫。

析：二宅旁见竹木倒垂水边乃应。

独树两枝冲一天，牵边官事惹忧煎。

断他年月无移改，坐向官主细推言。

析：独树于门前见枝冲天而长乃应。

独树生来无破相，必定换妻孤寡真。

孤辰寡宿定分明，无儿无女妙通神。

析：此指独树于门前之为害。

小屋孤峰三两交，迭迭重重寡婆招。

堕胎瞎眼此中出，说与时师仔细消。

析：宅前有一小屋或一座山峰独立乃应。

停丧破屋在面前，其家官文起连连。

常招怪物门庭入，血财尽死又瘟缠。

析：指宅前有孤屋破烂乃应。

离乡之树头向外，定知落水遭徒配。

曲背跎腰瞎眼人，小鬼入家惊作害。

析：树梢向外伸长的叫离乡树，主向外发展等。

鬼怪之树痈肿前，盲聋喑哑痨病缠。

妇人惹怪常来宅，偷鸡弄犬使人癫。

析：形似痈肿之怪树在宅前一般应中房，在左边应长房，在右边应三房，在后边应家主，妇女亦然。

空心大树在门前，妇人痨病叫皇天。

万般吃药皆无效，除了之时祸断根。

析：门前有空心大树应病灾。

面前若见生土堆，堕胎患眼也难开。

寡妇少亡又出屋，盲聋喑哑又生灾。

析：门前有土堆乃应。

门前若见此尖砂，投军做贼夜行家。

出人眼疾忤逆有，兄弟分居饿死爷。

析：门前有尖形砂现主从军、盗贼、眼疾、离方更验。

门前水分八字图，卖尽田园离乡土。

淫乱其家不用媒，定出长小离房祖。

析：水分八字形而流去主离乡谋生、淫乱。

大城左右不朝坟，镰钩返生样为凶。

孤寡徒流伤败事，家中又见遭时瘟。

析：水流左右形势如镰钩样为凶。

离乡迢迢是此路，儿孙出外皆发富。

若然直去不回还，定出离乡不归屋。

析：离乡路指从面前斜去从远处又见回头环抱主儿子出外发富顾家；若直斜飞而去之形主离乡不回家。

门家有路川字形，破财年年官事兴。

若然直射见明堂，三箭三男死却身。

析：面前见川字形路或水直冲，为死三个男丁之应。

当面若行元字路，其家财谷乡无数。

面前恰似蚯蚓行，定出痨瘵病多苦。

析："玄字路"指屈曲弯路。又有外路如图盘形为吊颈路，反弓路为淫乱退财离乡等。

门前有路是火字，两边有塘年少死。

断就其家连泪哭，岁杀加临灾祸至。

析：火字形、人字形路于门前主凶，若两边有水塘主少亡，须太岁七杀或三杀、五黄、力士加临乃应。

前有塘兮后有塘，儿孙代代少年亡。

后塘急用泥填起，免得其后受祸殃。

析：宅后主后代，有水塘主丁星落水，两塘同现于宅前与后乃应少亡。

屋前若有两水塘，为人哭泣此明堂。

更主人家常疾病，灾瘟动火事干连。

析：此乃哭泪塘地。

此屋若有大路冲，定主家中无老公。

残疾之人真是有，名为暗箭射人凶。

析：大路直冲宅，主死老公，出残疾之人，名暗箭伤人地。

此屋若在大树下，孤寡人丁断不差。

招郎乞子家中有，瘟疫怪物定交加。

析：大树下之屋，阴气太重乃应。

小石当门多磊落，其家说鬼时时着。

小口惊赫不须言，气绝聋哑人难当。

析：门前有小石堆不吉。

第二部分　环境调整理论依据

第一章　阴阳五行断房屋吉凶

第一节　阴阳五行生克制化

一、五行相生与相克

1. 五行： 金、木、水、火、土。

2. 相生：

木生火——火旺，但木自身力量会衰减。

火生土——土旺，但火自身力量会衰减。

土生金——金旺，但土自身力量会衰减。

金生水——水旺，但金自身力量会衰减。

水生木——木旺，但水自身力量会衰减。

3. 相克：

木克土——土受伤而弱，木亦会耗力。

土克水——水受伤而弱，土亦会耗力。

水克火——火受伤而弱，水亦会耗力。

火克金——金受伤而弱，火亦会耗力。

金克木——木受伤而弱，金亦会耗力。

4. 比助：

金助金——金的势力增强。

木助木——木的势力增强。

水助水——水的势力增强。

火助火——火的势力增强。

土助土——土的势力增强。

5. 五行生克喜忌

凡金宜生不宜克，若克之，则金轻。恐田产败退，且出盲目之人，及有少年而亡之虑。

凡木宜生不宜克，若克之，则木折。恐田产败退，且人易多痨疾病，及有少年而亡之虑。

凡土宜旺不宜克，若克之，则土崩。主退财不聚。

凡水宜旺不宜克，若克之，犯水厄。主游荡他乡。

凡火宜旺不宜克，若克之，则犯火，主伤人，并有官事是非。

金赖土生，土多金埋。

土赖火生，火多土焦。

火赖木生，木多火炽。

木赖水生，水多木漂。

水赖金生，金多水浊。

水空则流，木空则损，土空则陷，金空则响，火空则发。

旺木喜金，旺火喜水，旺土喜木，旺金喜火，旺水喜土。

木怕金旺，火怕水旺，土怕木旺，金怕火旺，水怕土旺。

水弱则爱金，金弱则爱土，土弱则爱火，火弱则爱木，木弱则爱水。

水衰不生木，木衰不生火，火衰不生土，土衰不生金，金衰不生水。

春土不克水，夏金不克木，季水不克火，秋木不克土，冬火不克金。

二、二十四山阴阳五行

1. 十天干

阳干：甲为阳木，丙为阳火，戊为阳土，庚为阳金，壬为阳水。

阴干：乙为阴木，丁为阴火，己为阴土，辛为阴金，癸为阴水。

2. 十二地支

阳支：子为阳水，寅为阳木，辰为阳土，午为阳火，申为阳金，戌为阳土。

阴支：丑为阴土，卯为阴木，巳为阴火，未为阴土，酉为阴金，亥为阴水。

※ 十天干（除戊己居中宫外）与十二地支及四维各卦共配成二十四山，分属八卦，一卦管三山。如图：

三、二十四山与三煞山

1. 十二地支与十二生肖之关系：

子——鼠　　丑——牛　　寅——虎

卯——兔　　辰——龙　　巳——蛇

午——马　　未——羊　　申——猴

酉——鸡　　戌——狗　　亥——猪

2. 地支三合：

申子辰——三合水局。　亥卯未——三合木局。

寅午戌——三合火局。　巳酉丑——三合金局。

3. 地支三会：

巳午未——三会火局。　亥子丑——三会水局。

寅卯辰——三会木局。　申酉戌——三会金局。

年命地支三合所克之地支三会，三会局之三山，即为三煞山。

即：申子辰（猴、鼠、龙年出生者）三煞山为巳午未。

亥卯未（猪、兔、羊年出生者）三煞山为申酉戌。

寅午戌（虎、马、狗年出生者）三煞山为亥子丑。

巳酉丑（蛇、鸡、牛年出生者）三煞山为寅卯辰。

二十四山中，三煞山不可为坐山。

第二节　流年神煞各主吉凶

凡造葬，须以岁君为主，视太岁地支到之山——并知三煞方（又称三杀），及各神所在之方。

一、三煞

三煞（三杀）者，所谓岁杀之地，即岁杀、劫杀、灾杀三方也。不可穿凿、修造、营建、迁移，犯之者，伤子孙六畜。

三杀可向不可坐，太岁可坐不可向。乘时生旺者极凶，值休囚退败之气者可免。

三杀方，忌修生作用，然有年克方者，与方克年者，亦有极凶断不可用，亦有尚可用而不为祸者。

如寅午戌年，三杀在坎卦，水能制火，谓方克年也。此方不可动。如巳酉丑年，三杀在震卦，金来克木，谓年克方也。此方不为祸。

二、伏兵与大祸

伏兵大祸神，于三杀之间，其凶则视同三杀，故以三杀论。

三、向杀

三杀之对宫即是，吉星临即为可用。

四、岁破

为地神中最凶之恶神。所谓岁破者，太岁所冲之方也，其地不可以兴造、移徙、嫁娶、远行，犯者，主损财物及害家长。

五、岁刑

亦是地神中的恶神。所谓岁刑之地，攻城战阵，不可犯之。动土、兴工亦须回避，犯之多纷争。同时所临之方位，应避免栽种植物。

六、太阴

为太岁之后宫，居于岁君后二辰，不可兴修。若有孕产，忌向此方。

七、奏书

居岁君后维方，为岁君谏臣。

八、博士

居奏书对面，为岁君之护神。

九、力士

居岁君维方，亦岁君之护卫。

十、蚕室

居力士对面，亦为岁之凶神。

十一、岁君三合

官符神与白虎神，如吉星飞临方为可用。

十二、黄幡

亦即旌旗，为岁君三合之墓，不可开门取土。

第二章　河图洛书与五音六气

第一节　河图与洛书

一、洛书

1.洛书数

洛书云：戴九履一，左三右七。二四为肩，六八为足。如图：

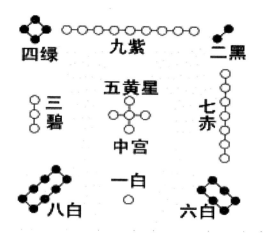

以上洛书紫白飞星，以一白、六白、八白、九紫为吉星。

以二黑、七赤、三碧、四绿为凶星。

以洛书九星所据之八方，配后天八卦。如图：

由图得知：

一白居坎，称一白坎属水。　二黑居坤，称二黑坤属土。

三碧居震，称三碧震属木。　四绿居巽，称四绿巽属木。

五黄居中，称五黄中属土。　六白居乾，称六白乾属金。

七赤居兑，称七赤兑属金。　八白居艮，称八白艮属土。

九紫居离，称九紫离属火。

2. 洛书三元九运

(1) 大运

上元六十年间，由一白统管，谓之大运。

中元六十年间，由四绿统管，谓之大运。

下元六十年间，由七赤统管，谓之大运。

(2) 小运

在上元六十年间：

前二十年为一运，由一白管，谓之小运。

中二十年为二运，由二黑管，谓之小运。

后二十年为三运，由三碧管，谓之小运。

在中元六十年间：

前二十年为四运，由四绿管，谓之小运。

中二十年为五运，由五黄管，谓之小运。

后二十年为六运，由六白管，谓之小运。

在下元六十年间：

前二十年为七运，由七赤管，谓之小运。

中二十年为八运，由八白管，谓之小运。

后二十年为九运，由九紫管，谓之小运。

(3) 三元九区间表

上元	甲子——癸未二十年	1864 年——1883 年	一白坎水
	甲申——癸卯二十年	1884 年——1903 年	二黑坤土
	甲辰——癸亥二十年	1904 年——1923 年	三碧震木
下元	甲子——癸未二十年	1924 年——1943 年	四绿巽木
	甲申——癸卯二十年	1944 年——1963 年	五黄中土
	甲辰——癸亥二十年	1964 年——1983 年	六白乾金
下元	甲子——癸未二十年	1984 年——2003 年	七兑赤金
	甲申——癸卯二十年	2004 年——2023 年	八白艮土
	甲辰——癸亥二十年	2024 年——2043 年	九紫离火

二、河图

1. 河图之数

天一生水，地六成之，故一六俱属水。

地二生火，天七成之，故二七俱属火。

天三生木，地八成之，故三八俱属木。

地四生金，天九成之，故四九俱属金。

天五生土，地十成之，故五十俱属土。

2. 运与五行

一甲子六十年分五运运行，一运管十二年。

即：甲子年起到乙亥年止共十二年为水运。

丙子年起到丁亥年止共十二年为火运。

戊子年起到己亥年止共十二年为木运。

庚子年起到辛亥年止共十二年为金运。

壬子年起到癸亥年止共十二年为土运。

3. 运的生旺退煞死

屋与运比助，则屋为旺运。

运生屋，则屋为生运。　　运克屋，则屋为煞运。

屋克运，则屋为死运。　　屋生运，则屋为退运。

生运——发丁而渐荣。　　旺运——发禄而骤富。

退运——必冷退绝嗣。　　煞运——则横祸官灾。

死运——主损丁，吉凶参半。

4. 河图五运年表

土运	金运	木运	火运	水运
壬子	庚子	戊子	丙子	甲子
癸丑	辛丑	己丑	丁丑	乙丑
甲寅	壬寅	庚寅	戊寅	丙寅
乙卯	癸卯	辛卯	己卯	丁卯
丙辰	甲辰	壬辰	庚辰	戊辰
丁巳	乙巳	癸巳	辛巳	己巳
戊午	丙午	甲午	壬午	庚午
己未	丁未	乙未	癸未	辛未
庚申	戊申	丙申	甲申	壬申
辛酉	己酉	丁酉	乙酉	癸酉
壬戌	庚戌	戊戌	丙戌	甲戌
癸亥	辛亥	己亥	丁亥	乙亥

三、河洛生克论断

1. 河图之数

一六共宗，一六俱属水，生旺，多发秀贵。

克杀，主淫寡。

二七同道，二七俱属火，生旺，发财多女。

克杀，生难横殃。

三八为朋，三八俱属木，生旺，发秀多男。

克杀，自缢无丁。

四九为友，四九俱属金，生旺，丁财好义。

克杀，吊缢孤寡。

五十同途，五十俱属土，生旺，发财旺丁。

克杀，瘟孤丧亡。

2. 洛书之数

一白居坎属水，生旺，发科多男，出人聪慧。

克杀，肾尿高症，出人游荡。

二黑居坤属土，生旺，发财旺丁，主出武贵，妇女握权。

克杀，产难殃亡，多生恶疾。

三碧居震属木，生旺，发长与家，纳粟成名。

克杀，疯哮伤妻，官非口舌。

四绿居巽属木，生旺，科甲联登，女貌端妍。

克杀，吊缢疯哮，女淫男荡。

五黄中央戊己恶杀属土，生克俱凶，此方不可动作。若年

杀加临，损丁五数，官讼连绵。

六白居乾属金，生旺，主发武科，勋名震世，丁财大旺。

克杀，刑妻克子，孤寡贫穷。

七赤居兑属金，生旺，丁财并茂，亦出武职。

克杀，盗贼官非，牢狱横死。

八白居艮属土，生旺，出人忠义，小男富贵。

　　　　　克杀，不利小口，瘟疮恶疾。

九紫居离属火，生旺，主发科第，大利中房，略嫌易衰。

　　　　　克杀，产难血症，瞽目官火。

四、值年九星

一白贪狼星——主官禄，值中男之位。

二黑巨门星——主病痛，值老母之位。

三碧禄存星——主口舌，官司诉讼（蚩尤星，喜战斗），值长男之位。

四绿文昌星——主登科甲第，加官晋爵，值长女之位。

五黄廉贞星——亦名正关煞，为最凶险之星。

所谓：八山最怕五黄来，纵有生气绝资财，凶中又遇五黄到，弥深灾祸哭声哀。五黄居中宫属土，飞出外宫属火为恶火。

六白武曲星——主财富威权，为阳金，为老父，飞出作水星。

七赤破军星——代表小人和盗贼。主于肃杀，为阴金，为少女，飞出外宫作火。

八白左辅星——吉星遇之发福，凶星遇之，凶上加凶。为赶煞催贵之神，为阴火，飞出外宫作金。值少男之位。

值年九星，吉方遇吉星而获福，吉方遇凶星而变祸。凶方遇吉星灾殃可解，凶方遇凶星祸患必来。

若凶星二三个重叠，即为堆煞，为群凶聚会，必主大凶，不动犹缓，若一动作，祸即旋踵而来。

流年九星又与各山论生克，卦位为主，星为客。客生主，生贵子；客克生，有凶祸。

如八山其年不得九星之吉，而得岁音之生旺，修造亦吉。

其法：以太岁入中宫，按六十甲子顺布各宫，至各宫之岁音生中宫太岁为吉，修动亦吉。

第二节 阳宅五气生杀

《紫白诀》云："紫白飞宫辨生旺退杀之用。三元气运判盛衰兴废之时。"

紫白飞星：一白坎，二黑坤，三碧震，四绿巽，五黄中，六白乾，七赤兑，八白艮，九紫离。

一、阳宅五气

旺气方——飞到各宫飞星与中宫比助者。

生气方——飞到各宫飞星来生中宫星者。

退气方——中宫星生飞来之星者。

煞气方——飞到各宫飞星来克中宫星者。

死气方——中宫星克飞来克中宫星者。

二、各宅五气杀图

1.乾宅

乾宅乾山乃金山也。六白入中宫。

七赤金飞到乾卦，金与金比助，为旺气方，此方开门有利，不宜种植高大树木，恐有火灾之虑。

八白土飞到兑卦，土生金，为生气方。可为厨灶，则火生土土生金，连环相生主吉，在此卦开门有利。有水池，或安床则平平。若有水来朝主旺财。

九紫飞到艮卦，火克中宫金，为煞气方，此卦不宜开门，否则易犯火灾盗贼，并有损害，人丁渐少。若设置灶火则导致绝丁，此卦若有水克九紫火，主丁空，钱财缺乏有路冲则不利，若此方有高屋，于丙子、戊子二年尤其不利。

一白水飞到离卦，中宫金生一白水，为退气方，有厕所不宜，若有树木则财散，安床尚称半吉，若为神庙则无碍。

二黑土飞到坎卦，土生中宫金，为生气方，此卦安床平平，若开门或安香火皆吉，如有井、墓、厕、神庙在旁较不利，路冲则不妨。

三碧木飞到坤卦，中宫金克木，为死气方。安床有小灾，开门不宜，屋背或路冲、水冲皆不宜，神庙亦不宜。若置灶，木生火火克金则平平。

四绿木飞到震卦，金克木，为死气方，四绿属文昌星，可出文秀，开门亦可，若设灶言木生火，虽木火通明可旺丁，但仍不可久居，若旁边有屋高，慎防火灾。

五黄土飞到巽卦，虽土生中宫金，唯五黄系凶险之星，谓之正关煞，中元不利，上元下元尚称平平。此巽卦上若有高峰尖起，其家定有火灾。水亦不宜。安香火则有利。

2. 兑宅

兑宅，七赤入中宫。

八白土飞到乾卦，土生中宫金，为生气方，设灶有大利。但不可在戌山，如在本卦开门须朝北，仍宜亥山，不宜戌山，有高峰在，永

远发福，有树木则不利，安床则多生女，楼高无妨，路冲土见土比和为吉，安香火有大利，置厕则不可。

九紫火飞到兑卦，火克金，为煞气方，开门恐人财两散，有路冲则不利，安床不可，设灶属火同克兑金不可。有大树主火灾，有井为水克火，主人命损小口，久住败绝。安香火若在楼上则可，若开门，于上元甲子水运时，其害尤甚。

一白水飞到艮卦，金生水，为退气方，开门尚可，逢流年一白四绿同到，则发秀贵，设灶则水克火主冷退。安床生女，安香火平平，路冲、神庙均不利。

二黑土飞到离卦，土生金，为生气方，开门午字，谓之子午相冲，设灶不利，安香火则有利。

三碧木飞到坎卦，金克水，为死气方也，设灶在上元则可，若安香火或安床，可发丁财。旁有树木亦不妨，有冲则不利。

四绿木飞到坤卦，金克木，为死气方，四绿为文昌，故安床可出秀士，设池或井而水来生木可用，安香火则不可，四绿另名官星，上元水运时，水木相生大利。

五黄土飞到震卦，五黄为方，如五间房可开中门，如三间则不可，三间中属火反生关方土，火又克中宫金，故不宜，有树或庙则不利。

六白金飞到巽卦，金与金比助，为旺气方，宜高灶以制二金之则，谓之绝处逢生，用之可发丁旺财。此卦安香火大利，有水池则泄金气故不宜，有树不宜高，屋如平土形，大发财丁，并出武职之人。金见金为子孙，故旺丁。

3. 离宅

离宅，为火山，九紫火入中宫。

一白水飞到乾卦，水克中宫火，为煞气方，此卦开门财丁两败，外气克内宫，又为走破天门，故凶。上元无大运，有大树不可，设灶亦不利，一白为天喜之主，若安床可发丁，如西边有路或水成震局也无妨，此乃绝处逢生气之格也。

二黑土飞到兑卦，火生土，为泄气方，设灶平平，安床有丁，开门则泄气故不利，有池或井名为腰穿故不宜，有高树，木能生火，故吉，神庙不利，路冲腰则阴人难产，宜用大古碑镇住此路。

三碧木飞到艮卦，木生火，为生气方，开门则上元有利，有树在旁主发财，有池井在旁主发秀，设灶谓之木火相生，财丁并茂，安床则女多男少。置厕无妨。

四绿木飞到离卦，木生中宫火，为生气方，开门得利，设灶出文秀之人，有树或安床皆有利，置厕则不可，恐主人有目疾。

五黄土飞到坎卦，火生土泄气，况又是关煞方，此卦开门丁有财少，有树或井或安床皆不宜。

六白金飞到坤卦，火克金，为死气方，开门火克金火煞为凶，设灶则妇人经痛，安床则可，流年九紫到宫，主该年犯盗，有池或井皆不利，置厕亦不可。

七赤金飞到震卦，火克金，为死气方，凡事各项安置，与坤卦同断。

八白土飞到巽卦，火生土，为泄气方，凡事不宜。

4. 震宅

震宅，为木山，三碧木入中宫。

四绿木飞到乾卦，木与中宫木比助，为旺气方，且是文昌位，在此卦开门则出文秀，造井有利，设灶财丁大旺，且出文士，安床则生聪明女。

五黄土飞到兑卦，为关煞，有树木，造厕，石碑俱不宜。若有克煞，流年九紫到，谨防火灾，尤其酉年大凶。

六白金飞到艮卦，金克中宫木，为煞气方，开门，设灶均不可，主妇人经脉不调，此卦植树木，谓之木入金乡则不宜，有水池亦不可，有神庙主有火灾。

七赤金飞到离卦，金克木，为煞气方，设灶少丁财，开门则金克木，恐出寡，有水池，谓泄本方之气，又克离卦火，小口不利，但下元则吉。

八白土飞到坎卦，木克土，为死气方，安床有利，有树则凶，此卦有楼梯或厕所均属不利。有庙恐犯疯症。

九紫火飞到坤卦，木生火，为泄气方，若开门流年五黄到，主犯官非口舌，置厕则可进财产，神庙高犯火灾，有水池或井，则水克火为凶，安床木生火宜子孙。

一白水飞到震卦，水生木，为生气方，开门有利，设灶可，安香火或井均利，若有远水来朝则大利，未年时五黄到，土克一白水，主产凶。

二黑土飞到巽卦，木克土，为死气方，开门、安床、设灶均平平，安步梯谓木克土，损小口，三碧入中宫，宜安香火于震宫，则有利。

5. 巽宅

巽宅，为木山，四绿木入中宫，四绿为文昌，中宫如安香火，主

也科第。

五黄土飞到乾卦，为关煞方，此卦开门，有财而少丁，何以如此？因我克者为财（木克土），为子孙也，又乾卦乃后天六白，原为先天之八白（后天乾卦为先天艮卦），此为先后相生，又得中宫飞出五黄土，虽凶星亦益金气，金气因而盛矣！先受金之琢削，二藉土而培植成林，再得水之滋生，又值文星司令于中宫大门，对映于西北，可夺巍科，而登天府矣。但头门需低小方获大利，书香绵远，有高树主火灾口舌盗贼，此卦有高峰如金星形，则不可居住。不宜置厕，言污秽文昌，出人愚钝。

六白金飞到兑卦，金克木，为煞气方，安床则有丁无财，唯上元水运时，则金生水，反利于此坐山之木，故可化煞为恩，安床则有利，开门仍不吉，有庙或井水平平，厕则不宜。

七赤金飞到艮卦，金克木，为煞气方，若交土运，则财丁两盛，逢火运则人财两败，逢水运发丁，金运比如。

八白土飞到离卦，木克土，为死气方，安床则财丁两盛，路冲则不利，设灶或厕所平平，开门亦平平。

九紫火飞到坎卦，木生火，为泄气方，开门或设灶或安香火、安床、有池井俱属不利。有树无妨，因木能生火又与中宫比助也。不可当门，厕亦不宜。

一白水飞到坤卦，水生木，为生气方，开门则吉，设灶水克火平平。有树亦无妨，安床可发丁旺财，置厕可。

二黑土飞到震卦，木克土，为死气方，安床财丁两盛，有屋冲须防火盗，开门或池井均不宜。

三碧木飞到巽卦，木与木比助，为旺气方，设灶有大利，流年四绿同宫可发秀，若为池井则不宜，开门有利。

6. 坎宅

坎宅，为水山，一白水入中宫。

二黑土飞到乾卦，土克中宫水，为煞气方，若有高楼、高墙、庙庵、河埠等在此卦位主不利。此方位初住时略吉，久住丁财两败，终主火灾，此卦不宜开门，若设厕，流年凶星到，主宅长倒路而凶，先败长房，后绝。如西边有路，此乃震局，算是绝处逢生，反而旺财，但仍不可久居。有大树恐有外来之祸。如安床反吉，因先天二黑属破天门，大凶，若安步梯属木克土，主小口不利。

三碧木飞到兑卦，水生木，为泄气方，设灶虽是木生火，但兑为女，故其家女多男少，有大树卯酉相冲，名为退财木。有神庙则平平，有水冲，名射胁水，其家常主生毒而亡。

四绿木飞到艮卦，水生木，为泄气方，四绿是文昌星，若做书房则主科第有望应在值年四绿入宫年内。若置厕，名为污秽文昌，永不科甲，也入反呆，寅方设灶平平，有池水主出文秀，安香火在上元时为妙，神庙在文昌不安。若安床，先天八白属阳，四绿属阴，阴阳配合，中元大利，开门在寅艮两方则平平。

五黄土飞到离卦，为开煞方，开门可用，子午壬丙不宜设灶厕，主目疾，南方有住宅五间，则宅土克水败绝，有池井在开煞方，则不利。若有楼房对庙，为朱雀开口，多口舌是非，如外门高内低多口舌，此卦建庙不利。

六白金飞到坎卦，六白生中宫水，为生气方，开门则吉，北方若有火星冲射，是水落火宫，必犯血症，犯之则门不可开，虽有高墙遮蔽，尚犯暗攻之煞，如流年五黄到更为不利。设灶为水火既济，旺丁财。神庙庵均不宜，有大树，论飞星谓木入金乡，夫妇多灾多病。论卦气，为子来泄母气也。

七赤金飞到坤卦，金生水，为生气方，申方开门或设灶均大利，唯在未方则不宜。有水来则有利，主发富贵。大树不宜，为木入金乡。神庙则有利。有高山或高屋如平属土形，或高高低低如水形，则大利。若成尖峰状，尖峰属火，克七赤金，西方之屋恐有火灾。此卦安床则多女少男，下元则大吉。

八白土飞到震卦，土克水，为煞气方，开门则大吉，有神庙、山峰、树或厕或水来冲，均是煞方不利。

九紫火飞到巽卦，水克火，为死气方。巽卦属木，木生九紫火，其火太旺，水难克火，反被火伤，故财丁不旺。有大树、神庙必招刑名火烛。若巽卦高起，出寡少丁，败绝。若在巽卦做房间，四绿属阴，九紫亦属阴，两阴同处，不化不利，设灶也不利。

7. 艮宅

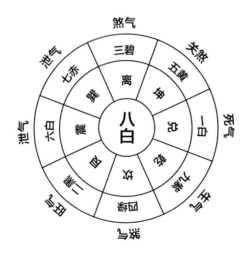

艮宅，为土山，八白土入中宫。

九紫火飞到乾卦，火生中宫土，为生气方，富贵多丁，此宅属土，周围树木均不宜。

一白水飞到兑卦，土克水，为死气方，开门若在上元时，水见水吉，下元土克水则不吉，路冲不利，设灶受克则凶，置厕亦不宜，因流年五黄到时，土克水不利。

二黑土飞到艮卦，土与土比助，为旺气方，设灶则火土相生为吉，开门若在寅上则可，若有树木则不宜。

三碧木飞到离卦，木克土，为煞气方，开门则先富后贫，二十年后少年血症而亡，设灶为木火相生，欲一发即做，有神庙则吉。

四绿木飞到坎卦，木克土，为煞气方，设灶木生火，在丁无财，置厕则污秽文昌，无法科第。坎卦做书房，水木相生，发贵，安床旺丁出文秀，要开乾兑方之门生旺方也，住久可发贵。

五黄土飞到坤卦，为开煞方，有树则主火灾，置厕主目疾，有高峰屋属火形，火生土大发，关方水来朝，名为泼面水，全宅皆凶。住宅当门，为天门，天门宜开。

六白金飞到震卦，土生金，为泄气方，设灶为火克金，恐妇人血症，开门则有丁无财。安床平平，路冲土金相生无妨，有神庙火克金不利。

七赤金飞到巽卦，土生金，为泄气方，此卦单看生克之征，如逢水运，则金生水为泄气，十二年内有丁无财，逢火运，火克金，十二年不利。逢木运，为木入金乡，十二年有灾难。逢金运，金见金为子孙，此十二年尤利，安床则十二年旺丁。此言之运，以五子运为准。

8. 坤宅

坤宅，乃土山、二黑土入中宫。

三碧木飞到乾卦，木克中宫土，为煞气方，开门不可，设灶谓木火通明，但发福不久，安床有丁，置厕或有池、有路均不利。

四绿木飞到兑卦，木克土，为煞气方，若安床出文秀，可生聪明

周易家居环境调理

131

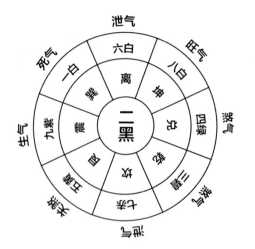

　　女，余六事近三碧位上则凶。

　　五黄土飞到艮卦，为关煞方，此卦有水来其家发财，有尖峰可财丁两旺，余事皆不宜取。

　　六白金飞到离卦，土生金，为泄气方，若开门可有丁，但财平平，若逢土水金运，可望财丁两旺，逢木火两运皆不佳，安床略可，设灶则不利。如第三间属木，此卦受生略可，如第四间金而飞星又属金，设灶主产亡，又犯血症（金旺火未能克，且亦泄中宫土气），此卦方有高山，财丁两旺。此卦只可做起居室，不可开门，初住略见财帛，六事及池井泄气，厕所则可。

　　七赤金飞到坎卦，土生金，为泄气方，开门有丁，但退财，六事与离卦同断。

　　八白土飞到坤卦，土与中宫土比助，为旺气方，设灶、开门或安置火皆有利，唯慎防土过旺。如在楼上安床，主多女少男。池井为水受克则不利，主老母残疾。流年五黄到，主痰症，有树则凶主肿毒。

　　九紫火飞到震卦，火生土，为生气方，开门平平，逢火运比和，而生中宫土为有利。有神庙或山或路冲皆不忌。树木有利，有水来朝，反克火，故与池井皆不宜，设灶、安香火皆有利，若安床恐生红发之人。

一白水飞到巽卦，土克水，为死气方，后天四绿属阴，一白属阳，阴阳配合，安床财丁两旺，若逢上元水运更妙。此卦有桥、路、树、高屋、设灶、或开门皆不利。

周易家居环境调理

第三部分
八宅理气与环境调整

第一章　八宅大游年法

第一节　游年星进入各宫吉凶论

1.延年武曲金星或绝命破军金星入辰巽两木宫（卦），为金在上，木在下，乃星克宫，根身受克，若入震宫则伤长男，入巽宫则伤长妇，主癫狂，喘咳之疾，筋骨疼痛，腰腿生瘫之病。

2.延年武曲金星入坎水宫，为金在上，水在下，乃星生宫，主兴隆，人口平安，福禄日增，资财时进，六畜茂盛，儿孙繁衍。若是绝命破军金星入此宫，虽亦金水相生，但反而凶多吉少，因绝命金凶星也。

3.武曲金星或破军金星入离火宫，为金在上，火在下，乃宫克星，根身受克，发凶尤甚，资财速退，家业空虚，子孙绝败。武曲入宫则伤阳，若破军入宫则伤阴。主生肺疾，咳嗽、喘闷。妇人产难血崩，盖因火能炼金，故家不从容，人多疾病也。

4.武曲金星入坤艮两土宫，为金在上，土在下，乃宫生星，土生金也，故家业兴人财旺。但若破军金星入此两宫，虽亦土金相生，但其为阴金，且为凶星，终必破败，久难获福。

5.武曲金星入乾兑两金宫，二金比助，资财茂盛，六畜繁衍，人口平安，且多生男。但若破军金星入此两宫，多主凶事，财帛退败，六畜损伤，田产虚耗，绝祠覆宗，子孙败亡，寡妇当家，多生女人，诀曰："重阴入阴，哭声喁喁男鳏女寡，子孙无踪。"

6. 生气贪狼木星入乾兑两金宫，为木在上，金在下，宫克星，根身受克，吉星失陷。若入乾宫伤阳，若入兑宫伤阴。贪狼星为吉星，仍不宜入乾兑两宫，为先吉后凶，所谓："相生相克各半，为中平也。"三十年后人财退散，男女主生瘫滞咽喉病痛，心胸膨闷或自缢或吐血，筋骨腰脚之灾，瘦劳黄重之患。

7. 贪狼木星入震巽两木宫，为二木比助，其家兴旺田产财广进。子孙繁衍，六蓄茂盛，人口平安，百事顺遂。

8. 贪狼木星入坎水宫，为木在上，水在下，乃宫生星，木得水养，根深茂盛，主生五男，钱财兴旺，六蓄俱盛，田产倍收，粟麦盈仓，吉庆连年。

9. 贪狼木星入离火宫，为木在上，火在下，乃星生宫，田产兴旺，人口平安，资财茂盛，六畜盈栏，唯木星虽生火，木上火下，恐火太旺，而烧尽木根，有绝嗣之害，不可不知者也。

10. 贪狼木星入坤艮两土宫，为木在上，土在下，乃星克宫，身梢受创，不利长男，其家财物渐渐消退，土被木克，多犯脾胃伤损，转疥癞之病，人多瘦弱面黄，六蓄不旺，田产不收。

11. 六煞文曲水星入乾兑两金宫，为水在上，金在下，乃宫生星，六煞虽为凶星，但其宫星相生，资财六畜开始时尚能顺利，而后败于阴人主事，乱业胡为，官司口舌，阴症相随，妇人多病。

12. 文曲水星入震巽两木宫，为水在上，木在下，乃星生宫，六煞虽为凶星，但星宫相生，六畜亦旺，资财亦兴，人口亦旺，田产亦盛，唯日后不免寡妇当家。

13. 文曲水星入坎宫，壬癸太重，家业飘零，男早丧，子孙稀，多水蛊疾病，脾肠肿，面饥黄，子孙飘蓬，六畜倒死，田宅虚耗。

14. 文曲水星入离火宫，为水在上，火在下，乃星克宫，是水火相煎，绝妻损女，中女灾害，淫乱官司，先伤中男、中女，后死小儿、老母。火遭水克，多主心痛痨伤，水来克火，多主血崩肾冷。

15.文曲水星入坤艮两土宫，为水在上，土在下，乃宫克星，根身受克，六蓄倒死，钱财不旺，田产不收，官司盗贼，人离财散，百灾竞相而起。土克水为疯狂之灾，面色萎黄，或瘦病腹肿之患，或噎食水蛊之灾，文曲水星入坤宫主伤妇女。文曲水星入艮宫，主伤男子。水入坤从阴入阴，哭声吟吟，水入艮从阴入阳，哭声忙忙。

16.五鬼廉贞火星入乾兑两金宫，为火在上，金在下，乃星克宫，若入兑宫，先伤少女。五鬼系势恶之凶星，主心痛，咳嗽，血光，肺虚，腹胀，产痨而死若入乾宫，多伤家长，官司刑事临身，血光横伤，金被火伤，口舌是非，火金相克，煎杀仇害。

17.廉贞火星入震巽两木宫，为火在上，木在下，乃宫生星，但廉贞势大，木虽生火，不见吉祥，反招凶祸，主田宅退败，盗贼连，忤逆凶徒，上下不顺，资财耗散，长幼不安，诀云："木能生火反不生，身稍受克祸频频。官司口舌年年见，喝酒行凶打死人。"

18.廉贞火星入坎水宫，为火在上，水在下，乃宫克星，犹如飞云红炉点到即化，定无余资，家业破败，人口灾伤，官司叠见。火遭水克，眼疾心痛，吐血产难，下肢寒冷。水制火伤，瘦痨吐，先亡中男再亡少男。水火交战，灾害竞相而起，重重寡妇，哄哄交闹也。

19.廉贞火星入离火宫，火焰逼人，发凶尤速，六畜田产不旺，寡妇当家。诀云：心痛吐血火烧家，疥癞疮疾难化。中女阴人多病，家长筋病交杂。两火比助，鬼屋管事，人人破败离家，寅午戌年绝根芽，此是鬼屋造化也。

20、廉贞火星入坤艮两土宫，为火在上，土在下，乃星生宫，但廉贞火星为五鬼凶星，故多凶而少吉。火星若入坤宫，但廉贞火星为五鬼凶星，故多凶而少吉。火星若入坤宫，老母先亡。火星若入艮宫，少男辞世，瘫痪疮癞，田产败散，六畜逃失，家业凋零交替。

21. 天医巨门土星或祸害禄存土星入乾兑两金宫，为土在上，金在下，乃星生宫。但两土星各有不同，禄存土星为阴土，土虽生金，戊己多终必埋没，田产不旺，财帛不兴。禄存土星入兑宫，阴人死，若入乾宫，男子亡。但如果是巨门土星又有不同，此土星若入于乾兑两宫，则资财大旺，六畜繁兴，田产茂盛，子孙振振。

22. 巨门土星或禄存土星入震巽两木宫，为土在上，木在下，乃宫克星，根身受克，灾害必重，若禄存土星入宫受克伤阴人，风病难动履，耳聋兼秃瞎。巨门土星入宫受克伤男子，家业凌替，牛羊倒死，田产不收，人口灾害，耳目盲聋、面色黄瘦、脾肚不和、胃气冲心。

23. 巨门土星或禄存土星入坎水宫，为土在上，水在下，乃星克宫，星宫不顺，身根受克，主少亡子孙，中子败绝，寡妇相继，女人管家，六畜倒死，田产虚耗。土来水宫，风病之灾，面色黄瘦，肚腹肿胀，失言音哑，脚疼腿痛，耳聋肾虚。

24. 巨门土星或禄存土星入离火宫，为土在上，火在下，乃宫生星，星宫相顺，资财钱帛大旺，六畜茂盛，田产倍收，米谷盈仓。诀云："火能生土福绵绵，牛羊孳富遍庄园。人口平安常吉庆，儿孙后代广进田。"不过，以上所谓火生土，系指巨门土星入火宫受生为是。若是禄存土星入火宫，则仍凶多吉少也。

25. 巨门土星入坤艮两土宫，若巨门土星到艮宫伤少男，到坤宫则伤老母。禄存土星则俱伤阴。土生万物号为财，土入土宫，土重反埋资，少男老母立见灾殃。土多必有噎转膨胀之灾，而土虚必有比怯残疾之病。

第二节　八宅游年与九星合论

门为一宅或一房纳气之口，亦是出入必由之路，其重要性可见一斑，又由于紫白飞星（九星）与八宅（游年）之开门论断，略有差别，特将之归纳、分析，使诸君参考。开门亦需依其五行旺弱变化，有非吉反凶者，宜慎用之，方俱齐备矣！

一、乾宅

1. 乾宅乾房乾卦开门：

以游年论：乾卦为伏位辅弼星属木，原系小吉，唯木受金克，故不可言吉。

以九星论：乾卦七赤金星到，虽七赤金与乾金比和为旺气方，但七赤为贼星，故仍不宜为开门。

所谓：**乾房乾门不可开，白日青天有贼来。**

东西什物都偷去，定死深潭一命该。

2. 乾宅乾房兑卦开门：

以游年论：兑卦为生气贪狼星，本是最吉之星，但贪狼星属木，为兑金所克，故不美，财虽旺，但女有淫乱之虞，宫克星，我克者为财，故财仍有。

以九星论：兑卦八白土星到，八白土生中宫乾金，为生气方，于申子辰年会成水局，届时八白土克水，主发财，但下元时金旺，土生金及泄星气，故下元平平。

所谓：**乾房兑门日日开，申子辰年财自来。**

二四房中多发贵，下元甲子甚平哉。

3. 乾宅乾房离卦开门：

以游年论：离卦为绝命破军金星，离火克破军金与乾金，故老翁受灾，不宜开门。

以九星论：离卦一白水到，中宫乾金生一白水，为泄气方，一白虽可发秀，唯下元金旺，金生一白水，故凶灾尤甚。

所谓：乾山离门小祸灾，百事重重病疾来。

下元之后孤贫之，子孙死丧有凶灾。

4. 乾宅乾房震卦开门：

以游年论：震卦为五鬼廉贞星，震木生廉贞火而泄气，故伤长子，且五鬼为凶星，故不宜开门。

以九星论：震卦四绿木到，中宫金克四绿木，为退气方，但若为书房，可发秀，门仍不宜开之。

所谓：乾房震门不可开，日后凶神走进来。

妇女产亡多患害，孤男寡女可伤哉。

5. 乾宅乾房巽卦开门：

以游年论：巽卦为祸害禄存星，虽然禄存土生乾金，财虽有，但禄存凶星入宅难免有疾病，且乾金克巽木，为老阳克长妇，故有失。

以九星论：巽卦五黄星到，巽卦为关煞方，为众杀之方，宜为用之。

所谓：乾房巽门不可开，败绝家门小口灾。

走出疯癞疮痘症，子子孙孙孤老来。

6. 乾宅乾房坎卦开门：

以游年论：坎卦为六煞文曲星，文曲星入宅，又与坎卦水比助，主男女无职，也淫狂，不宜开门。

以九星论：坎卦二黑土到，虽二黑土生中宫乾金，为生气方，但二黑是病符星，坐于坎卦上，坎为中男，故中男有病。

所谓：乾房坎门不可开，中男有病损家财。

虽有生气不堪用，原来凶星落坎方。

7.乾宅乾房艮卦开门：

以游年论： 艮卦为天医巨门星，巨门属土，与中宫乾金相生，故居家有豪富也。

以九星论： 艮卦九紫火到，克中宫乾金，为煞气方，金受克，故长房先有凶灾，中房相而继之。

所谓： 乾房艮门不可开，开后长房有凶灾。

中房男女人多疾，孤寡远应少年来。

8.乾宅乾房坤卦开门：

以游年论： 坤卦为延年武曲金星，阴阳正配，坤土生乾金，故主夫妇和宁。

以九星论： 坤卦三碧木到，中宫金克三碧木，为泄气方，金克木，木又克坤卦土，老父老母受创，宜慎用。

所谓： 乾房坤门不可侵，纵是神仙祸莫禁。

不但风声传外境，全家败绝要伤心。

二、兑宅

1.兑宅兑房乾卦开门：

以游年论： 乾卦系生气贪狼星，贪狼星属木，受乾金所克，恐有阴邪、损老翁之虞。

以九星论： 乾卦八白土到，土生中宫兑金，为生气方，门可开，有财。但宜在亥山上，不宜在戌山上，且八白为吉星，故开门为吉。

所谓： 兑房且将乾门开，土金相生财自来。

金旺恐将老翁伤，宜在亥山可化灾。

2.兑宅兑房兑卦开门：

以游年论： 兑卦为兑宅之辅弼星，伏位木受克，恐不吉反凶，不宜开门。

以九星论： 兑卦九紫火到，火克中宫兑金，为煞气方。"若为门路，人财两败”，不宜开门。

3. 兑宅兑房离卦开门：

以游年论： 离卦为五鬼廉贞火星，所谓廉贞入宅，主火光产难之厄，熬煎之苦。

以九星论： 离卦二黑土到，二黑土生中宫兑金，为生气方，但二黑是病符星，故贫病难免，由于是生气方，且土金相生，故虽败，但丁不绝也。

4. 兑宅兑房震卦开门：

以游年论： 震卦为绝命破军金星，震木受星所克，故伤长男，阳衰阴盛也。

以九星论： 震卦五黄到，关煞方，如有五间房可开中门，如三间则不可，三间中属火，火反生五黄土，且火又克兑金，故不宜开门。

5. 兑宅兑房巽卦开门：

以游年论： 巽卦为六煞文曲水星，虽水生巽木，但文曲属凶星，凶星入巽卦，故伤长妇，门不宜开。

以九星论： 兑山向震。所谓卯山、乙山、辰山为向首时，巽则不安，是巽为兑山之黄泉，故主凶，而且杀曜歌亦云：“兑怕蛇头”蛇是巳，故巳山为兑之杀曜，故也主不吉。

所谓： 巽方开门黄泉杀，兑巳杀曜祸侵延。

6. 兑宅兑房坎卦开门：

以游年论： 坎卦为祸害禄存星，禄存星属土克坎卦水，谓外克内，主男女不利贼盗官灾之祸，故不宜开门。

以九星论： 坎卦三碧木到，中宫金克三碧木，为死气方，因我克者为财，故开门平平。但若金运之年金克木，则是不可。

7. 兑宅兑房艮卦开门：

以游年论： 艮卦为延年武曲金星，艮土与金星相生，少男增福易旺。

以九星论：艮卦一白水到，虽中宫金生一白水，为泄气方，但一白是官星，故发科甲。

所谓：兑房艮门开，子孙富贵发科甲。

8. 兑宅兑房坤卦开门：

以游年论：坤卦为天医巨门土星，与坤土比助，虽又与中宫金相生，唯土太旺所谓土多金埋，恐败财而为异姓所居。

以九星论：坤卦四绿木到，中宫金克四绿木，为死气方，四绿虽是文昌，开门仍不宜。

三、离宅

1. 离宅离房乾卦开门：

以游年论：乾卦为绝命破军星，乾为天属金，所谓火炼天门中妇亡，且破军凶星，故不宜开门。

以九星论：乾卦一白水到，水克中宫离火，故不吉，离为中女，故应中女受克，当申子辰年成水局，又克离宅与房，故凶，避之为要聚也。

所谓：乾上开门人生疮，此屋无冲绝二房。

申子辰年克山家，主人大凶过此年。

2. 离宅离房兑卦开门：

以游年论：兑卦为五鬼廉贞火星，火克兑金，少女首当其害。

以九星论：兑卦二黑土到，中宫火生二黑土，为泄气方，二黑又为病符星受生而生祸，疾病难免，不宜开门。

3. 离宅离房离卦开门：

以游年论：离卦为伏位，伏位属木，星宫木火相生，星属小吉，故开门犹可。

以九星论：离卦四绿木到，木生中宫火，为生气方。四绿又是文昌星，故开门可发科甲。

4. 离宅离房震卦开门：

以游年论： 震卦为生气贪狼木星，属上吉之星，且贪狼与震卦均属木，生离宫火，木火通明，可谓：火雷孝友一门荣也。

以九星论： 震卦为七赤金到，火克赤金，为死气方，但我克者为财，震为长男，故旺长男。于上元水运时，金生水，贼星泄气，故平平。

所谓： 离房卯门开，上元要潜踪。

先旺长户，上元甲子只平平。

5. 离宅离房巽卦开门：

以游年论： 巽卦为天医巨门土星，离火生巨门土星，巽卦又克土星，生克互见，故有吉有凶，财旺，而子孙稀也。

以九星论： 巽卦八白土到，中宫火生土，为泄气方，但八白属财星，故发财，但终究泄中宫离火之气，故不免疮痘之症，可谓：巳门旺资财，子孙多疮痘。

6. 离宅离房坎卦开门：

以游年论： 坎卦为延年武曲金星，星生坎卦水，故人口平安，日增资财。

以九星论： 坎卦五黄到，为关煞方，又中宫离火生五黄土，为泄气方，若开门而有丁亦减少。

7. 离宅离房艮卦开门：

以游年论： 艮卦为祸害禄存土星，凶星入宅，谓火烧鬼户哑聋盲（艮为鬼也）。

以九星论： 艮卦为三碧木到，木生中宫离火，为生气方，因此富贵容易发。

所谓： 离房艮门开，发贵旺资财。

不读诗书会做官，子孙大旺万人来。

8. 离宅离房坤卦开门：

以游年论： 坤卦为六煞文曲星水星，坤土克水星，宫星相克，主妇人受损，妇人败。但我克者为财，故主富贵，离与坤俱属阴，故应女者得之。

以九星论： 坤卦六白到，中宫离火克六白乾金，火克乾金，为死气方。但我克者为财，坤为老母，故旺老母。

所谓： 离房坤门吉，生女栋梁材。

家富又出贵，二三五房应。

四、震宅

1. 震宅震房乾卦开门：

以游年论： 乾卦为五鬼廉贞火星，火星克乾金，故老翁受损，五鬼凶星，门不宜开。

以九星论： 乾卦四绿木到，木与木比助，为旺气方，四绿又是文昌星，故开门有亨通。

2. 震宅震房兑卦开门：

以游年论： 兑卦为绝命破军星，破军为贼凶星，故有盗贼目瞽之灾，开门宜慎。

以九星论： 兑卦五黄到，为关煞之方，故主杀逆不和。当上元时水旺，五黄飞出属火，水能制火而生震，故可发财。

所谓： 震宅庚酉辛门开，上元甲子发钱财。

父子相夷不和睦，兄弟相争杀大哥。

3. 震宅震房离卦开门：

以游年论： 离卦为生气贪狼木星，木星生离卦火，谓木火通明，长中二房大利，进财子孙贵。

以九星论： 离卦七赤金到，金克中宫木，为煞气方，开门立见金克木，主出寡。

4. 震宅震房巽卦开门：

以游年论： 巽卦为延年武曲金星，金星反克巽卦木，武曲星为吉星，故吉凶互见。

以九星论： 巽卦二黑土到，中宫木克二黑土，为死气方，二黑为病符星受克，但受二木之克，故开门平平。

5. 震宅震房坎卦开门：

以游年论： 坎卦为天医巨门土星，坎水生震木，为宫生宫，但巨门土星克坎卦水，为星克宫，故财虽旺，仍有所损，因宫生宫，故子孙可发贵。

以九星论： 坎卦八白土到，中宫木克八白土，为死气方，土为肚腹，土被木克，故有吐血胎产之患。

所谓： 壬癸二门不可开，男女吐血痨病来。

先主妇女胎产惊，再是邪魔盗贼至。

6. 震宅震房艮卦开门：

以游年论： 艮卦为六煞文曲水星，土水相克，如开门，有产难，伤胎，幼子亡，人口痹瘟之应。

以九星论： 艮卦六白金到，金克中宫震木，为煞气方，开门主妇人经脉不调，谓之木入金乡，门不宜开。

7. 震宅震房坤宅开门：

以游年论： 坤卦为祸害禄存土星，禄存凶星入坤卦，开门主伤老母，老母先亡。

以九星论： 坤卦九紫火到，中宫木生火，为泄气方，若为门路，当值年五黄到，主犯官非口舌。

五、巽宅

1. 巽宅巽房乾卦开门：

以游年论： 乾卦为祸害禄存土星，虽土星生乾金，星生宫虽有财，却难免有疾病。

以九星论：乾卦五黄到，为关煞方，中宫巽木克五黄土，我克者为财，为子孙，但五黄系凶煞之星，故若为开门，财有而丁少也。

2. 巽宅巽房兑卦开门：

以游年论：兑卦为六煞文曲水星，兑金生水星，谓宫生星泄气，凶星助旺，主淫荡癫疯。

以九星论：兑卦六白金到，金克中宫巽木，为煞气方，兑卦与六白金两金比助克木，木愈是其折，开门不吉。

3. 巽宅巽房离卦开门：

以游年论：离卦为天医巨门土星，巽木生离火生巨门土，连环相生，故益财，但妇人寡。

以九星论：离卦八白土到，中宫巽木克八白土，为死气方，但八白系吉星，且受离卦火生旺，故开门平。

4. 巽宅巽房震卦开门：

以游年论：震卦为延年武曲金星，武曲为吉星，但克震卦木，名之克下，只言小吉，故开门吉凶互见。

以九星论：震卦二黑土到，中宫木克土，为死气方，且二黑为凶星，虽受克，但开门仍要慎用。

5. 巽宅巽房巽卦开门：

以游年论：巽卦为辅弼伏位木星，本为小吉，又与巽卦木比助，故开门尚可。

以九星论：巽卦三碧木，木星与木宫比助，为旺气方，故富贵，上元水旺，水生木，故于上元可应。

所谓：巽房巽巳二门亦可开，财源日日来。

先主长四中房多出贵，上元发贵人。

6. 巽宅巽房坎卦开门：

以游年论：坎卦为生气贪狼木星，坎水生木星，故主官禄，子孙贤。

以九星论：坎卦九紫火到，中宫木生九紫火，为泄气方，九紫火虽可喜庆，然终究泄巽木之气，故发财，亦只旺一代，上元时水运生巽木，而克九紫火，故旺。下元时金旺，金反克巽木，故平平。

所谓：巽房坎门大旺财，一代子孙好。

二代房房败寡妇，二三房上元旺，下元丁也平平。

7. 巽宅巽房艮卦开门：

以游年论：艮卦为绝命破军星，巽宫克艮宫，小儿不利，有堕胎而亡之患，门不宜开。

以九星运：艮卦七赤金到，金克中宫木，为煞气方，逢上运则财丁两旺，逢火运则财丁两败，逢水运可发丁，逢金运则比和。

8. 巽宅巽房坤卦开门：

以游年论：坤卦为五鬼廉贞火星，本宫又与土宫相克，坤卦受克，老母多灾，有产难之厄。

以九星论：坤卦一白水到，水生中宫木，为生气方，一白又是官星，故可发贵。于巳酉丑年会形成金局，金克中宫木，故败。

所谓：巽房坤门日可开，文章科甲状元来。

二小房发巳酉丑年败，东走西逃僧尼出多灾。

六、坎宅

1. 坎宅坎房乾卦开门：

以游年论：乾卦为六煞文曲水星，内金生外水，故财虽好，却有堕胎之患。

以九星论：乾卦二黑土到，二黑土克中宫水，为煞气方，若开门，逢值年凶星到，主宅长倒路而亡，先败长房而绝。

2. 坎宅坎房兑卦开门：

以游年论：兑卦为祸害禄存星，虽土生兑宫金，但禄存入宅，虽富亦不免有产难堕胎之厄。

以九星论：兑卦三碧不到，中宫水生三碧木，为泄气方，故开门损丁。只因开门白虎尾，十个儿孙九个亡。坎宅，兑为白虎也。

3. 坎宅坎房离卦开门：

以游年论：离卦为延年武曲金星，但金星受离卦火之克，名之吉星失陷，恐反吉为凶，虽离宫与坎宫配成水火既济，故开门平。

以九星论：离卦五黄土到，五黄关方本不吉，但坎宅属水，五黄飞出属火，水克火我克者财，故亦旺财，唯需开于丙子上，方纳其吉。

4. 坎宅坎房震卦开门：

以游年论：震卦为天医巨门土星，巨门土星受震木所克，为宫克星，故财虽有，而损妻也。

以九星论：震卦八白土到，土克中宫水，为煞气方，八白吉星又受震木所克，故开门在局上则属不吉。

5. 坎宅坎房巽卦开门：

以游年论：巽卦九紫火到，坎水克火，我克者为财，宫克星，开门可旺财。

以九星论：坎卦六白金到，金生中宫水为生气方，故主富贵多丁。

所谓：坎房坎门是吉星，富比陶朱贵子孙。

世代子孙家丁盛，家居显然幸朝廷。

6. 坎宅坎房艮卦开门：

以游年论：艮卦为五鬼廉贞火星，艮土与坎水相克，宫克宫，艮为少男，主少男死，投河自缢之虞。

以九星论：艮卦四绿木到，中宫水生木，为泄气方，但四绿为文昌星，利书生不利庶民，尤其上元时一白水运，水生木，又逢四绿会一白，故富贵无疑。

所谓：坎宅艮门亦可开，福荫人家中女郎。

积蓄悭贪家富贵，上元方许步云梯。

7. 坎宅坎房坤卦开门:

　　以游年论: 坤卦为绝命破军金星, 虽土金相生, 但破军入宅, 恐小口有灾, 女人管家。

　　以九星论: 坤卦七赤金到, 金生中宫坎水, 生气方, 本应吉方, 惜因七赤为先天火数, 故为火惊。其实, 坤卦三山亦有分别, 世人皆以坎宅开坤门为生气方, 尤不知坤未正五行属土, 土克坎水, 故不言吉。

　　所谓: 坎房坤申未开门, 二丁并一子。

　　　　常常有火惊, 妇人多病症, 邪魔有鬼惊。

七、艮宅

1. 艮宅艮房乾卦开门:

　　以游年论: 乾卦为天医巨门土星, 土与乾金相生, 故主子孙富而好积。

　　以九星论: 乾卦九紫火到, 火生中宫艮土, 为生气方, 九紫属离属女, 故开门多生女。

2. 艮宅艮房兑卦开门:

　　以游年论: 兑卦为延年武曲金星, 与兑金比助, 所谓金见金为子孙, 故主退财, 而人口旺。

　　以九星论: 兑卦一白水到, 土克水, 为死气方, 一白为官星, 一白隶属坎宫, 坎为中男, 故应二房贵, 而长房不利。

　　所谓: 艮房兑门半可开, 富贵遇房来。

　　　　重重长房残, 二子定荣华。

3. 艮宅艮房离卦开门:

　　以游年论: 离卦为祸害禄存星, 禄存凶星入宅, 又受离火生旺, 故主小房绝嗣, 子女奸淫应。

　　以九星论: 离卦三碧木到, 木克艮土, 为煞气方, 然而丁方正五行属火，火生艮土，故云火土相生，主发贵。

所谓：艮房开门丁上黄泉路，火土相生家发幸，子孙连科甲。

4. 艮宅艮房震卦开门：

以游年论：震卦为文曲水星，虽文曲水生震木，但六煞原系凶星，故主火盗官非。

以九星论：震卦六白金到，土生金，为泄气方，但六白为吉星，故吉凶互见。

所谓：艮房卯门亦可开，异路发天财。

常常邪魔入，妇入痨病鬼来侵，定出和尚两寡妇。

5. 艮宅艮房巽卦开门：

以游年论：巽卦为绝命破军金星，金星克巽木，巽为长妇，主伤长妇，疾病疯疾，开门不宜。

以九星论：巽卦七赤金到，中宫土生金，为泄气方，且七赤为剑锋杀，在巽宫，而巽为阴，被七赤金所克，故损妻。

所谓：艮房巽门不可开，定出三子损阴久。

损了前妻并后妻，正房出个明孤老。

子子孙孙要损妻。

6. 艮宅艮房坎卦开门：

以游年论：坎卦为五鬼廉贞星，坎水克廉贞火星，长子不孝残亡，寡妇熬煎，官事盗贼之患。

以九星论：坎卦四绿木到，木克中宫土，为煞气方，艮为少男被木所克，故小口有刑伤，又四绿合文昌，对书生有利，但由于是煞气方，故功名有阻滞。

7. 艮宅艮房坤卦开门：

以游年论：坤卦为生气贪狼木星，木星克坤土，初年人财虽有，但少年多劳瘁，终久败落。

以九星论：坤卦五黄土到，土助土为旺方，故可旺子孙，但五黄关煞方，后出寡，开门慎之。

八、坤宅

1. 坤宅坤房乾卦开门：

以游年论： 乾卦为延年武曲金星，宫与星比助，家业兴盛，谓：坤地起天门富贵昌。

以九星论： 乾卦三碧木到，木克中宫土，为煞气方，且木又受乾克，此卦开门不可。

2. 坤宅坤房兑卦开门：

以游年论： 兑卦为天医巨门土星，土生兑金，主旺财，但恐土太重进财后有绝嗣之虑。

以九星论： 兑卦四绿到，四绿木克中宫土，为煞气方，与三碧所到之卦，开门同为凶。

3. 坤宅坤房离卦开门：

以游年论： 离卦为六煞文曲水星，水星克火宫，曰水火互战，故损女郎。

以九星论： 离卦六日金到，土生金星，为泄气方，六白为吉星，故吉凶互见：离为中女，故应中房。

所谓： 坤房离门水路开，中房男女辅朝廷。

莫道此方多吉利，他年也有不相宜。

4. 坤宅坤房震卦开门：

以游年论： 震卦为祸害禄存土星，震木克土星，为宫克星，故先损财后损丁。

以九星论： 震卦九紫火到，火生中宫土，为生气方，故各房可富贵，九紫隶属离宫，离系阴卦，故又应女。

所谓： 坤房卯门开，长四中房旺宝财。

子孙富贵资财盛，如花美女配君王。

5. 坤宅坤房巽卦开门：

以游年论： 巽卦为五鬼廉贞火星，廉贞入宅，火盗残疾，女人当家。

以九星论： 巽卦一白水到，土克水，为死气方，水生木木亦克坤宅土，故开门不利。

6. 坤宅坤房坎卦开门：

以游年论： 坎卦为绝命破军星，破军入坎宫，主克中子，金星生坎水，虽有财然灾终不能免。

以九星论： 坎卦七赤金星到，土生金，为泄气方，上元水运时，泄金星气，坎为中男，故二四房出贵，下元金旺时，助长七赤之气，故败之。西边为兑属金，故出孤寡。

所谓： 坤房坎门半可开，上元甲子富天财。

二四房中出贵人，下元甲子败如灰。

西边鳏夫并孤老，寡妇淫乱日日贪。

7. 坤宅坤房艮卦开门：

以游年论： 艮卦为生气贪狼木星，木星克艮宫土，故初年人财虽有，但伤幼子孙久而退落。

以九星论： 艮卦五黄到，关煞之方，若有水来朝，开门可旺，余皆不宜。

8. 坤宅坤房坤卦开门：

以游年论： 坤卦为辅弼伏位木星，木星克坤土，土重受克，减缓土势，开门平平。

以九星论： 坤卦八白土到，土助土为旺气方，故长房或次房俱发。

所谓： 坤房坤门富贵来。先发长人，二房亦科甲。

第三节　游年太岁灾祸解法

金针云：凡看屋，须把每年太岁为主，太岁为众杀之君，"吉星所到的方位如逢太岁到方更吉，但如果是凶星为祸之方，逢太岁到，则为降祸也。"

杨公云：太岁可坐不可向，吉莫吉于修太岁，凶莫凶于犯岁君。

《碎金赋》云："四凶位上游年杀，每岁须厌忌神，此要聚法也，厌者，禳也。此位为太岁所到，本宅四凶位上，其年必见凶灾。"

假如太岁到本宅祸害方上，其年必是有事，恐有官事、口舌、疾病之厄，速于本宅之天医禳之即免。

若太岁到本宅五鬼方上，其年必有牛羊损死，六畜破耗，速于本宅生气方上修补泥饰即免。

若太岁在本宅绝命方上，必有人口损伤，破财官事，速于本宅伏位方上修补即可免。

飞星同宫论：

四一同宫准发科名之显，九七穿途常逢回禄之灾。

二五交加损主亦且重病，三七叠临贼盗更见官灾。

远宫复位论：一白之宅与方，流年又过一白星到。

　　　　　　四绿之宅与方，流年又逢四绿星到。

交互叠逢论：一白之宅与方，流年又逢四绿星到。

　　　　　　四绿之宅与方，流年又遇一白星到。

七赤遇六白：

金见金为交剑杀，多劫掠。

三碧遇坤艮，木克土为斗牛杀，惹官刑。

三碧七赤对冲为穿心杀，劫贼、官灾不能免。

三又见三，七又见七为伏吟，官灾不能脱。

三九九六六三惟乾离震攀龙有庆，而二五八之间，亦可蜚声。

一七七四四一但坤艮中附凰为祥，而四七一之房坎堪振羽。

八二二五五八在兑巽坎丰云足贺，而三九六之屋俱足显名。

以上各句，俱言四一同宫之妙，一白为宫星之废，牙笏文章，四绿为文昌之祥，太辅太乙。同宫故准发科名之显也。

六白武曲八白若辅，六遇八主发武，八遇六主发文。

六白九紫克，主血症，应长男。

八逢紫曜，须知婚喜重来。六遇辅星，可以尊荣不次。

紫曜，九紫也。辅星，八白也。不次，擢升也。

欲求嗣续，惟取生神加紫白。到论帑藏，犹宜旺气在飞星。

二黑飞朝逢八白而财源大进，遇九紫而螽斯蛰蛰。

三碧临庚逢一白丁口频添，交二黑青蚨阗阗。

螽斯蛰蛰，发丁也。青蚨阗阗，旺财也。

第四节　八宅四书开门断诀

一、宅与门

后天八卦方位：乾西北，坎北，艮东北，震东，巽东南，离南，坤西南，兑西。

东四命人住东四宅，西四命人居西四宅，是为得福元，但若房屋坐山与本命不合（如果东四命人居西四宅），虽是吉方也不能受福，但是如果房屋难改，可将大门改在合自己本命之四吉方上，如大门亦难改，只好更动床位，将床向自己本命之吉方，虽然力量较小，至少可积福也。

乾宅坤门富贵多金，开门艮兑代代腰金。

坤宅乾门夫妇和宁，开门艮兑世受皇恩。

艮宅兑门最旺子孙，乾坤出入家满黄金。

兑宅艮门家道昌亨，乾坤出入祖业丰盈。

震宅巽门加官进丁，开门南北平步青云。

巽宅震门家出文人，开门南北富贵骈臻。

坎宅离门库满仓盈，出入震巽百子千孙。

离宅坎门广积金银，出入震巽产子贤能。

凡开门：

乾门宜戌亥二山。坎门宜壬癸二山。

艮门宜丑寅二山。震门宜辰巳二山。

离门宜丙丁二山。坤门宜未坤二山。

兑门宜庚辛二山。艮门为鬼宇，不宜正艮山。

所由之路——震巽坎离宜由东方，乾坤艮兑宜由西方。

二、八宅开门断诀

(1) 乾卦为坎宅之六煞，坎卦为乾宅之六煞，如乾宅在坎卦开门，或坎宅在乾卦开门，主男女淫乱，无耻，家声不洁，金水虽言相生，却有盗贼与堕胎退产之患。

(2) 乾卦为震宅之五鬼，震卦为乾宅之五鬼。如乾宅在震卦开门，或震宅在乾卦开门，金来克木伤克子，五鬼火去伤乾金伤老翁，此为星克宫，宫克宫。主火灾，盗匪官非牢狱之患，父子不和。

(3) 乾宅巽卦互为祸害，如乾宅在巽卦开门，或巽宅在乾卦开门，为乾金克巽木，宫克宫，乃老阳克长妇，主堕胎产亡，男生风疾，兄弟不和，出入刁蹬，妇人自缢，禄存星属土，虽土生乾金宫，有财，但不免诸病。

(4) 乾宅与离卦互为绝命，如乾宅在离卦开门，或离宅在乾卦开门，乃离火克乾金又克绝命金，星宫相克，谓之金火相煎，老翁瘷嗽，少妇灾伤，邪魔缠害，火盗相侵，日久破家绝嗣败绝。

(5) 坎宅与艮卦互为五鬼，如坎宅在艮卦开门，或艮宅在坎卦开门，为水火相煎，主伤小口，邪魔缠害，投河自缢，官灾火盗，长子不孝，中子夭亡，寡妇熬煎之患。

(6) 坎宅与坤卦互为绝命，如坎宅在坤卦开门，或坤宅在坎卦开门，为母克子，主中男不和，小口有灾，妇女堕胎，官非败财，人生蛊病，脾胃之灾，阴旺阳衰，妇人管家，宫克宫生祸星，星生官虽有财，灾害亦不免。

(7) 坎宅与兑卦互为祸害，如坎宅在兑卦开门，或兑宅在坎卦开门，主中男不利，火盗官灾，男惹官非，女遭产难，外宫生内水，虽有子孙富盛，不免残疾摧年。

(8) 艮宅与震卦互为六煞，若艮宅在震卦开门，或震宅在艮卦开门，为文曲入宅，艮土克六煞星水，女被产厄，小男少亡，人口主有疾，瘟疫不免。

(9) 艮宅与巽卦互为绝命，若艮宅在巽卦开门，或巽宅在艮卦开门，为破军入宅，土木相克，小男不利，长妇堕胎，火盗破财，主人生痞疾风瘫，日久败绝。

(10) 艮宅与离卦互为祸害，若艮宅在离卦开门，或离宅在艮卦开门，祸害星入宅，星与宫虽比助，内宫生外，主小房疾病缠身，父子不得，风声淫乱。有黄蛇出现者，小子与中嫂通奸，此乃比助之应。

(11) 震宅与坤卦互为祸害，如震宅在坤卦开门，或坤宅在震卦开门，主淫乱，先损财帛，后损人丁，此乃宫克宫之害。

(12) 震宅与兑卦互为绝命，又为龙虎之方，若震宅在兑卦开门，或兑宅在震卦开门，为破军金入宅，金木相克，定伤长男长女，官灾贼盗，劳蛊痞目瞽之患，此乃星宫相克之害。

(13) 巽宅与坤卦互为五鬼，若巽宅在坤卦开门，或坤宅在巽卦开门，为廉贞入宅，宫克宫木土相克，主老母多灾，难产痞肿，火盗伤残，疾病催年，阳衰阴旺，女人掌权。

(14) 巽宅与兑卦互为六煞，若巽宅在兑卦开门，或兑宅在巽卦开门，为文曲入宅乃金克木，宫克宫也，主长男亡，阴衰阳盛，老母先亡，子孙疯癫，火盗灾害，淫乱风声。

(15) 离宅与坤卦互为六煞，若离宅在坤卦开门，或坤宅在离卦开门，为文曲入宅，宫克星，星克宫，水火土互相克战，淫阴相侵，主损阴并退财，损六蓄，堕胎内乱。

(16) 离宅与兑卦互为五鬼，如离宅在兑卦开门，或兑宅在离卦开门，为廉贞入宅，星宫相克，谓之金火相煎，阴人受害，火盗相侵，邪魔缠扰，血光产难，翁母生离，财散败绝。

第二章　八宅内外六事吉凶断

第一节　内六事的安置

看室内，首先以屋门为基准（进气口），拿门之八卦与床（主）之八卦比较即可得出床位地气场之吉凶，如乾门坤床，则为延年之位；其次，拿人之三元命与床比较，可知人体与此方位互相感应产生的人场之吉凶，如艮命人，住坤床，则气场为生气木，给人以朝气，吉利。

看灶与看床相同，先看灶处地气场是否吉利，再看灶位与人之三元互相感应所成的气场是否吉利，二好合一好，才是最理想的吉利灶。

看院中，则在高大之房为主，拿院门之八卦与高房之八卦比较，道理同上。

灶则是先以院门定出好的方位以盖厨房；再以厨房的门定出灶在厨房内的好方位，再以人的三元命卦与灶位比较，看是否吉利。三者皆好，才是最为理想的灶位。

一、灶

灶，门乃由之路，主乃居之所，灶乃食之方。灶压本命生气方，怀鬼胎，或落胎不孕，有子而不聪明，不得财，不招人口，田畜损败。

灶压天医方，久病卧床，骨弱，服药无效。

灶压延年方，无寿，婚姻难成，夫妇不和，伤人口，损六畜，多病穷窘。

灶压伏位方，无财无寿，终身贫苦。

灶压绝命方，无病有寿，多子发财，招员工，又无大灾。

灶压六煞方，旺丁发财，无病无火灾，家门安稳。

灶压祸害方，不退财，不伤人，无病无灾。

灶压五鬼方，无火灾无盗贼，员工得力，无病，发财，田畜大旺。

灶口，应向本命之吉方，即发福甚速。

二、厕所

厕所为出秽之处，应镇压本命之凶方，以镇住凶神，则获福矣！如压在本命之吉方反而致害。如改动有困难，可以净化方式，促其净化可化解凶祸之为煞。

三、天井

天井，不高不陷，不长不偏，堆金称玉，财禄绵。天井左畔若缺，男先亡；右边若缺，女先伤。

大门若在生气方，天井宜在旺气方，自然阴阳凑节。

若房屋设天井，须端正平道，不可深陷，不可潮湿。使其清净，不可污秽，且墙门宜闭以养气。

四、六畜

六畜栏，应设于地基之生气方、旺气方为宜。

五、床

坐煞向生，自然发财生丁；背凶迎吉，自然化难生恩。

《指窍》云："移屋生子之法，以分金论男女命纳音。属火者，火长生在寅，旺于午，即授此两方，用寅午日，寅午时，入房安床大吉。"

安床之法，另有八门加临及三元奇门起法，后另叙。

1. 长生起例

金生在巳，旺酉，墓丑。　　火生在寅，旺午，墓戌。

木生在亥，旺卯，墓未。　　水生在申，旺子，墓辰。

2. 八门加临

此法为安床用。

八门：休门（属水）。生门（属土）。

伤门（属木）。杜门（属木）。

景门（属火）。死门（属土）。

惊门（属金）。开门（属金）。

安床独取"开、休、生"三门为吉。

八门起法：乾山起艮，坎山起震，艮山加巽，震山从离。巽山从震，离山从乾，坤山从兑，兑山从坤。

依山起卦，按八门顺布即得。

3. 三元奇门起

三元起法：上元甲子起乾，顺行四维；中元甲子起坎，顺行四正；下元甲子起艮，顺行四维。至何年到何宫，即该宫起休门。

亦论该宫（三山）之阴阳，若阳山则主顺，阴山则主逆。细分二十四宫，辨其阴阳而顺布之。

奇生宫得生气也，奇与门比和得旺气。奇克宫得杀气，宫克奇得死气，宫生奇为泄气。

本法亦为安床用。

第二节　外六事吉凶断

外六事对屋宅的影响，重于内六事之配置吉凶，故不宜轻忽之。所谓外六事，即是屋外之物，凡桥梁、殿塔、亭台、墙垣等等。其实总括起来，不止六事矣！

廖金针云：外六事俱有五行所属，如：屋、庵、庙、衙门、大人书堂、竹树、旗竿、木桥，俱属木；溪河、池塘，俱属水；油车、银店、铁铺、塔、学生书堂、牌坊、窑、坟堆、钟楼，俱属火；街市、路、塘岸、方屋、方山、方墙，俱属土；环桥、碾子、坝堰、圆池、圆山，俱属金。

木长、金圆、土方、火尖、水曲，此为五行之形也；木青、水黑、金白、土黄、火赤，此为五行之色也。

凡六事之形状与色彩，俱可依此分断。

一、论外屋

《天元歌》云：矗矗高高名峤星，楼台殿宇一同评，或在身边或遥应，参回八气到家庭。峤压旺方能受萨，峤压凶方鬼气侵。

所谓回风返气，自高及下者也，高屋多则气厚，高屋少则气浅。若远方高屋迢进而来，渐近渐低，归结到宅，气尤倍矣！

对家屋檐相射，主凶。内射外，外人凶；外射内，内人凶。他屋檐高过我屋檐，言他高我低，是我射他。

二、论墙

《玉镜》云：墙垣水道不宜方，圆活原来得异常；内正外圆六地体，人财昌盛永风光。墙外若有水渠相绕，墙应方正，水渠宜圆活，则谓之内外圆也。

《晏如主人》云：墙垣不可开大窗。墙上开大窗，名朱雀开口，主招是非。左右开大窗子，名曰虎眼，不旺人丁，多病。后墙开大窗，主招贼带疾；东墙开窗，主风疾；西墙开窗，主目疾；南墙开窗，主官非；北墙开窗，主火厄。

照墙低矮，或有缺陷，面前人家屋舍尖，屋角并兽头，斜射入堂，多死少年。三年两头，人命官司。

《宅书》云：人家八字墙，阔大不相称，主多女。

乾山——若关煞方墙高，主失火、溺死。

兑山——若关煞方墙高，主失火、孤寡。

离山——若关煞方墙高，主眼灾、心病，且有口舌是非。

震山——若关煞方墙高，主子孙游荡，做贼。

巽山——若关煞方墙高，在边气方又有灶，主刀伤死。

坎山——若关煞方墙高，主伤丁堕胎，痨累、产难、失火。

艮山——若关煞方墙高，主人命。

坤山——若关煞方墙高，主溺死，损小口。

赵玉山曰：凡建立新宅，莫先筑围墙，谓之囚字，主不兴旺，不能完工。

三、论桥梁

《外经》云：桥梁冲宅，散金银。

《天元歌》云：冲桥冲路莫轻猜，须与元龙一样排。冲起乐宫无价宝，冲起囚宫化作灰。乐宫，即生气、旺气方也。囚宫，即关方、煞气、死气、泄气方也。

王思山云：巽方桥，坤方桥，主初年利，后主改姓少财丁，下元大不利。

论桥在各坐山方位之应验信息：

1. 乾山

桥在死气方（坤卦、震卦）主残疾、疯瘸、淫欲、破财。

桥在退气方（离卦），主残疾病疯瞀。

桥在关煞方（巽卦），损小口，出孤寡。

桥在煞气方（艮卦），损小男，出孤老。

桥在煞气方（兑卦、坎卦），旺丁出贵。

2. 兑山

桥在死气方（坎卦、坤卦），人命盗贼。

桥在退气方（艮卦）逃人退财。

桥在关煞方（震卦）疯痘，损小口，落水。

桥在煞气方（兑卦）官司盗贼。

桥在生气方（离卦乾卦），主招客，旺丁。

桥在死气方（坤卦震卦），不旺丁，犯盗。

桥在退气方（巽卦兑卦），退财，官事。

桥在关煞方（坎卦），官非，损孕妇、少丁。

桥在煞气方（乾卦），损妇人，残疾、疯症。

桥在死气方（艮卦、离卦），多秀、生男。

3. 震山

桥在死气方（坎卦），女人逃走，损小口。

桥在退气方（坤卦），损丁，黄肿。

桥在关煞方（兑卦），自缢，死人命。

桥在生气方（乾卦），发财，出强横人。

4. 巽山

桥在死气方（离卦），主淫欲。

桥在退气方（坎卦），飘荡，赌博。

桥在关煞方（乾卦），产厄飘荡。

桥在煞气方（兑卦、艮卦），损仆，退财。

桥在生气方（坤卦），得外财，因亲而富，后出求乞于人。

5. 坎山

桥在死气方（巽卦），出呆人，游荡，杀人。

桥在退气方（兑卦、艮卦），出赌博人。

桥在关煞方（离卦），火烧，损少年，退财。

桥在煞气方（乾卦、震卦、离卦），损少年，痨病、并损孕妇，招人命。

桥在生气方（坎卦坤卦）旺丁发秀，上下元应。

6. 艮山

桥在死气方（兑卦），妇人颠淫。

桥在退气方（震卦、巽卦），官盗退财。

桥在关煞方（坤卦），损少年，做贼赌博。

桥在煞气方（离卦、坎卦），火灾，淫欲绝丁。

桥在生气方（乾卦），发秀，出强横人。

7. 坤山

桥在死气方（巽卦），出呆人，损畜失盗。

桥在退气方（离卦、坎卦），妇人短命，损孕妇。

桥在关煞方（艮卦），失火，官事，奴仆不力。

桥在煞气方（乾卦、兑卦），损小口、六畜。

桥在生气方（震卦），发秀，旺丁。

四、庙宇

1. 乾山

庙在死气方（坤卦、震卦），东孤西寡。

庙在退气方（离卦），跛足疯病。

庙在关煞方（巽卦），十二年冲动火星，发。

庙在煞气方（艮卦），两代瞽目。

庙在生气方（坎卦、兑卦），主发科即孤绝。

庙在旺气方（乾卦），主出名士，两世簪缨。

2. 兑山

庙在死气方（坎卦、坤卦），折足，鼓胀而死。

庙在退气方（艮卦），兄弟官非，破家人命。

庙在关煞方（震卦），十二年后官非退败，但三十年后出秀。

庙在煞气方（兑卦），官非，损小口。

庙在生气方（乾卦、离卦），主科甲。

庙在旺气方（巽卦），因女得横财。

3. 离山

庙在死气方（坤卦、震卦），世代寡妇。

庙在退气方（兑卦、巽卦），虎伤蛇咬。

庙在关煞方（坎卦），出女，多矮人。

庙在生气方（艮卦、离卦），因国而富。

庙在旺气方（中宫），世代发秀。

4. 震山

庙在死气方（巽卦），西孤东路。

庙在退气方（坤卦），两代。

庙在关煞方（兑卦），世代，败绝，三十年后火烧。

庙在煞气方（艮卦、离卦），满门寡妇。

庙在生气方（震卦），世代发秀。

庙在旺气方（乾卦），巨富。

5. 巽山

庙在死气方（离卦、震卦），妇淫。

庙在退气方（坎卦），世代孤寡。

庙在关煞方（乾卦），两代疯疾。

庙在煞气方（兑卦、艮卦），失火损人。

庙在生气方（坤卦），丁旺。

庙在旺气方（巽卦），为富商。

6. 坎山

庙在死气方（巽卦），东孤西寡。

庙在退气方（兑卦、艮卦），退财易姓。

庙在关煞方（离卦），二十年后发火，绝。

庙在煞气方（乾卦、震卦），十二年绝。

庙在生气方（乾卦、坤卦），发科秀。

庙在旺气方（中宫），丁财两旺。

7. 艮山

庙在死气方（兑卦），北孤南寡。

庙在退气方（震卦、巽卦），淫缢。

庙在煞气方（离卦、坎卦），两寡共房。

庙在关煞方（坤卦），世代管事。

庙在生气方（乾卦），六男三女，长子荣华。

庙在旺气方（艮卦），出节妇，二子三女。

8. 坤山

庙在死气方（巽卦），南寡北疾。

庙在退气方（坎卦、离卦），女人癫狂。

庙在煞气方（乾卦、兑卦），牢狱而死。

庙在关煞方（艮卦），火灾，发秀。

庙在生气方（震卦），世代发秀。

庙在旺气方（坤卦），六男一女，子孙聪明。

五、论竹树

《玉镜》云：竹木犹如人著衣，忽然砟去第留皮，

盛衣加体远尊贵，贵体无衣也觉卑。

莫叫花木植中庭，横事多端疾病生，

富贵人家都犯此，求医问卜不曾停。

人家屋内种芭蕉，不出门庭祟自招。

屋内近为私鬼路，妇人血疾痛难饶。

入屋，蛇引之而至，树心空，主心腹痛。树枝烂，主手足疮。再或太岁黄黑戊己岁破等神煞加临，主夭亡，官司叠见。又如石榴树，高不遇丈许，八宅关煞方遇之，未有不吐者，岂特大树为祸而已，桃花梅杏亦凶。

王思山云：门前若有数竿竹，必主两两相对哭。

当门大树不为良，百事后兹不聚财，

便主老妻心腹疾，也主无事被人牵。

《萧客》云：青松攀攀生苍苍，绿树阴浓把屋藏，

朝对明堂无蔽塞，富贵尤能永远昌。

《玉镜》云：四边竹木甚宜栽，四季青青福自来。

屋宅遮漫看不见，长春富贵好安排。

《阳宅纂要》云：若有大树在面前露出根者，不问神煞，定主疯痨气蛊，寡母残疾。

六、论亭阁

水亭莫与岸相连，连接家门便不安。

水阁近居尤大忌，非灾横祸哭皇天。

人家四畔造奇亭，花巧皆来号作盈。

人患疯邪财散退，早些除去免灾瘟。

七、论塔

王昌甫云：塔在巽方或离艮辛方，为文笔，主发文魁；塔在坤方，发女婿，申方兄弟同发秀，庚宫二支好，丁方有寿，乾方远亦

好，震山局在卯方，系一白科名奕叶。

巽霞道人曰："塔为文笔峰，要在三吉六秀方，本宅生旺方，及一白四绿方，主发贵，关煞二方不吉。"

何野云曰："佛塔不宜相对著，家内多愁云，定遭眼瞎不光明，愁恶百般生。

八、论道路

门户之外，又论道路。直朝者，作来气论断，如乾方有路来，则宅受乾气也。若路呈横直者，作止气论断，如乾方有横路来，则宅受巽方朝气也。又如坤方有横街，则宅受艮气也。朝路可比作来龙，而横路比作界水。所谓三冲，桥庙与之同断。

《玉镜》云：门前行路渐渐大，人口常安泰。

门前行路如狭窄，妇人定有厄。

门前若有铁钳路，田地化作灰。

门前不宜八字路，忤逆人家破。

门前如有反弓路，而弯弯向外者，主孤寡淫佚，官非退财。路若井字样，主自缢外亡。之玄字样者，主大富贵；若蚯蚓样者，主瘸死；若星川字直冲者，年年因盗口舌。交剑形，永不归乡。

黄浮甫云：门前有路三五折，富贵兴家定荣华。

门前大路如火勾，打死他人未肯休。

屋中有路如火尖，定遭回禄火连天。

青鸟家神云：屋内开路巷往来，谓之带剑杀，主妻子不利。左边伤男人，右边伤女人。

第三章　煞气化解法

第一节　八门化解法

以大自然方位论名称，八门即指东门、南门、西门、北门、东南门、西南门、西北门及东北门；用八卦来命名称，八门即是居于东方的门称为震门，居于南方的门称为离门，居于西方的门称为兑门，居于北方的门称为坎门，居于东南方的门称为巽门，居于西南方的门称为西南门，居于西北方的门称为乾门，居于东北方的门称为艮门。

八门与所处的方位的阴阳五行性质存在着十分密切的关系，因此八门是根据门户所在的方位来定性的。一间房屋或一个独立的院落，由于在不同的方位上开门，所主的吉凶信息不相同，产生了吉门与凶门的说法。事物是一分为二的，无论是吉门还是凶门，都同时存着吉凶两个方面，即吉中有凶，凶中也有吉，因此任何一间房屋只有通过合理的装饰与布局，来增加屋里的吉度，消除那些不利于人的凶祸因素，才能创造有利于人们长期居住的环境。这里，给读者介绍运用色彩来调和屋内阴阳五行气场的作法。

一、东门与东南门

大地的东方是太阳升起的地方，阳气旺盛，紫气东来。住宅大门朝向东方，若室内装饰运用色彩合理，则可以纳入来自东方的吉祥气场，对主人的身体健康和运势都能带来很大的益处。

西北为天门，东南为地户。东南方处东方青龙位与南方朱雀位之间，有四绿文曲星把守，故住宅开东南门为文昌门。

东方和东南方五行均属木，大门和室内墙壁、家具的色彩，宜统一使用绿色作为主色调，但纯绿色带有棺材气，应以鲜红色和浅紫色作为调配辅助装饰色彩。

二、南门

南方的风水信息与人的声益、社会威信密切关联。住宅开南门，若大门及室内装修色彩使用合理，则可以大大地提高宅主的良好知名度，深深地受到社会各界的信任。

南方五行属火，大门、室内墙壁及主要家具、装饰物品，宜均以淡红色或枣红色作为主色调，用土黄色协调搭配。忌用大红大紫的色彩。

三、西门

西方属兑卦，兑为浊水之地。家居住宅不宜开西方门，因为西方开门为败水门，不利夫妻感情，口舌是非多，不利财官运，容易生疾病。如果由于地理环境的局限，住宅非开西门不可，就要使用大门色彩和室内装修色彩开运。

西方五行属金，是白金，住宅大门朝西，色彩装饰应符合欧式格调，大门、室内墙壁、地板、家具及装饰物品色彩，应统一使用纯白色。有些风水师认为，大门朝西，室内装饰色彩应自由化，五行色彩俱全，这种观点是错误的。因为西方有浊气，是家居住宅大门朝向的大忌方位，所以无论是大门的门面，还是室内装饰的颜色，应统一使用五行为金的颜色，用乳白色或金黄色搭配装饰门面大吉，室内所有家具（桌、椅、床、柜、书架、梳装台等）统一使用乳白色大吉。

四、西北门

西北为天门，东南为地户。西北和东南相对，是两个大吉大利的门位。

住宅开西北门，特别利于文职官场，也有利于求财。若住宅大门和室内装饰的色彩运用合理，则可使财官并发。西北方五行属金，藏有戌土，土为黄色，故西北金为黄金。大门装饰色彩应使用金黄色为主色调，室内家具及装饰物品均为金黄色和乳白色协调搭配使用为上吉。

五、北门

北方是北斗七星的星主文魁星所在地，住宅开北门为文昌门，有利于读书，可增长人的智慧，也有利于升官发财。但北方为重阴之地，住宅开北门为阴门，若想使北门能够很好地发挥良好的作用，就必须合理运用好装饰颜色。

北方五行属水，水的五行为黑色、灰色及蓝色。有些风水师认为，北方大门应使用纯黑色彩装饰，这种说法是错误。因为黑色是颜色冷色系中最为冷淡的色彩，若使用纯黑色装饰大门，就会使家庭欠缺热烈气氛，还会给家庭带来阴森之气。合理的做法，应是以浅黑色、浅灰色和淡蓝色协调搭配装饰大门，室内墙体、地板及所有家具，也宜使用浅黑色、浅灰色和淡蓝色互相搭配为佳。

六、西南门与东北门

东北方和西南方五行均属土，在"奇门遁甲"中，东北门为"生门"（即生气门），"生气之方好求财"。住宅开东北门，门头设计以半圆形为最吉，大门颜色以土黄色、金黄色和乳白色协调搭配为佳，室内地板、墙壁和所有家具、装饰物品，也应以土黄色、金黄色和乳白色协调搭配。

在"奇门遁甲"中，西南门为"死门"。西南方为阴盛阳衰之地，一般住宅不宜开西南门。若因地理环境的局限，住宅必须开西南门才为合理，就一定要处理好门前门后的空间环境，还要运用好装饰色彩。西南门宜以土黄色、金黄色和乳白色协调搭配为吉，不可单纯使用任何一种色彩；室内客厅的地板、墙壁及所为家具、装饰物品，也应以土黄色、金黄色和乳白色搭配为佳。

第二节　屋外煞气化解法

一、反光煞

反光煞是指阳光照射被折射后，给房屋带来的一种煞气。

如果房屋建在大海或湖泊附近，那么阳光照射海面或湖面，海水或湖水便会把阳光折射到屋内，形成反光煞。另有一种反光煞，是在城市中大厦外壳的玻璃幕墙（镜子）受到阳光照射后，把强烈的光线反射到房子里，这便犯了反光煞。反光煞对人的危害极大，容易使人发生血光之灾或碰撞之伤。

可以在住宅玻璃窗上贴上半透明的磨砂胶纸，又在窗台上摆放一个木葫芦或铜葫芦。反光煞较强，则不仅要放铜葫芦，再于葫芦座下放两串五帝古钱。如果反光煞较强，就用枝叶茂盛的植物盆栽遮挡。

二、路冲住宅

住宅外部某方位有巷道、直路冲射楼房住宅，可以在受冲的方位摆放石头或绿色植物盆栽化解。

三、割脚煞

割脚煞是指住宅前太接近流水或马路。

古籍《山龙语类论》中说："割脚水，水贴穴前，扣脚行也。"

割脚水紧贴宅前，有迫穴（房屋）之感，主运气反复。

若门前接近流水，就把住宅前面空间的地面向前延伸，填土、植树等化解。若门前挨着马路，则可在门内设置玄关化解。

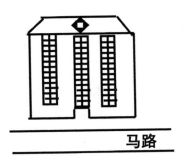

马路

四、孤峰煞

孤峰煞是指楼宇的前朱雀位、后面玄武位、左方青龙及右方白虎位都是空荡没有靠山的。凡犯孤峰煞都得不到朋友的扶助，子女不孝顺或远走他方。可以在子午卯酉四正方位上摆石头或植物盆栽化解，具体作法是在坐山方位（中堂）摆放一块大石头，在青龙和白虎方位上摆放植物盆栽。

五、枪煞

一条直路一条枪，即是指住宅大门正对着一条直长的大路或走廊。

以住宅作为中心点，见有直路或河流等向着家宅冲来（不论开门见或是窗外见均受影响）也是枪煞。

放枪煞，主血光之灾、疾病等。

化解的方法有两种：大门正对道咱或走廊，可以在门内设置玄关，也可以在中堂处贴神像或摆放石头。住宅某方位有道路或河道冲射，可在受冲射的方位上摆放"泰山石敢挡"或植物造林遮挡。

六、天斩煞

从家宅向外望，见前方有两座大厦靠得很近，致使两座大厦中间形成一道相当狭窄的空隙，骤眼望去很似一座大厦被从天而降的利斧所破，一分为二。

天斩煞对主人的影响：主有血光之灾、动手术及危险性高的疾病等。

天斩煞的化解：简单的方法是摆放铜马。若情况严重，就用麒麟一对正对或一块大石头着煞气冲来的方向。

七、炮台煞

枪与炮都是具有很强杀伤力的武器，特别是大炮对生命的杀伤力更强，连它的模型或废旧炮台上的原形炮体都能给人带来一定程度的伤害。风水学上说的炮台煞，是指一座真炮或仿制的假炮对着居民住宅楼，给居民带来的煞气。这种煞会使住宅主人脾气暴躁、情绪不稳或因财失义，易招车祸或暴死等意外之灾。

炮台煞的化解：炮台煞杀伤力极大，可以在炮口正对着的犯煞方位设置喷泉、瀑布阻隔和反冲，再在喷泉或瀑布的左右两旁摆放张牙舞爪、威猛无比的一对狮子。

八、刀煞

刀煞是指住宅附近的刀状物体，好似一柄尖刀向住宅劈来，给住宅主人带来一种无形的煞气。住宅犯了刀煞，家人容易受伤或犯严重的血光之灾。

刀煞的化解：在家中犯煞方位贴挂已开光的八卦化煞罗盘化解。

九、冲煞

冲煞是指高层楼宇中五楼以下的居户，门窗被地面上的灯柱或高大树木挡住，而灯柱或高大树木给住宅主人带来的冲煞。犯了冲煞的家宅，家人容易染病、运气下跌、易招口舌是非、事业不顺。

冲煞的化解：可以在犯冲煞的大门内设置玄关化解；在犯煞的窗户挂双层珠帘。

十、孤阳煞

孤阳就是纯阳的现象。

孤阳煞是指住宅附近有发电机房、锅炉房或油站，给住宅造成的一种纯阳的煞气。住宅犯了孤阳煞，家人容易脾气暴躁或因财失义，家里嘴角也多，家人吵吵闹闹。

犯孤阳煞的条件是：住宅必须毗邻电力机房、锅炉房或油站，才算是犯了孤阳煞。若只是从门窗看见100米远的地方有电力机房、锅炉或油站，则不算为犯孤阳煞。

孤阳煞的化解：在犯煞方位上布置五行色彩物品，化泄纯阳煞气，如孤阳煞位是南方，可以把南方的空间用土黄或乳黄色布置。

十一、独阴煞

住宅大门前面有公厕或垃圾站等肮脏场所，就犯了独阴煞。若是大厦是宅楼，那么五楼以下住户比较容易犯独阴煞。

"孤阳不长，独阴不生"，犯了独阴煞，家人的身体健康受损或因病破财。

住宅大门毗邻垃圾站，凶性更重。

独阴煞的化解：若是住宅犯了室外的独阴煞，则可以在家犯煞的方位上增强阳气装饰，装饰颜色以暖色系为主。

十二、火形煞

屋外有尖锐状的物体冲射过来，住宅即犯了火形煞。火形煞有如下几种：

1. 大厦的墙角（成九十度角者）；

2. 檐篷、亭角；

3. 公园内一些呈尖锐的艺术雕塑或类似物体；

4. 三支以上的烟囱；

5. 住宅向着道路成分叉或三角、锐角者等。

火形煞对人影响：火形煞的影响迅速猛烈。身体方面易生急性疾病，如盲肠炎；身体还容易受伤。

化解的方法：可用铜貔貅挡煞，再在门下吊铜钱加强力量，把煞气向四方扩散，瓦解煞气的杀伤力度。

十三、刺面煞

门前或窗前见岩岩耸耸的小山坡，为犯刺面煞。

影响：住户易遭打劫或被窃，住所内的人容易做犯法的事情。

刺面煞化解：在门前或窗前犯煞之方位摆放铜大象。

十四、天线煞

天线煞是指住宅近处有卫星天线，而卫星天线给住宅造成的一种无形煞气。卫星天线体积象蜈蚣庞大，故天线煞对人的影响较大，尤以近距离见煞为甚。

影响：健康差，易疲倦，压力重，工作易生波折。

天线煞的化解：用石狮子一对面向着煞方以挡煞。

十五、枪煞或箭煞

楼盘（或房屋）大门正前方或窗口正前方，正对着笔直的大路、小巷等，此住宅就犯了枪煞或箭煞。房屋后面有路冲为暗箭射背，这种路冲比正面的路冲危害更大，居住在里面的人常遭小人暗算，对后代十分不利。

化解方法：若房屋后面有路冲，则在屋后种植一片环形树木竹林，以圆润来化解直冲而来的外力煞气；若房屋前面有路冲，则在屋前靠近路冲的地方种植一些树木、竹丛或摆放花草盆栽，或在大门上挂一张卷珠帘，或在门顶上贴一张出入平安或招财进宝的小幅条，或在门的两边挂上一对麒麟风铃。最有效的方法是在室内正对着路冲的方位，摆放一尊笑佛或财神爷。

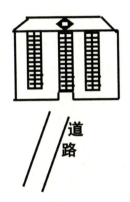

道路

十六、廉贞煞

如果楼盘（房屋）背后有靠山，但所靠之山并非名山，而是山石嶙峋、寸草不生的穷山，那么风水上称为犯了廉贞煞。可在煞的方位悬挂葫芦或摆放麒麟挡煞。最好是通过对环境的改造，使其达到人与环境的和谐。

十七、反弓煞

楼盘大门前面有反弓路或反弓水，说明楼盘犯了反弓煞。楼盘犯反弓煞，会使整座大厦里的人遭受车祸、手术血光之灾或破财之灾。可在室内受冲煞的位置安放二个葫芦，或挂一串五帝古钱，或在大门二边摆放一对雌雄麒麟，或在家里供奉大肚佛、财神爷。

十八、天桥煞

天桥为虚水。楼盘靠近天桥自高而下的斜势一端，斜去象征水走，是泄财之象；斜来象征水冲，形同箭煞一样，不仅财运差，还会使宅主遭受血光之灾。天桥煞的化解方法：在天桥斜去方位较高的位置，摆放开光铜大象，可收住外泄之气；在天桥斜来的方位较高的位置，摆放开光铜大象，可化天桥带来的煞气为吉气。

十九、天斩煞

天斩煞是指从楼盘的大门或窗户向外望，看见前方有两座大厦靠得很近，大厦之间形成一道相当狭窄的空缝间隙，仿佛大厦是被从天而降的利斧所破，一分为二。若两座大厦形成的空缝间隙对着住宅门窗，则该宅就犯了天斩煞。

天斩煞对住宅风水影响极大，会使宅主发生血光之灾、败财、手术及危险性很高的疾病等。若天斩煞位于住宅的背后，则主人容易受小人暗害。

化解天斩煞：可以用大铜钱和五帝古钱，悬挂在煞气冲来的方位，用朱砂与白酒开光后，灵验度极高。如果煞气离住宅很近，就用铜麒麟、铜马摆在煞气冲来的方位挡煞，麒麟和马的头部要向煞气方位。或挂一面八卦凸镜破解煞气。也可以在适当的地方摆放仙人掌盆栽挡住煞气。

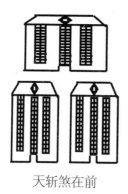

天斩煞在前

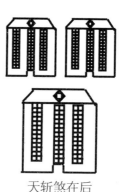

天斩煞在后

二十、穿心煞

如果楼盘的大门正对着内部的走廊或通道，就犯了穿心煞。如果住宅内部走廊或通道的长度大于楼盘进深的度，那么招来的煞气为祸最大。可以在大门设置屏风或玄关，以改门向之效化解此煞。

二十一、尖射煞

尖射煞是指住宅大门向着房屋外的尖形物体。

在城市的楼房住宅中，站在门口或窗户往屋外看，视线近处有楼台尖形墙角或亭角，或尖锐的艺术雕塑品等尖锐物体，直射到门口或窗户，此为房屋犯了尖射煞。

在乡下，住宅前面近处有一座峦头如笔，高耸而起，插入天际的高峰，这种情况是尖煞；在城市住宅前面的大厦最上层呈三角尖形物体，也是尖煞的一种。如果农村住宅前面的尖峰和城市大厦上层三角尖形物体，不正冲住宅的大门或窗户，就不构成尖射煞，因为三角尖锐物体是朝上，没有冲射大门或窗户，所以不会破坏住宅的风水。如果大厦顶层三角尖状物体所处的方位为东南方或玄空飞星一四会聚的方位，那么不仅没有形成煞气，还可以当做住宅的文笔峰论。

尖射煞化解：当确定住宅受到尖射煞后，必须设法化解尖形煞气。最佳风水用品就是八卦化煞罗盘和八卦凹镜，只要把这些物品放置在被尖煞冲射的方位上，就可以有效地化解尖射煞。可在门两边挂一对麒麟风铃，也可以在正对冲射的方位摆放一尊开口笑弥勒佛或财神爷。

二十二、开口煞

房屋大门正对楼梯口或升降电梯口，这种格局犯了开口煞。房屋犯了开口煞，主家中财气向外流。在门内设置屏风以挡住内气外泄，也可在门内放置大叶发财树、金钱树等稳住气场，化解煞气。

二十三、老虎煞

老虎煞是开口煞的一种。即指房屋大门对着升降机门，而升降机门时开时闭，就好像老虎嘴一样，这种格局就犯了老虎煞。在门上贴财神爷象，或在门楣上挂开光五帝古钱，均可以化解开口煞。在家里供奉观音佛、大肚佛和财神爷，化解开口煞的效果更佳。

二十四、镰刀煞

凡楼盘前有弯形的天桥或高架桥，风水中称为镰刀煞。在大城市里，人多车多、交通繁忙，为了疏导交通，每座城市里都会出现人行天桥。如果天桥出现在大厦楼宇（包括住宅楼、商业楼宇、工厂大厦等）的贴身位置，那么天桥对楼宇就会产生一定的磁场作用。

天桥的形状会对大厦楼宇构成吉凶二种关系，主要是从天桥对大厦楼房的环抱、反弓、直冲三种情况体现出来。如果天桥把楼宇遮盖，那么楼宇里住户主人身体容易生暗病，运气不顺，工作压力大；如果天桥是环抱楼宇的形状，而天桥属于虚水，那么这种形状不会对大厦楼宇里的住户构成危害；如果天桥是反弓的形状，而且形似弓背的一面靠近房屋，那么这层楼宇中的住户犯了镰刀煞，因为天桥象一把半月形的镰刀向着楼宇劈来。房屋犯镰刀煞，容易发生血光之灾、是非纠缠、破财等等。

高架桥

凡是房屋镰刀煞，均可在家中犯煞的方位上，安放开光的神佛像、挂一串五帝古钱或摆放一对铜麒麟、一对铜马等化解煞气。

二十五、剪刀煞

楼盘前边明堂有两条交叉的道路，象剪刀一样剪着，住宅就犯了剪刀煞。

楼盘犯了剪刀煞是不吉祥的，居之多遭疾病、口舌及处境不安全、生活艰苦。明堂被剪就是向征着家运遭受阻碍，越往前发展就越不吉祥的。可用"泰山石敢当"来镇，只要把"泰山石敢当"立于剪刀状叉路的三角处，就能把剪刀的煞气化解。也可在室内适当的吉位安放一对铜马，也可在窗口安放金元宝或一对麒麟风铃。

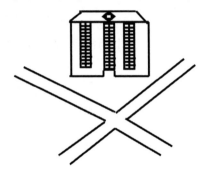

二十六、斜枪煞

楼盘旁有道路斜冲某个方位，风水上称为犯了斜枪煞。住宅犯了斜枪煞，主容易发生意外、破财。化解方法是在冲煞位上挂珠帘或放置屏风。

道路

二十七、蜈蚣煞

蜈蚣煞是指在住宅窗户处，望见外面房屋墙壁上安装的自来水管或排污水管等附属物体，一条主干有多分支，很似一条蜈蚣模样，便是犯了蜈蚣煞。犯此煞者，工作不顺利，易犯是非口舌。

化解蜈蚣煞：在犯煞方位摆放一对铜鸡，取其形以制蜈蚣煞。也可用铜貔貅摆放于犯煞方位挡煞，再在门两边挂两串五帝铜钱以加强力量，把煞气向四方扩散得以化解。

二十八、顶心煞

在住宅门前或窗前，看见灯柱或路牌等直柱形物体正对着门口或窗口垂直冲射过来，就犯顶心煞。犯此煞者，不利身体健康、脾气暴躁、容易发生血光之灾。

化解方法：在门口或窗口挂两串五帝铜钱制煞或用颜色调配来化煞。

二十九、峤煞

楼盘非常接近一座比自己高大得多的建筑物，如建筑物在自家房屋的后方，则为靠山论，大吉；但是如果建筑物在自家房屋的侧边，那么就犯了风水上的峤煞。犯峤煞的房屋，主人容易受欺骗、事业失败、生意经营不成功。

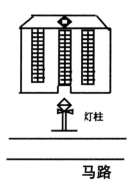

灯柱

马路

化解方法是：在高建筑物所在的方位，摆放已开光的铜大象，以吸收外煞气化为吉气。

三十、声煞

房屋靠近马路、工厂、马头等噪声很大的地方，声音给主人的睡眠和生活带来不利的影响，就犯了声煞。

化解方法：可以安放铜葫芦或两串麒麟风铃，以吸收凶气及镇煞。但不能完全消除声煞的影响，还要尽量关闭所有窗户或选用较厚而且隔声功能较佳的玻璃装饰窗户。

三十一、味煞

楼盘靠近臭水河沟、公厕、污水渠、垃圾站及焚化炉等，难闻的气味进入人的鼻子，令人欲呕，此即犯了味煞。犯味煞的房屋，不利于人的身体健康、工作不顺利等。

化解方法：在屋内摆放一些能散发香气的植物盆栽，或经常在室内喷洒空气清新剂。

第三节　屋内煞气化解法

一、灶台不宜冲厨房门

灶台冲厨房门，主家里财气不聚，家人易患脾胃病，特别会影响家庭主妇的运气。（如图一）

二、灶台、大门与厨房门不宜三者相对

住宅大门、厨房门和灶台三者正对着，炉灶被门路引进来的

外气直接冲射，主家中财气损耗，家人心乱如麻，情绪不稳。（如图二）

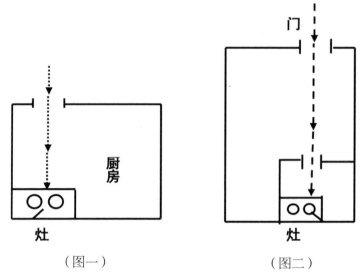

（图一）　　　　　　　（图二）

三、炉灶不宜被尖角冲射

炉灶忌被尖角冲射，否则会损害家人的身体健康。（如图三）

四、厨房里忌两水夹一火（灶台）

厨房里忌两水夹一火。灶炉的左右两边忌摆设洗衣机和洗碗盆，使炉灶处于二者之间，这样会使主人长期心情不好，易生暗病，还会败财。（如图四）

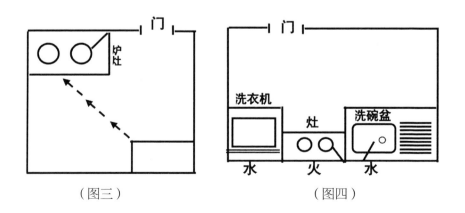

（图三）　　　　　　　（图四）

五、炉灶忌横梁压顶

炉灶忌横梁压顶，否则会影响主人的运气，特别对财运不利。（如图五）

六、灶台不宜与厨房门、厕所门相对

灶台不宜与厨房门、厕所门相对，特别是厨房门、厕所门、灶台和坐便器四者，更不能处于同一直线上，否则容易损害家人的身体健康，会生暗病。（如图六）

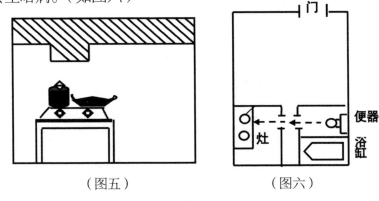

（图五）　　　　　　（图六）

七、灶台不宜安在大门的右边

灶台安在大门的右边，会使主人常遭口舌，易患肺部毛病、咳嗽、支气管炎和血症。（如图七）

八、灶台不宜安于午方

灶台安于午方，主火灾，家人易患目疾和心脏病。（如图八）

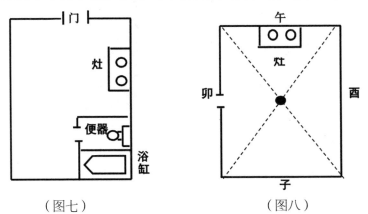

（图七）　　　　　　（图八）

周易家居环境调理

九、灶台左右两侧有门冲

灶台左右两侧有门冲，会使主人常遭口舌，容易破财。（如图九）

十、灶口忌向着水缸、洗菜盆或水龙头

灶口向着水缸、洗菜盆或水龙头，主人易招口舌是非，家中姑媳反目，妇女暗病常有，小口多病。地面一层住宅，灶井同处一廊且灶口正对着水井同论。（如图十）

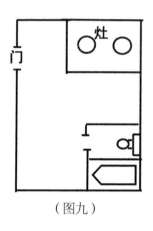

（图九）

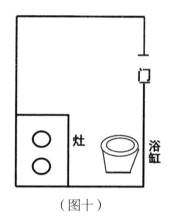

（图十）

十一、门对门

主卧室门与厨房门或卫生间门相对，可以在门上贴一张用朱砂镶边的红色"福"字图化解，也可以在门上挂贴一张山水画化解。

十二、正中厕所，妨害主人

房子正中是厕所，对主人大大不利，也容易患上疾病。

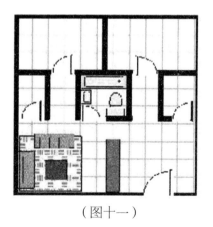

（图十一）

化解方法有两种：一是把厕所门开在阳台或走道的墙壁上；二是厕所的地板用土黄色磁砖铺设，墙壁用绿色磁砖铺设，装乳白色便器。（如图十一）

十三、房门对着大门，沉溺淫欲

卧室的门不可正对着大门，否则正派的人也会沾花惹草。（如图十二）

化解方法：可以在门上贴一个红色"福"字图，福字要用朱砂液镶边。

十四、卧室在前，退财之宅

户型住宅中，把卧室设在客厅之前，这样的房子叫做"退财宅"。住进这样的房子，运气必然极差，没有一个发达的。（如图十三）

化解方法：可以通过合理改变格局，把卧室门尽量开在客厅墙体的后端。

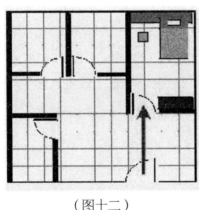

（图十二）

（图十三）

十五、正中之宅，不可空置

正中的房间，不宜摆设重物，但是也不能空设。空置不用是大凶。但也不能做浴室和厨房，最好当作卧室或客厅。如果正中房间太小，可以作储藏室使用。（如图十四）

十六、卧室窗不可朝北

卧室的北墙不宜开窗。如果卧室窗口朝北，久住以后，就会患上呼吸系统疾病。（如图十五）

化解方法：如果卧室窗口朝北，就大量使用绿色来装饰卧室，床、柜等家具均以绿色为主。

（图十四）

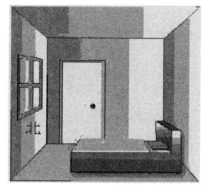

（图十五）

十七、卧室柱角太多不好

卧室柱角太多，就会相冲，对身体大大不利。（如图十六）

若卧室里柱角过多，就用木板装修包住尖锐且对主人危害较大的柱角，或用柜子填实柱角旁边的凹陷之处。

十八、床下有破旧物品，损胎儿。

床下最好不要放任何东西。若放在床下堆放破旧东西，那么时间久了，对胎儿不利。（如图十七）

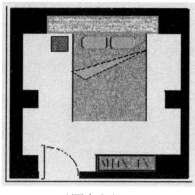

（图十六）

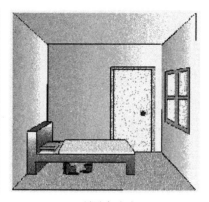

（图十七）

十九、床铺正对房门，不吉。

床铺对着房门，私密感降低，必然引起神经衰弱，恶梦重生。可改移床头或设置屏风化解。（如图十八）

二十、头顶横梁，必有大凶。

卧室的天花板，最好平整。如果有横梁压顶，必有大凶。可以通过装饰房间的方法，把天花板上的横梁填平。（如图十九）

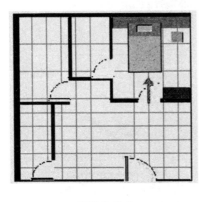

（图十八）

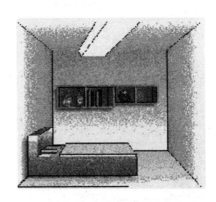

（图十九）

二十一、楼梯下不要放床

楼梯下放床，人躺在床上有压抑感，这导致事业不发达。（如图二十）

二十二、卧室沙发不要太多

卧室的沙发太多，必然影响夫妻感情，引发口舌。（如图二十一）

二十三、卧室的灯要暖色调

卧室的灯最好用白枳灯泡，少用日光灯。（如图二十二）

二十四、房间不宜放置凶器。

卧室放置太多的凶器，杀气重生，自然不利于健康和心情。（如图二十三）

（图二十）

（图二十一）

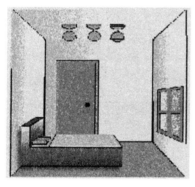

（图二十二）

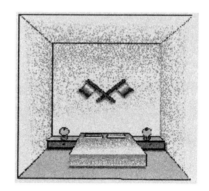

（图二十三）

二十五、靠床的墙不要开窗

风水的根本就是气流，靠床的墙不要开窗。（如图二十四）

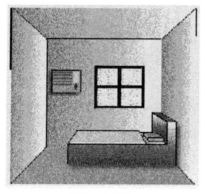

（图二十四）

（图二十五）

二十六、卧室不可太多植物

虽然植物可以屏蔽和阻挡煞气，具有净化环境的作用，但是卧室里不可摆放太多植物盆栽，否则不吉。（如图二十五）

二十七、床头不能有镜子

睡觉的床不能对着镜子，梳壮台也不能对着床。（如图二十六）

二十八、厨房的一面要面向外开放

厨房的一面要面向外开放，不可把整个厨房完全封闭在房子之中。否则不仅卫生不好，而且还会影响家运。

化解方法：可以把厨房门改开在阳台墙壁上。（如图二十七）

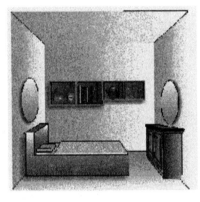

（图二十六）

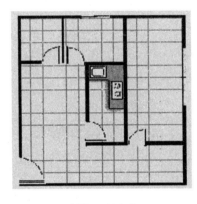

（图二十七）

二十九、厨房不要设在两个卧室之间

厨房不要设在两个卧室之间，违反此忌讳，对卧室主人不利。（如图二十八）

三十、浴室不可完全封闭

浴室中最好有窗，阳光充足，空气流通，不能完全卦闭在屋里。否则家中会招祸端。在浴室的外墙上开窗可解。（如图二十九）

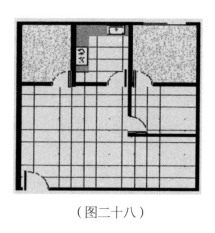

（图二十八）

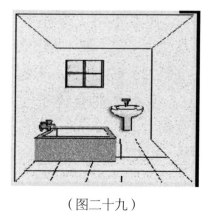

（图二十九）

三十一、马桶不能与大门一个方向

书室　如果浴室中的马桶与大门同一个方向，家中的人很容易患上皮肤病，尤其容易患上痤疮。化解方法：若马桶方向（人蹲在马桶上方便时的面向），与住宅大门方向一改，就把马桶方向斜改 10-15 度即可。（如图三十）

三十二、厨房晾衣服多灾

厨房不仅不能洗衣服，也不能晒衣服，如果在厨房晒衣服，主人会有灾祸。（如图三十一）

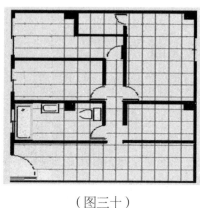

（图三十）

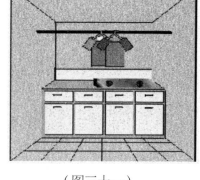

（图三十一）

三十三、水火不宜近邻

俗话说：水火不相容。如果水和灶台靠得太紧，就会造成内耗，家庭不和，能量也会损失。（如图三十二）

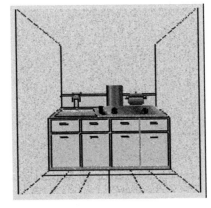

（图三十二）

三十四、浴室设在走廊尽头大凶

如果房子中有走廊，浴室只能设在走廊边上，不能设在走廊尽头处，否则必有大凶之灾。（如图三十三）

化解方法：可在浴室外摆数盆绿色植物盆栽。

三十五、厨房不能洗衣服

古人认为，厨房是灶王爷所在地是非常神圣的地方。如果在厨房里洗衣服，污秽之物造成污染，是对灶王爷的不敬，灶王爷惹火了，家人的日子也没法过。（如图三十四）

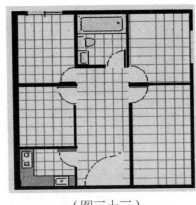

（图三十三）

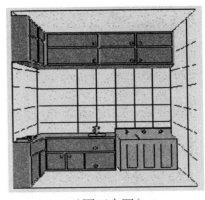

（图三十四）

三十六、厨房不可设在房屋的前面

厨房不要设在屋子的前面。如果在前面，炉火也不能向外，否则会造成家道中落。（如图三十五）

化解方法：若厨房在屋子的前面，就在门贴一张开光的山水风景画。

三十七、卧室不能近邻厨房

卧室靠近厨房，大凶，对幼儿有其不利。（如图三十六）

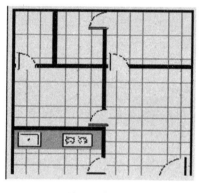

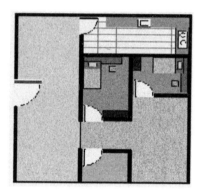

（图三十五）　　　　　　　　　　　　（图三十六）

三十八、灶后有井，对女主人不利

厨房的后面不要挖井，也不要摆放抽水机械，否则，对女主人不

（图三十七）　　　　　　　　　　　　（图三十八）

利，易患中风、血症。（如图三十七）

化解方法：改移灶位。

三十九、水上设灶不吉

水是流动之物。如果灶台设在地下水道的上方，好日子就会白白流走。（如图三十八）

化解方法：改移灶台位置。

第四部分
玄空理气与环境调整

第一章　玄空岁运文献

经云："颠颠倒，二十四山有珠宝；顺逆行，二十四山有火坑。"乘时合运即为珠宝，背时失运即为火坑。然须岁运引发，方是应验之期。《飞星赋》云："助吉助凶，年星推测；应先应后，岁运经营。"此言明一切吉凶离不开天时的范畴；天时者，岁与运也。其断法以形为主，以理气为补，形气合参，其断至神。

第一节　详解《玄机赋》

《玄机赋》言明形气合论之法：

"大哉！居乎成败所系；危哉！葬也兴废攸关。"

按："居"指阳宅，"葬"指阴宅，言明玄空理气乃二宅成败兴废所系。

"气口司一宅之枢，龙穴乐三吉之辅。"

按："气口"指城门，来气收气之处，为宅神吉凶之主要部位；"龙穴"指来龙气穴，要收得旺相之气，飞星上一六八白吉星飞临，或地形有三吉六秀之砂应之。

"阴阳虽云四路，宗支只有两家；数列五行体用，恩仇始见星分。"

按："四路"指老阴、少阴、老阳、少阳；"两家"指一阴一阳；下言以玄空宅命局为体，以岁运客星为用，合而断之。

"九曜吉凶，悔吝斯章。"

按："九曜"指一、二、三、四、五、六、七、八、九星，其吉凶悔吝各有其义。

"宅神不可损伤，用神最宜健旺。"

按："宅神"指阳宅立极须承时合运，不承时合运即为损伤；"用神"指阴宅来龙要活动生旺有气。

"值难不伤，盖因难归闲地；逢恩不发，只缘恩落仇宫。"

按：此两句言明用玄空理气须与形势结合，如向上飞星不飞临向首而飞到坐山为犯上山指值难，若坐山后有水，则龙神得所故不伤；宅命虽到山到向，若向首高山实地，坐山低空，则犯形势上之上山下水，故主逢恩不发。

"一贵当权，诸凶慑服。"

按：此言甚有理义，如筑屋不承时，人财衰败，改一旺气门路，立可兴旺发达，何虑别处之不妥？又如立宅犯上山下水，某方却合城市诀或水法合度，可转凶为吉。

"众凶克主，独力难支。"

按：此指形局犯凶，且立极不合元运，当主家破人亡。

"火炎土燥，南离何益乎艮坤。"

按：九二、九五之会，如此做灶或有尖形火气，主不宜。

"水冷金寒，坎癸不滋乎乾兑。"

按：水主一白，失运为水冷，一六、一七之会金难生水。

"四卦之互交，固取生旺；八宫之缔合，自有真假。"

按：言立极之法宜取生旺气为用，但须察八方形势若何，定其生旺方之真假。

"地天为泰，老阴之土生老阳；若坤配兑女，庶妾难投寡母之欢

197

心；泽山为咸，少男之情属少女；若艮配纯阳，鳏夫岂有发生之机兆；坤艮通偶尔之情。"

按：此段言两星相会之含义，其中有二六、二七、七八、八六、二八相会。

"双木成林，雷风相薄；中爻得配，水火方交。"

按：指两星相会，前句为三三、四四、三四；后句为一九会成水火既济卦。

"木为火神之本，水为木气之元。"

按：指五行相生，木生火，水生木。

"巽阴就离，风散则火易熄。"

按：巽四为风，离九为火，四九之会失元主之。

"震阳生火，雷奋而火尤明。"

按：震三为木，离九为火，三九之会木生火通明之象。

"震与坎为乍交，离共巽而暂合。"

按：三一之会，震阳坎阳为三一纯阳相会故乍交；九四为纯阴之会故暂合。

"坎元生气，得巽木而附宠联欢。"

按：上元一运一白生旺，一四同宫有此应。

"乾壬元神，用兑金而傍城借主。"

按：七运兑七旺，乾六属金与兑七属金，同类相应，故六亦旺；而"壬"指一白属水，兑金七生一白，一白为生气。

"风行地上，决定伤脾。"

按：四二相会或四落坤宫，如此方空或有水路之冲，则木克土，土为脾胃受木克主应病。

"火照天门，必当吐血。"

按：九六之会遇火门或尖砂，或灶做乾六宫岁运九飞临，火克金，金主肺，必应吐血。

"巽木戌朝，庄生难免鼓盆之叹。"

按：巽四木会六金，金克木，四为阴为女，克妻之象。

"坎流坤位，买臣常遭妇贱之羞。"

按：一白飞临坤方或一二同宫，一为中男，二为妻，土克水故有此应。

"艮非宜也，骨伤股折。"

按：艮为八白，受三或四木之克，即八三、八四同宫之应。

"兑不利欤，唇亡齿寒。"

按：兑七与九同宫，火克金，或兑方形势破军样，九紫飞临主应。

"坎宫缺陷而堕胎，离位峻岩而损目。"

按：一从形势论，二从理气论。一二、一五、一八同宫或二、五、八飞临坎宫主应堕胎；九一同宫或一白飞临离宫且形破军样主损目。

"辅临丁丙，位列朝班。"

按：即八九之会，或八白飞临离宫，当令主功名。

"巨入艮坤，田连阡陌。"

按：二八、二二相会，当令主旺田产。

"名扬科第，贪狼星在巽宫。"

按：一四同宫或一白飞临巽宫主应科甲功名。

"乾首坤腹，八卦推详；癸足丁心，十干类数。"

按：此指八卦取象和十干配人体。即乾首、坤腹、离目、坎耳、兑口、震足、巽股，艮手及甲头、乙颈、丙肩、丁心、戊胁、己脾、庚脐、辛股、壬胫、癸足。

"木入坎宫，凤池身贵。"

按：四一同宫或四飞坎宫，主科甲联第。

"金居艮位，乌府求名。"

按：六八同宫或六白飞临艮宫，主官贵之人。

"金取土培，火宜木相。"

按：指五引相生有气言，土生金，木生火。

第二节　详解《玄空秘旨》

《玄空秘旨》发明九星相会入用之法：

"不知来路，焉知入路，盘中八卦皆空。"

按：此言形气两参也，来路即形局之来气方，入路即纳气之口，以来气与纳气承旺而立极为吉，若弃来气与纳气之生旺气而立极，则宅命盘飞星空而无用，为之破局。

"未识内堂，焉识外堂，局里五行尽错。"

按：此句与上句均为玄空入用之法。内堂指内局收水，外堂指外局来水，内外互参以定立极之处，且合天心正运为吉；若内外不合且元运失时，则为无用之局也。

"乘气脱气，转祸福于指掌之间；左挨右挨，辨吉凶于毫芒之际。"

按：此两句论如何立极以收山水生旺之灵气。乘气指承时运而用之，左换右换指用正针还是兼针才能收到生旺之方的山水。比如用正城门诀，符合此运当旺，发福发贵，若行过此运，如不及时改造调理，则主立见败绝。

"一天星斗，运用只在中央；千瓣莲花，根蒂生于点滴。"

按：此句讲天心正运中宫立极的重要性。

"夫妇相逢于道路，却嫌阻隔不通情。"

按：夫妇即阴阳，阴阳相见谓之和合，若见阻隔则不通情，"阻隔"即犯上山或下水。

"儿孙尽在于门庭，犹忌凶顽非孝义。"

按：一卦管三山，天元为父母，地元为逆子，人元为顺子，此句讲阴阳互兼之多少度，卦气之清纯否。

"卦爻杂乱，异性同居；吉凶相并，螟蛉为嗣。"

按：指宅命局中山向飞星不与山水形势相配，或犯上山或下水，或犯反伏吟等，所以主凶。

"山风值而泉石膏盲，午酉逢而江湖花酒。"

按：前句指八四之会，艮八为山为隐，巽四为山林，主避世遁形；下一句指九七之会，午九酉七为桃花水，形势上若收午与酉水交而过堂，主酒色风流。

"虚联奎壁，启八代之文章。"

按：以二十八宿喻之，虚壬一白，奎壁六白，一六相会主官贵文章。

"胃入斗牛，积千箱之玉帛。"

按：胃七赤，斗牛八白，下元七八当令，故七八相会土生金旺，主巨富。

"鸡交鼠而倾泻，必犯徒流。"

按：鸡酉七赤，鼠子一白，七一同宫且此方倾斜主流浪之子。

"雷出地而相冲，定遭桎梏。"

按：震雷为三碧，坤地为二，即三二相会且此方有水路之冲，主有官司是非，牢狱之灾。三二同宫为斗牛煞。

"火克金兼化木，数惊回禄之灾。"

按：火九金七，九七合后天火数，岁运若遇一或三至，立主破财、丢官或火灾。

"土制水复生金，自主田庄之富。"

按：土为二八，水为一白，金为六七，原局二一、八一为土克水，但岁运如六、七到，则成二一六、八一六、二一七、八一七为土生金，金生水，土水金主田产之兴旺。

"木见火而生聪明奇士。"

按：木为三，火为九，木生火，三九之会，木火通明，主生聪明之人。

"火见土而出愚钝顽夫。"

按：火为九，土为五，九五之会，火炎土燥，我生者为子孙，故主生出愚钝顽夫不孝之人。

"阴神满地成群，红粉场中空快乐。"

按："阴神"指二四七九阴卦，如飞入向首、中宫、卧房、水路等，主桃花淫乱，多生女。

"火曜连珠相值，青云路上自逍遥。"

按：火曜指尖砂，文笔山，如一、四文昌星飞临，主科甲。

"栋入南离，骤见厅堂再焕。"

按：栋为震三，离为九，三九合，木生火，木火通明主厅堂再焕，三木为栋也。

"车驱北阙，时闻丹诏频来。"

按：乾为君，为健为车，一白为水，六一同宫主应官贵之义。

"苟无生产入门，粮艰一宿。"

按：意为宅局收不到生旺之气，故主贫穷。

"会有旺星到穴，富积千钟。"

按：阴阳两宅收得生旺之气，当主巨富。

"相克而有相济之功，先天之乾坤大定；相生而有相凌之害，后天之金木交并。"

按：如一九相会，水克火，九当令者有相济之义；七一金水相生，但先天兑在巽，金克木。

"木伤土而金位重重，虽祸有救；火克金而水神叠叠，灾不能侵。"

按：木为三四，土为二五八，金为六七，若木为忌神克用神土，若岁运吊飞星之金至，以金制木；火克金亦然，此为五行生克制化之理。

"吉神衰而忌神旺，乃入室而操戈；凶神旺而吉神衰，直开门而揖盗。"

按：以元运论其旺衰，如下元之运，七旺八生气为吉神，三五二衰为凶神。吉神衰者如七运一白，忌神旺为五黄，一五之会主中男受害；吉星旺如七运七赤，凶神衰者七运客星三碧飞到水里，如开向星七方门路，此方又有水，则三碧下水煞气全无。

"重重克入，立见消亡；位位生来，连添财喜。"

按：收来气纳气之言，如某方为衰气侵来，又以衰方气口迎之，主立见消亡；如某方为旺气之来，又以旺方气口迎之，主财喜临门。

"不克我而我克，多出鳏寡孤独之人；不生我而我生，乃生俊秀聪明之子。"

按：我克者为囚，如金克木，木受伤，阴克阳伤阳，阳克阴伤阴；我生为泄秀，故主聪明。

"为父所克，男不招儿；被母所伤，女不成嗣。"

按：父母克子孙，主伤儿女。如二六一为土生金，金生水，若金不通关，则二土克一水，子孙儿女受克不成。

"后有不肖，因生方之反背无情；贤嗣承宗，缘生位之端拱朝揖。"

按：此言形气兼断之法，我生为子孙，子孙即生方，如二生六，则六为子孙，若此方形势反弓主子孙不肖；若形势环抱有情，主子孙贤德。

"我克彼而反遭其辱，因财帛以丧身。"

按：我克者为财，若我弱而财旺，五行反悔，木旺金缺，身弱不胜财之故。

"我生之而反被其灾，为难产以致死。"

按：我生者为子孙，若我弱孙旺，五行反悔，如火多木焚。

"腹多水而膨胀。"

按：二坤为腹，遇一白重重，二一一为腹水而肿胀。

"足以金而蹒跚。"

按：三震为足，六七金，即三六、三七同宫，金克木，足伤。

"巽路水宫缠乾，为悬梁之犯。"

按：四六同宫，四巽为绳，六为头，主吊颈，须此宫有水路环绕形势方应。

"兑位明堂破震，主吐血之灾。"

按：七三同宫，金克木，木为肝，金主肺，肝肺两伤，主吐血。

"风行地而硬直难当，室有欺姑之妇。"

按：四二相会且此方有水路直冲，坤二为姑，巽四为妇，木克土相凌。

"双局相关，必生双子；孤龙单结，定主独失。"

按：此专言峦头，山管人丁；来龙之生旺衰死决定后代之丁贵气。

"坎宫高塞而耳聋，离位摧残而目瞎；兑缺陷而唇亡齿寒；艮伤残而筋枯臂折。"

按：此指形势而言。

"山地被风，还生疯疾；雷风金伐，定被刀伤。"

按：指八四相会主疯颠；三七相会主刀伤。

"家有少亡，只为冲残子息卦；庭无耄耋，多因攻破父母爻。"

按：八为子息卦，八三同宫木克土或八所飞星之方形势破碎样；乾六为父，九火克之，即六九之会；坤二为用，木克土，即二四、二三之会。

"漏道在坎宫，遗精泄血；破军（形）居巽位，颠疾风狂；开口笔扦离方，必落孙山之外；离乡砂见艮位，定遭驿路之亡。"

按：指某方宫位砂水形势而言。

"金水多情，贪花恋酒；木金相反，背义忘恩。"

按：前一句言金主悦，水主淫，七一同宫之应；后一句言木主仁，金主义，金木相战，仁义损失。

"震庚会局，文臣而兼武将之权。"

按：震甲为文士，庚为武将，三七当令，山水相配，主文武双全。

"丁丙朝乾，贵客而有耄耋之寿。"

按：六九合此方见水，中元六旺主应。

"天市合丙坤，富堪敌国。"

按：天市八，丙九，八九同宫相生之应。

"离壬会子癸，喜产多男。"

按：离九为喜，一为子，一九相合为中男配中女，阴阳相合，主生旺男丁。

"四生有合人文旺，四旺无冲田宅饶。"

按：四生即一六、二七、三八、四九合生成数，主旺人文；四旺即一九、二八、三七、四六合十无水路冲破主旺田产。

"丑未换局而出僧尼，震巽失宫而生贼丐。"

按：丑八未二即二八相合失令主出僧尼，震三巽四即三四失令主出盗贼乞丐。

"南离北坎，位极中央；长庚启明，交战四国。"

按：一九相会当令主官贵，七三相会当令主武贵。

"富并陶朱，断是坚金遇土。"

按：指二六、二七、八六、八七相会为土生金，当令主富。

"贵比王谢，总缘乔木夫桑。"

按：三七相合，上元三当令之时主官贵。

"辛比庚而辛要精神，甲附乙而甲亦灵秀。"

按：七七、三三同宫当令主应。

"丙临文曲，丁近伤官，人财因之耗乏。"

按：九四、九五相会主人财耗乏。

"见禄存，瘟病必发；遇文曲，荡子无归。"

按：指五四同宫主瘟病，一四同宫失令主荡子。

"值廉贞而顿见火灾，逢破军而多亏身体。"

按：二七五、九七五之会主火灾，五七二主伤损身体。

"若知祸福缘由，妙在天心正运。"

按：指出产生祸福的原因，关键关于天心正运。

第三节　详解《飞星赋》

《飞星赋》言明形理合断之法：

"周流八卦，颠倒九畴；察来彰往，索隐探幽；承旺承生，得之足喜；逢衰逢谢，失则堪忧。"

按：此段言立极须乘生旺气，避失时元运。

"人为天地之心，凶吉原堪自主；易有灾详之变，避趋本可预谋；小人昧理妄行，祸由自主；君子待时始动，福自我求。"

按：此言凶吉得失，惟人自招。

"试看复壁堪身，壮途踬足，小畜差徭劳碌。"

按：地雷复卦即二三相合，木克土，土崩伤身；雷天大壮卦即三六相会，金克木，震木为足，足损伤；风天小畜卦即四六相会奔波劳碌。

"乙辛兮家室分离，辰酉兮闺帏不睦。"

按：乙辛即三七相冲主破家，辰酉即四七相会同性相居主不和。

"寅申触巳，曾闻虎噬家人；壬甲排庚，最异龙推屋角；或被犬伤，或逢蛇毒。"

按：前句言八二临飞星四到，寅申巳三刑主犬伤；一三会七，七冲三，三为龙即蛇，一为水主水中之蛇所伤。

"青楼染疾，只因七弼同黄。"

按：指七五、九五、七九五同宫主得性病。

"寒户遭瘟，缘自三廉夹绿。"

按：指三五会四，主贫病。

"赤紫兮，致灾有数。"

按：七九同宫，应官非破财。

"黑黄兮，酿疾堪伤。"

按：二五同宫，主疾病损人。

"交至乾坤，吝心不足。"

按：二六同宫，主人贪心小气。

"同来震巽，昧事无常。"

按：三四同，长男配长女，巽为出入，主暗昧之事。

"戌未僧尼，自我有缘何益；乾坤神鬼，与他相克何非祥。"

按：戌为六，未为二，二六相会失时主出僧尼，然须地元龙之六二；乾六，坤二，六二相会遇客星三、九到，三克二，九制六，失时主应。

"当知四荡一淫，淫荡者扶之归正。"

按：指四一同宫失时主淫荡，若逢六飞到为四一六主官贵科甲。

"须知七刚三毅，刚毅者制则生殃。"

按：七三相会主官非词讼，遇九至会七三九为合煞局。

"碧绿风魔，他处廉贞莫见。"

按：三四相会主神经病，遇客星五到会三四五更验。

"紫黄毒药，邻宫兑口休尝。"

按：九五七相会或五七相会主服毒自杀。

"酉辛年，戊己吊到，喉间有疾；子癸岁，廉贞飞到，阴处生荡。"

按：前句指七五同宫，即七逢五黄吊到；后句指一五同宫，即一逢五飞到。

"豫拟食停，临云泄痢。"

按：豫指三二，临指二七，三木克二土，土主脾胃受伤，故不想吃；二为腹泄生七金，二逢七飞临，失时主泄痢之病。

"头响兮六三，乳痛分四五。"

按：六三同宫，六为头，三为震响；四为乳，五主脓肿。

"火暗而神志难清，风郁而气机不利。"

按：离方或九方不宜形势上黑暗，巽方或四方不宜窒塞。

"切莫伤夫坤内震足，岂堪损乎离心艮鼻。"

按：此言方位不可有恶形。

"震之声，巽立色，向背当明；乾为寒，坤为执，往来切记。"

按：三四相会方忌见反弓，六二相会忌水路冲。

"须识乾交门向，长子痴迷；谁知坤卦庭中，小作憔悴。"

按：六三相会于门，金克震木长子主应；二八之会，二为病符，八为子孙，失令时二入中宫会八白。

"因星度象，木反侧兮无仁；以象推星，水敧斜兮失志。"

按：三碧飞临之方如形势反弓主失仁德；水主志向，如一白飞临为斜水不得志。

"砂形破碎，阴神值而淫乱无羞；水势斜冲，阳卦凭则是非牵累。"

按：砂形破碎为凶砂，如二四七九阴星飞临，主不守贞节；阳卦为三六八一，水冲主应是非。

"巽如反臂，总怜流落无归；乾若悬头，更痛遭刑莫逃。"

按：乾方有悬头砂，主官非刑狱，若六白飞临更验；四飞临反弓砂上，主出流浪不良之子。

"七有葫芦之异，医卜兴家；七逢刀盏之刑，屠沽居肆。"

按：七为兑飞临或兑方有葫芦砂形主应医卜为业；七赤飞临或兑方有刀形之砂，主屠夫。

"旁通推测，木工因斧凿三宫；触类引伸，铁匠缘钳椎七地。"

按：七星飞临震方有斧凿砂形为木工，三飞兑方有钳推砂形主铁匠。

"至若娥眉鱼袋，衰卦非宜；犹之旗鼓刀枪，贱龙则忌。"

按：娥眉鱼袋为砂形，卦气即九星若衰气不宜；旗鼓刀枪为砂形，"贱龙"指向上或山上排龙，即星气。

"赤为曜，那堪射胁水方；碧本贼星，怕见探头山位。"

按：此段是形与星兼断，其验甚详。七赤飞临之方，怕见有水冲射；三碧贼星，怕飞临探头山砂主招盗贼。

"若夫申头尖兴讼，辰碎遭兵。"

按：此为形势而言。若于申方有尖砂主官司，飞星四一同到反主科甲；辰方有破军砂主遭兵刑。

"赤连碧紫，聪明亦刻薄之萌；破近文贪，秀丽乃温柔之体。"

按："赤连碧紫"指三九同宫木火通明主聪明，若七赤飞临则为三九七合为聪明又刻薄之人；"破近文贪"指一四会七飞临为一四七主人美丽温柔。

"五黄飞到三叉，尚嫌多事；太岁推来向首，尤属堪惊。"

按：五黄为煞星若飞临三叉水路，其动处应灾咎；太岁星临要处，逢吉则吉，逢凶则凶，主一年之吉凶。

"岂无骑线游魂，鬼神入室；更有空缝合卦，梦寐萦怀。"

按：骑线、空逢乃指地盘正针立向所忌，骑线为廿四山卦与卦之间的交界线上，空缝为一卦三山的交界线上，均为无向，故主应凶。

"寄食于人，原卦情之恋美；抛家背父，缘星性之贪生。"

按：总之，助吉助凶，年星推测；还看应先应后，岁运经营。

《玄机赋》《玄空秘旨》及《飞星赋》三篇是玄空风水学最重要的文献，读者须专心诵熟，引以为用，必将受益匪浅。

第二章　论岁运煞气

第一节　太岁五黄暗建煞

一、太岁

经云："但看太岁是何神，立地见分明。"足见太岁加临之损益，非其他客星所堪比拟。然须就实地峦头加太岁以断吉凶，则此年财丁贵秀分别推论，百不爽一。

太岁为众杀之主，主管一年。有地盘太岁，如午年在午方，卯年在卯方，其余类推；有年盘太岁，如今年壬午，午即九，则九紫为年盘太岁。

太岁可坐不可向，向太岁为犯岁破，即七杀，其祸甚烈。在太岁方修造动土为犯太岁，其祸难免，轻者疾病破财，重者损人丁，不可不慎！

年盘太岁所临之方，如为要处，与宅命盘星宫比较，遇吉则吉，遇凶招灾。如壬午年七入中宫，九飞临兑宫门路，如宅命局兑宫山向飞星为六八，会九飞到，必主财官贵喜庆之美，如为七五会九合煞局，主病伤之灾难免。

二、五黄

五黄为戊己大煞，到处不留情。门路忌之，修造亦忌犯之。此五黄指逐年而转之五黄，每年所到之方位不同。如壬午年七入中宫顺布八宫，五黄飞到震方，若震方为楼梯口、门路或灶火、机动之处，必

211

主招殃。

五黄飞星为廉贞凶气，不论生克，到处成凶，故宜静不宜动，动则招殃；体用合法，飞到三叉，犹嫌多事；五黄与年神（太岁、力士）并临，疾病损人。

三、暗建煞

暗建煞，其煞气无异于犯太岁，随月而变。此方忌修造、动土或为动处。暗建煞随岁而替，因月而变，无定位。如壬午年，地盘太岁为九，年星七入中宫顺排则九到兑七，七赤为暗建煞；又以月星入中宫顺布，看七到何宫，则此宫代表暗建煞方。如七月戊申，月星二入中宫排七到坎宫，表示今年七月暗建煞在坎方。

凡断阴阳二宅，须考其受气之元运与山向飞星为主，而以客星或太岁之加临为用，此乃不二法门。阳宅首重门路、中宫、坐山星气；阴宅财以水断，丁以砂断，贵以坐山断。

第二节　流行之气

一、客星

运转三元，星罗棋布。如六运之宅，进入七运则七为客星，似其于宅命局之何宫，以定休咎。如位中宫主入囚，山星入囚主损丁，向星入囚主败财；如处某方，视宅外形体为何，山星逢高山实地为龙神得所，主旺丁气，又与向星、运星合参，七三逢相冲亦主丁气有损等；向星逢水路，若不犯冲射之形体为龙神得所，主旺财源，又与山星、运星合参。九七逢合化火亦主钱财多耗，官非口舌。此乃客星之七赤，二十年之吉凶大象也。

至于流年吉凶若何，则以年星入中宫顺布，四面八方客星加临旺衰或生克如何以定之；又须重者，为年盘太岁、五黄、二黑、三碧、八白等吉凶星飞到之处，与宅命局山向飞星合断。

流月断吉凶，须与年星双会，二星吉凶若何，再参宅命盘山向飞星，合而断之。有时，若年月飞星吉凶组合明显，可弃宅命局直而断之亦有其验。法当活变，贵在变通。若苟于理气，不视形体，吉凶悔吝不验也。

二、旺衰生克

玄空理气首重星气之旺衰，九星之间生克次之。

宅若收得生旺之吉气，则应"位位生来，连添财喜。"宅若收得衰败凶气，则应"重重克入，立见消亡。"至于生克吉凶，亦有其验，只在于区别吉凶程度若何而已。例如，某方门路收到七运八白生气吉气，若此方向星为三碧，三遇八为木克土，为犯克出。吉气受损，人口有灾，八为艮属少年，应于小口病伤之灾。但三八合生成数，不至损丁，此为吉有凶，吉多凶少也。

又如七运，宅盘向星三碧于门路，流年旺气吉星七赤飞临，是吉是凶？七赤财星临门，为进财之喜，可是三七相会犯穿心煞。若有路冲，必犯破财官非、口舌之事，因三冲七财，还防劫盗；三震为长男，兑七为少女，长男配少女，若为子午卯酉桃花门路，必见桃花事起，纷争之嫌；三为长男，此年长房多非；此为七克入三，吉中有凶之明证也。

经云："不知来路，焉知入路，盘中八卦皆空。"此言甚明，来路即为来气也，如来路、水路等，司一宅生杀大权；入路为纳气之口也，如大门、房门等。

每见时师，以为习得玄空秘法，不经深思，为人移门改路，不见吉兆，反招灾殃，何也？乃因时师见识局限，如下元七运，七八九为生旺气吉星，于是颠来倒去，欲寻得向星七八九之方开门。若此门虽开得生旺之方，而主家迟迟未见兴旺，百思不得其解。盖因其忽视来气也，如向星三方来气，开向星七门以收入，三七相逢，金木相战，何吉而言之。

又七运开向星七门，是为旺门，但若七门外有高砂而无水路，犯上山主破财。凡此种种，读者宜深悟之，灵活变通，方不误人自误也。

三、年月九气

一家吉凶悔吝，皆由环境与各方主星，及流年月客星旺衰或生克制化、益内益外之相互关系上而发生。无物无动作，吉凶泯八际；苟有物接触，即起诸关系。

河洛九星有气有物而无形，亦称为九气，是洛书大数流行之气，其充塞于天地间，无处不在，无处不有，一切有形有气之物，莫不受其支配也。一切天星，随各方位而飞布；一切方位，随所在地而活变；一切吉凶的构成，皆由于有所动作。此乃吉凶悔吝生乎动也。

（一）二黑五黄司疾病死亡

寿、夭、病、健，视光原供给之足否，如光线不足，二、五加临，立应凶灾病伤之事。二黑为病符，五黄为廉贞，其善于阻碍光源之供给，且有制造万病之魔力，无形中坑害了老幼男女。

凡有往来行人引发地气冲动之处，如环境之门路、灶位、升降口、楼梯口等，如遇年月飞星中之二、五飞临，主应疾病凶灾死亡。

二五属土，土之凶焰，六金能化之，可挂铜钱或系门铃之法音而化解。

（二）二七、七九司火灾回禄

二七合先天火，七九合后天火，此方忌有冲路、塔尖、斜水、烟囱、照水、尖形火砂等，主有火灾，七九合还应回禄。年月飞星引动，八白可以化解之。

（三）三七灾破星

凡一切争端、是非、讼事、谋杀、贪污、破坏秩序、逞强凶暴、恐怖活动、盗贼、恐吓、绑票、卷逃吞款等凶性行为的发生，均为年月三碧贼星、七赤破军从中助纣为虐所致。

凶星交令，占形势要位，应验神速。三七为穿心煞，主招贼、生病、破财、官非、损人口；二三为斗牛煞，主打架、斗殴、官讼、口舌；六七为交剑杀，主谋害、刀伤、争斗、官司。

三七以一白化解，二三以八、九化解，六七以一白化解。又有三四以九紫化解，三八以九紫化解，五一、二一以六白化解，七赤以一六化解，三碧以九紫化解，二、五以六白化解等。或安忍水，或置水箱，或系门铃，或挂铜钱，或拉窗帘，或铺地毯。法当活变，不可拘泥。

第三节　实例点窍

【例一】癸酉年夏，考察陈先生旧宅。陈宅于 1966 年建造，为六运宅，立极卦为《涣》卦，方向角是 72°，庚山甲向兼申寅。目前，只有一位老太居住，仍供香火。挨星宅命图如下：

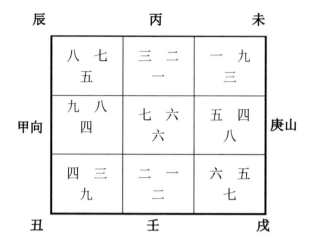

推断：

1.贵宅立极欠佳，兼针失当，本应繁花似锦，而却满目疮痍。1966 年建造，未及两载，1968 年寅月，户中父子二人，相继被杀；其子为甲申年生，其父为甲子年生；其父已愈不惑之岁，其子则是风华正茂。

1968 年戊申，中宫星气是六七六，飞星六是当运的令星，入中宫为入囚，最不利丁气。六为乾，主家长、老父、官讼；戊申年五黄占中宫，占位一年，正月二黑占中宫，占位一月。中宫组成黑压黄之势，黑压黄是阴性阳，损丈夫而出寡妇。当年的社会状况正处在"文化大革命"最混乱的时期，这就是特定的时空状态，因而判定父子二人被杀。又因中宫双六，是乾卦之气，乾纳甲，流年太岁是申，故推得甲申；此二人是父子关系，父子之间的年龄差在二十年左右，且卦气纳甲，因此非甲子莫属了。

2.寒来暑往，星移斗转。乃至甲子（1984）年，十一月斗柄指子之令，有一位六旬老翁干起强奸的勾当，被绳之以法。

甲子年七赤入中宫，与丁星七重合。下元七运，丁星入囚，十一月七赤入中宫，如此三重七会于中宫，产生共振效应。中宫六七，六为乾为老男，七为兑为少女，故有此应。

3.1986年，为虎奔南离之岁，必因讼而败诉。

官讼败诉者，因丙寅年五入中宫，五黄是土煞，原局六七，六为乾主官事，七为兑主口舌，故是由于建房占用别队的土地，引起争讼而败诉。为何？须从易理上推论，乾为父，五土生六金，生我者为印星为房子，五为煞气，故主此应。

4.1987年赤兔东升，时值长夏，祖母必驾鹤西去。1991年金羊之岁，老翁难过风烛残年。

丁卯年六月，五黄到坐宫，与飞星之五重叠，阳气偏盛，则丧老妇；辛未年九紫入中宫，二黑到坐宫，阴胜阳，故户中老翁去世。

此宅双六居中，主多官事。前后左右，大树荫蔽；向上邻家有两只金鸡映照，阴气太盛，再遇排星欠吉，故不幸之事接踵而出。

调整：

设若当年立极之度数为75°，庚山甲向正针。挨星盘如下：

	辰	丙	未	
	九　五 五	四　九 一	二　七 三	
甲向	一　六 四	八　四 六	六　二 八	庚山
	五　一 九	三　八 二	七　三 七	
	丑	壬	戌	

此局旺星到山到向，且金盘合十，地运一百四十年，丁财两旺。向上得四一六同宫，一为文魁，六为长官，四为文昌，又合"驱车朝北阙"之局，故为繁花似锦的世界。庸师误人，莫此为甚！

此例为何仅以中宫之星气组合来断，而不参看来路气口之星气？乃因气口因兼针失当，收得衰败之星气，败局已定；且衰败之星气，在中宫共振，一家大小均动作于中宫，吉凶明显。中宫六七以八白化之。

【例二】笔者邀考察韦宅，前临池塘，后托高岗，三运造辛山乙向正针。挨星图如下：

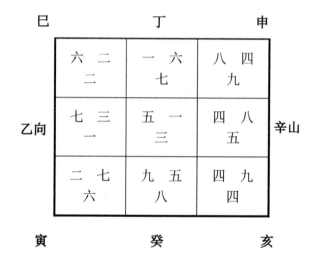

推断：

1. 此局旺山旺向，坐实朝空，形气两全。三运住后丁财两旺。

2. 四运（1924年至1943年），四在坤宫，坤方高地，无水可收，犯水里龙神上山，财气中落。丁星飞临乾宫，乾宫虽是高地，但向首一星，操祸福之柄，向星失位，则星随气变。乾宫四四九，四九为阴气之星，故而丁稀，只旺女孩。

3. 五运（1944年至1963年），向星上山，因坎方高地，丁星入囚，故财丁衰败。

4. 六运（1964年至1983年），改行艮门，艮宫六二七，向星七为生气；当令向星六在离宫，离方是大田垌；丁星到巽宫，巽方有小池塘，塘外是高地，所以丁财大旺，家运重振。

5.七运（1984年至2003年），丁星到向上，巳犯下水，为损丁之征。

庚午年一白入中四到艮门，原局六二七，辛山是人元，则四即巳，巳为蛇；且六白二黑，兑七为口，四六为长房，故应大儿子不慎被黑白相间的银环蛇咬伤，抢救无效而死。

或问：六运上行艮门，丁财两旺，官运重振，何以到七运中却又损丁，且祸根又出在门上？

答：因艮门外三四尺就是邻家的卦山，形气闭塞，犯龙神上山。六运中，家声重振者，并非归功于艮门，而是离宫的向星。若要在六运改门，倒不如开离方丁门，因为向星得令，有南面大田垌的水光可吸收，且又得一六共宗。

第三章　阳宅内外五行布局与调理

第一节　阳宅内五行布局与调理

一、门户的看法

1.门户议

蒋氏云："向首一星祸福柄，来去两口生死门。"门户即气口，为纳气之处，是住宅第一重要部位。

①前为门，属阳。后为户，属阴。取"天门"、"地户"之义。

②门用双，户用单。取"阴阳交济"之义。

③门常开，户常闭，取"阳开阴闭"之义。

④前后门要相称，后户不可比前门高大。取"天尊地卑"之义。

⑤一个住宅内，出入门不可太多，门不可比壁高，更不可杂乱开门，使宅气散涣不聚财。

⑥开门对柱、二门夹一柱、三门相对形如品字、两胁开门、栋下开门、屋大门小、屋小门大，以及门前有直屋、直路、直水、直堑、直墙、直塘、直岸、大树、巨石、寺庙、坟墓等当门对冲，不论宅之前后门皆忌。

⑦门太高大，多生女。大砖洞门，牢狱之灾。前有墙射来，损人丁；笔直当门射来，打死人或被人打死。

⑧门楼如人之头面，关系一身强弱；大门如人之口，司五脏之出纳。语云"千斤门楼四两屋"，古代在大门上造楼，其力量甚大，关系整个大宅院的风水吉凶。门楼四角飞，人命官非，门楼太窄，人财

两散；门楼小柱两边张，土墙挑手出寡孀；若然楼高孤耸，主孤寡、堕胎、产亡；门楼大，太轩昂，主口舌、官非、外亡。

2. 改门要诀

大门要开在玄空向盘挨星的生、旺方，忌开在退、衰、死、煞方。"旺出旺向"与"双

星会星"的格局，大门宜在对面正中；"上山下水"、"双星会坐"与其他生、旺气在后面的格局，可封闭前门，从后门出入。

大凡建宅，无论城市乡村，必取吉地营造，全宅体式均经一番商酌，故近或数百年，远及千年，历年久远，元运不一，利于前不利于后，利于此不利于彼。但静体全吉，难一时动用失宜，丁财决无大损，待其运通，仍复兴旺。凡大门无恶形冲煞者，慎勿以门位不合元运，而轻易改动。

蒋氏云："宅龙论地水神裁，尤重三门八卦排。只取三元生旺气，引它入室是胞胎。若是吉门兼恶路，酸酱入酪不堪斟。"宅气从门，隐包水路在内，气持气口为呼吸，归重三元，以定宅之随运兴发。改门引旺，因时补救，亦同蒋公之意，但不得离体而专言用，悖理妄作。总之，大门未可轻动，所改者应为引吉气之路耳。城市改门内之路，乡村改门外之路，路气迎生接旺，一进大门，步步从生旺之位引入内室。重靠内门，转以便门，随运转移，已无不吉矣！何必将全体之气口，纷纷改易哉？

每见庸人，粗知元运，遇大门不得令，辄即改移。因欲避衰就旺，以致门首歪斜，街边门屋都成尖角斜飞之势。毋论此得彼失，福未至而祸已来，而形状不复端正，譬之人口一歪，成何相貌？岂不可笑、可恶！蒋法原重引气，故于得元之地，开一旺门，便能起旺。若其门仍在原位，仅改歪侧，其气果能变易乎？杨、曾相传至今，并未有此作法，切宜戒之！

辨门户有一句重要的口诀：关煞二方无障碍，光明正大旺门庭。

周易家居环境调理

意思是说：前面正门和位于八宅飞星煞方的门（如坎宅的乾门、震门），不可有高尖逼压、直冲直射的恶形。门体要端正，形状整齐，高低大小与住宅相称，门前的空间要平坦、宽舒。

二、卧室详论

蒋氏云："论屋神祠理最严，古人营室庙为先；夫妇内房尤特重，阴阳配合是根源。"

每一个人在卧室活动、休息的时间，平均约一天时间的三分之一，所以卧房可说是人生旅程中使用最长时间的地方，也是结束一天的疲累，用以养精蓄锐的重要处所。卧室风水与一个人的生理、心理存在非常密切的关系，有配偶的人，更关联到健康、感情、性生活、生育等问题，进而影响到夫妇的运气好坏和整个家庭运气的盛衰。

卧房的主要功能是休息，所以在配置时，先决条件是要清静、有隐私性，要通风良好，没有噪音、风沙灰尘、臭气，不会被偷窥。

玄空学注重"气"的北方。"气"的北方是指挨星一白气飞临的空间，一白星的原名叫做'天蓬贪狼大星'，又叫"天极"、"魁星"、"胎星"、"牙笏"，象征来自北斗的能量，掌管发明创造、思考、生育等能力；在上元是统星，中下元是辅星，可说是三元九运都有用的一颗星。卧房方位若能善用一白星，可催丁、催功名。床位要看山盘挨星，房门看向盘，好的配合是一四、一六、一八、一九，要用的在下元；凶的配合是一二、一五，主不孕、流产、堕胎、产难、水肿等疾病。

1. 卧房配色要点

卧房是房屋中的隐私部分，因此色彩设计可依个人、夫妻的嗜好来配置，最好是取八字的用神来配色：

八字喜木：宜用冷色系的绿色（黄绿、草绿、翠绿、橄榄绿、石绿、苍绿、浅绿）。

八字喜火：宜用暖色系的橙、红、紫色。

八字喜土：宜用土黄、米色、乳黄、茶色、咖啡色、褐色、皮肤色。

八字喜金：宜用白色、银色（浅灰）、金黄色。

八字喜水：宜用冷色系的蓝色、青色、黑色。

高中、大学学生为思考年龄，色彩以冷静、淡素为主，如黄、橙、粉红、淡紫等温馨幸福感的色彩较为合适。房间里采光要充足，忌黑暗不见天日。房间里忌用易潮湿的建材，否则细菌活动旺盛，易生灾痨。床铺要安在明亮之处。在房内最好安装空气净化机及除湿机。

2. 卧房前后忌讳

①房前阔大，气散，不吉。门面方正，气聚，安逸。

②卧房窗前正中，对着直屋檐滴水，称为"滴泪煞"。

③上手有屋脊、高墙、牌坊逼夺卧房，主绝嗣、不育。

④忌房前、房后是厨灶；房前起青烟，主眼目昏花。房后青烟，妇女经痛。

⑤卧室内开天窗，双目更多殃。

⑥房前种芭蕉，主血症，久而引鬼。

⑦房门对柱子，主孤寡。

⑧房门前有破损的器物，损子孙、缸唇。

⑨卧房两边若开蝴蝶门，一高一低者，出孤寡；两门平正者，主出双生。

⑩楼下当仓库，楼上当卧房，主出寡妇、怯症。

(11)卧房忌设在祖祠、祖先香火的后面或下面。

(12)房门不可对厨房、储藏室、厕所之门。

(13)卧房内不可开太多门窗。

(14)卧房内不可安设楼梯，楼梯不可正对房门，楼梯角不可冲入卧房。

3. 卧房及其门位

从玄空学九星来论，卧房的门，最好是在挨星一白、六白、八白的方位，古谓"门临白星多福"；三白星相当于奇门中的乙丙丁三奇，是吉祥之星，管人生的福禄寿。

主卧房最好安排在住宅山盘挨星的旺气方，其他的儿童（子女）房、隐居室（父母老人房）、佣人房则尽量安排在山盘挨星的生气方和辅佐方。

4. 床位

单身贵族的床是恢复身心疲劳、养精蓄锐的地方。有配偶的人，夫妇床更负有性生活、延续种族生命的功能。总之，床和人的健康、隐私、梦、性、产孕……是息息相关的，绝非单为了睡觉而设。命理学与阳宅学对男女婚配、床位摆设，提出很多方案。自古以来，人类就有鳏寡孤独的悲剧不断上演，离婚率日渐提高，杀夫、杀妻、精神异常、怪病等事件不断发生。我们可以运用先人智慧结晶设计方案，来减少人生的悲剧，藉山人与住宅种种的协调配置，创造福祉。

安床要点：

(1)安床忌在梁下，骑梁、担梁皆忌。对人而言，有压迫感，易生心理病，梦魇不安。可用天花板装潢遮去。

(2)谷仓在床后，隔壁贴床，对女人、小孩不利；女人患怯症。

(3)床前有柱冲对，堕胎、流产、难产。

(4)井在床后，中风、血症。

(5)床在香火后面，中风、血症。楼上安香火，楼下安床亦同。

(6)两头不靠墙壁的床，名"申字床"，损儿郎。

(7)床头边开门，一气冲头脑。

(8)卧床悬空，全不着壁。名曰"太阳不着星，多女少男丁"。

(9)床的周围忌悬挂虎图、摆置钢琴、电视或造型怪异的玩偶、雕塑像。

(10)卧床不可冲对浴室门、房门、镜子。镜对卧床，梦压难安。

(11)楼梯压床，名"剑锋杀"，三年丧一人，九年丧三人。

(12)卧床下有暗沟、污水管，主妇人患腹部以下的病。

(13)床以长方形最佳，圆形床不宜一般住家。

(14)旧式古董的"红眠床"不宜儿童睡卧，因儿童的元气较弱，易受老床"残留灵气"的影响。

安床，要在全宅的吉方、吉间。即先以玄空盘挨星，选择生、旺辅佐等吉方来决定卧房，再把卧房当作一个"小住宅"，依法决定床位。这是"一物一太极"的用法。楼房不管有几层，每层都当作一个住宅，卧房、床位都用此法决定。

三、厨房与灶位

厨房是住宅中设备最多的房间，如家庭中的电线、水管、瓦斯管、冰箱、排油烟机、电磁炉、烤柜、洗碗机、烘碗机……等等用具，必须按工作流程来安置，才是好用的厨房。

厨房的材料、色彩的配置，宜取明朗清爽的素材与泄热的色彩。材料除了美观之外，尤须注重防腐蚀、防水与防火功能。

农村使用的柴薪灶最注重火门（灶向），因为火门是进风口，灶内的木柴、干草、木屑、炭等燃料，高温时与空气中的氧化合，产生发热和发光的燃烧现象，所以阳宅学最注重火门朝向。

现代的灶是瓦斯炉、电磁炉、烤箱，其热源是电流，不是古代灶使用的燃料和灶口吸纳的气流，其看法应该有异。这个观念一定要理清，如果拿古代论灶的学理来论现代的瓦斯炉、电磁炉、微波炉、烤箱，那就是食古不化了！

1. 论灶要点

(1)灶为"六事"之尊，与家庭主妇的身体健康关系最重。若安设得宜，则主妇康健，全家无恙；如不合法则，主妇受祸，渐及老幼，久而败绝。有心病、目疾、口舌、官司、奴仆悖逆、雷击、夭亡等凶灾之事。

(2)造灶要择吉日，以灶背为坐，以灶门火口为向。灶门要向天干方位安，忌向地支方位，否则十二年轮回犯太岁，不但丁财破，而且有官灾、病难；灶要安在住宅的生旺方，若以八宅飞星盘看，生气、天医和延年方安灶大吉。

(3)灶台管人丁，水缸管财富，水缸对炉锅为"水火既济"，主夫妻和谐。

(4)灶要建在泥地上，灶下不能有石板。把灶建在楼上，名"无根灶"，主退败、绝人丁。

(5)两柱夹一灶，小口多烦恼；三门对灶品字开，钱财出去不回来；房门对锅口，钱财难入手。

(6)灶门切要深藏，勿使外人进门就见，如入门即见灶烧火，主不聚财。

(7)楼上作房，楼下不可作灶，主损小口。

(8)灶前有冲射，或灶上有横梁者，主锅破损；灶有门冲，或楼压、白虎加临，主痢疾；灶对房门，主妇人经痛，又主女人头痛，或吐血、血淋。

(9)九七合飞临灶，主火灾。

(10)灶所安的方位与床不可相反，名"冲关"，如灶安在丙午丁南方，床安在壬子癸北方，不利，主伤人。

(11)灶上烟囱屋上头，不须巧样去装修；出气原来宜隐下，巧高怪异闹啾啾。烟囱出在脊柱间，必损家长。

(12)灶宜三口、五口，名"星辰锅"，吉；两口为"日月锅"，主孤。

⒀灶不宜窗射之，主病。

⒁宅、命分东四、西四，灶要"压杀向生"。

灶压"生气"方：怀鬼胎，或落胎不孕无子、被诽谤、奴仆逃走、田畜退财。

灶压"天医"方：久病卧床、服药无效。

灶压"延年"方：无财、寿，夫妻不睦。

灶压"伏位"方：无寿又无财。

灶压"绝命"方：有寿、无疾、易有孕、子多易养、发财发丁。

灶压"六煞"方：无讼、有财、无火灾、不伤人口。

灶压"祸害"方：无讼、有财、无火灾、不伤人口。

灶压"五鬼"方：无火灾、发财、无病、用人忠心助主、田畜大旺。

注：以上要点，须用八宅理论配合玄空飞星学来看，才有准验的效应。下面摘录章仲山《阴阳二宅录验》其中的一个实例。

[例] 某宅：子午兼壬丙，六运造。

向

一 二 五	六 六 一	八 四 三
九 三 四	二 一 六	四 八 八
五 七 九	七 五 二	三 九 七

山

章仲山原注：此宅向得六白，双乾到向，乾为阳首。坐子向午为地盘八卦之坎宅，阳六为坎宅生气，金生水也，且合"紫微"、"八武"同到之妙。便门开震巽方进内屋，巽方二黑为孤阴，为坎宅之难神，坎宅水也，水被土克，故为难神；再见一白同在巽宫，土克水也，一为"魁星"，主出读书人，今一白水受二黑土克，故读书将成而身生水亏之病证，恐早夭天年。

此宅内户门宜开离艮兑三方，合成六七八三般卦；因离得六白旺气也，艮得七赤生气也，兑得八白生气也。次走坤路亦妥，四绿门，四为"文昌"。切忌走巽门路，巽方是二，主病符，且克坎宅。灶为一家之主，此宅灶宜在震方，火门宜向西；木生火，火生土也。又宜在兑方，火门向震；火生土，木生火也。又宜在坤方，火门向坎；木生火，火生土也。但巽方是宅之病符，坎方是宅之五黄，均宜避。如火门向艮，是火克兑金，主口舌，有肺病、血证；如离方各"火烧天门"，主出逆子。书此，可通诸宅之法。

王则先注：立灶之法，以向上飞星作主，火门朝对为重；其方位可不问旺衰生死，旺方可避则姑避之，最宜坐木向土；或坐土向木；取木生火，火生土为吉。火门向一白，取水火既济亦吉；但飞星之二黑、五黄方均为坐朝所忌，因巨属"病符"，廉主"瘟癀"故也；九紫方火气太盛大，虑患回禄，亦为坐朝所忌。余如向乾六、忌七，犯火金相克，主有口舌、肺病、血证之咎，亦非所宜；且乾为天，火烧天门，主出逆子，九六同宫更验。宅内门方以向上飞星取三般，或三白，为不二法门。二黑为坎宅难神，当运不忌，余虽无一白同临，亦非所宜，因二为"病符"故也。

2. 玄空学论厨房配置

①起运立极：以入宅居住的运星入中顺飞九宫，再以山、向星分别下卦、起星、阴、阳，或顺、或逆，入中挨排。

②看山盘挨星：以住宅中心为主，最好把厨房安排在辅佐星的位置——上元取八白方，中元取一白、八白方，下元取八白方，这是最

安稳的方位。或是上元一运取一白、三碧方，二运取三碧、四绿方，三运取三碧、四绿方。中元四运取一白、四绿方，五运取一白、八白方，六运取一白、八白方。下元七运取一白、八白方，八运取八白、九紫、一白方，九运取一白、九紫、八白方。

③厨房的本质属火，为烹调食物的处所，与生命的安全、健康关系密切。

④火克金，所以六白、七赤方要避免，尤其不可安炉灶。象征病灾和火炎的二五、五二、七九，及含有凶意的二七、七二、五七、七五、五七九等飞星组合方们也要避免。

四、神位

蒋氏云："论屋神祠礼最严，古人营室庙为先。偶尔侨居并客馆，庵堂香火有神灵，遇著三元轮转气，吉凶如响不容情"。意谓：古人建筑房屋，宗庙祠堂为先，安奉香火的地方，必在住宅的生旺吉方，人神皆安宁，才算是好住宅；有供奉祖先牌位的住宅，虽然子孙去外地发展，仍可受到祖先的庇萌。

安神位的要点是：

1. 神位的空间位置

①不可安在关、煞方，主儿孙不孝，出孤孀。

②门的左右不可安神位，主哭泣。

③要洁净、安宁，避免污秽。

④神位不可面对电杆、屋角尖射、柱子等障眼物，也不可正对直来或反弓的大路、巷道、厕所、房门。最好是厅堂前面有一个平坦、宽敞的庭院。

⑤神位不可安于大梁下面，若有梁压着，可利用装潢的天花板遮住大梁，或增加墙壁厚度，前移，避开大梁。

⑥神位后面不可有夫妇卧房，要隔着一间空房。

⑦神位后面要牢靠实壁，最忌墙壁后面是楼梯走道。

⑧神位前面不可有镜子反照。

⑨神位不可安在房子的角隅尖处。

2. 安神要以玄空学挨星的山盘为主

一运：宜一白、三碧方（二黑方慎用）。

二运：宜三碧、四绿方（二黑方慎用）。

三运：宜三碧、四绿方（五黄方慎用）。

四运：宜四绿方（五黄、六白方慎用）。

五运：宜六白方（五黄、七赤方慎用）。

六运：宜六白、七赤、八白方、一白方。

七运：宜七赤、八白、九紫方。

八运：宜八白、九紫、一白方。

九运：宜九紫、一白方。

山星与水星的优良组合是：

一四、一六、一九、八九、六八。

安神位忌用的飞星组合是：

一二、一七、一八组合：失运时，一二损壮丁、妻辱夫、不孕、水肿；一七倾泻徙流、好酒贪花出蠢丁。

三五、三六、三七、三八、三九组合：失运时，三五赌博破家、争门不合、横死；三六不仁不义、肝病、脚病、刀伤；三七为"穿心杀"，男盗女娼、忘恩背义、财多被盗、病愈遭官；三九刻薄。三八损聪明之子。

四二、四五、四六、四七、四八组合：失运时，四二恶媳欺姑；四五破间倾家、乳痛；四六自缢；四七肝病、吐血；四八损幼丁。

五二、五七、五九、五一：失运时，五二闹鬼、怪病、出鳏寡；五七，横死、癌症、财来则破；五九盲目、性病；五一损壮丁、堕胎、阴部生疡。

六五、六三、六七、六九组合：失运时，六二出僧尼、鬼神不安、寒热往来；六三刀伤、足病、肝胆病；六九长房血症出逆子。六七为"交剑杀"，不和、不伦、劫掠、交战。

七三、七四、七五、七六、七九组合：失运时，七三为"穿心煞"，家破人亡、暴房门狼；七四吐血早夭、文章不愿；七五横死癌症、服毒、性病；七六为"交剑煞"，劫掠、交战、不和、不伦；七九火炎、血症。

八一、八三、八四组合：失运时，八一损丁、闹鬼、黄肿；八三损丁；八四小口殒生、怀才不遇、风湿、筋骨损伤。

九二、九五、九六、九七组合：失运时，九二神智不清，出蠢丁、目盲眼翳；九五盲目、火炎；九六血症、逆子忤父；九七火炎、血症。

五、书房

凡作书室，宜取宅之一白、四绿方。一白、四绿间，又开一白、四绿门路，流年、月是一白、四绿到方、到间、到门；或四一同宫；或选取官复位，必主名扬大利；又，屋外一白、四绿有山水、楼台、亭塔、殿阁拱照皆吉。宜天井开爽，窗户明亮，忌蔽塞昏暗，近灶、近厕；不宜在四墓、坤方，体格取木、火及金、水，二层、三层，为木火通明，最利。若一层，则配金水之局，白虎官星，四绿为文昌；仕路重一白，科名重四绿，二者相会为妙。九星中一、四的运用，在玄空书籍内谈到的有：

1.《紫白诀》："盖四绿为文昌之神，天辅太一；一白为官星之应，牙笏文章；还宫复位固佳，交互叠逢亦美。""四一同宫，准发科甲之显。"

2.《玄机赋》云："坎无生气，得巽木而附宠联欢。名扬科第，贪狼星在巽宫。木入坎宫，凤池身贵。

以山、向盘飞星一四、四一组合为最佳，若得运之生旺，必生聪明文雅之人、考试金榜题名、升迁、名利双收。反之，若是不得运、形体（景观） 恶（如阴暗、压迫、破旧、腐臭、怪形怪状），或四一、一四之方有坟墓、石牌坊、石桥、土堆等重物（皆属土，土性愚），则不出读书人，或出书呆子；又因四绿巽属风，失运则飘荡不定，一白坎属水，失运则泛滥换制，主出好酒色的荡子淫娃、文妖、乞食或亡命天涯的人，好投机、行险狡诈、不务正业的人。

书房是培养智慧的空间，古代读书的唯一目的在于考试以博取功名，且科举考试以文科为主，故重视一四、四一。现代考试除了文科之外，还重视理科，出题趋势亦以思考为主；另外，音乐、美术、体育等科系，注重的是才艺和体能，范围之广，并非一四、四一所能涵盖。挨星方面，《玄空秘旨》所说的"火曜连珠相值，青云路上自消遥、木见火而生聪明奇士，包容的范围较广泛。凡是山、向挨星有一六、六一、二七、七二、四九、九四、三九、九三、六八、八六、一四、四一之组合的方位，都可作书房及研究室、个人工作室、书室、琴房、展示室、图书馆、资料室、产品开发部门等。

书房外面若又有远秀山峰、圆池放光（不可逼近）、尖尾橱（雪杉）三栋，形状像书架……等景观来和星气呼应，效用更彰显。

六、浴厕

浴室和厕所是全家老少生活必需使用的地方，每一个住宅所不可缺的卫生设备，不仅反映居住者的个性、文化水平，且由于其气味、水分的影响，还反映了居住者的健康、事业和运气。

厕所不宜九紫火方，宜八白、二五、六赤之方，但要在本宅休囚之位（坐山所克之方为休囚，如卯山则庚申为休囚，壬山则艮坤为休囚）。宜安在天干方位，勿安地支方位（怕犯太岁，其年不利）；忌在乾、亥、壬、子、癸方；忌在宅基来龙气脉上及正堂后面。各宅

"黄泉"煞方及与坐山相生之吉方，不宜污秽，犯则易患怪疾。

(1)厕所在东方：工作效率低于他人，在社会上难于成功。若在正东（卯方），家人缺乏元气，长男尤甚。

(2)厕所在南方：从事金融、证券者，很少人能得到意外的利益，大都罹患胸膈、心脏疾病、脑溢血，名誉受损。

(3)厕所在西方：吃喝更乐，奢侈浪费，不会节制储蓄。家人可能罹患胸部的疾病。

(4)厕所在北方：不孕、子嗣不旺，有时产生色情困扰。

(5)厕所在东南方：房客很多，浪费时间、金钱、缺乏信用。女性的健康、婚姻受妨碍。

(6)厕所在西南方：家人健康不利，中枢神经、消化系统致病，家庭主妇尤其受影响；一般人所谓的"暗鬼门"，即指此方位的厕所门。

(7)厕所在西北方：缺乏社会性的活动力，有全家运气逐渐衰退，特别对男主人不利。

(8)厕所在东北方：财运、家庭皆凶，家人易染患疾病，对长男影响最大。一般人所谓的"鬼门"，即指此方的厕所。

(9)厕所不可在房子的正中间。住宅的中心点是宅心——宅神所在位置，玄空学称之为"太极"、"皇极"，好比人体的脊髓中枢，此处安置厕所，必定不利健康。

(10)马桶的方位忌南北向，宜东西向。

(11)厕所之门不可正对大门、卧室门、厨房门。一进大门就看到厕所，会使经济困难、夫妻失和、身染疾病。

(12)现代住宅流行套房、小套房，浴厕紧接卧房，除湿设备必须良好，否则对人体健康极为不利。

七、宅内水井

现代许多住宅都自己打井，再以深水马达抽取地下水。打井的要点是：

1. 要在宅的四隅，以玄空挨星向盘的生气方、旺气方为主。

2. 要在罗经地盘正针的天干方位（乾坤艮巽乙辛丁癸甲庚丙壬）上。

3. 忌在住宅龙脉上，伤龙神，主财散人难。

4. 忌在房子的前、后、左、右（腰的位置）；厅前、堂前、大门前、灶后、床后，忌打井。

5. 忌在辰、戌、丑、未这四个墓库方位上，其余的子、寅、卯、巳、午、申、酉、亥等地支方位也忌。

子上井，出癫狂。丑上兄弟不和。午未之方并申位，戌上瘟癀不可当。又有西北乾亥上，坤申井会主人亡。堂前不可穿井。男越井、女越灶，皆招口舌、意外之事。何知人家受灾屯？灶在南边井在北。水井当门患眼疾，少年淫欲恶声扬。水井当门名五鬼，邪寄存器。天井里若有井，堕胎眼病生；厅前有一井，心痛目盲病；有井在后方，痨病难产甚惶惶。

从玄空学的观点，若水井位于挨星的一四、四一、一六、六一等处，又值旺运，可以当作文笔来看，主世代书香，考试金榜题名。

八、楼梯

现代的楼梯有直式梯、直角平台式梯、螺旋梯、曲形梯、电梯、升降机等类。不管那一种梯，都是楼与楼之间交流的通道，而且下一层楼的梯口是上一层楼的来去"气口"，在玄空学"去来二口死生门"的看法，是影响上一层楼居住者最重大的地方。如果往来的人很多而频繁，也是静极而动，力量比普通住宅的步梯大。

楼梯的看法，在全宅的中心点放罗盘，看向盘挨星，取生、旺、辅佐星所在的方位为吉。如果是大楼、公寓，电梯（升降机）设在整楼中央，此时要以各层住户的大门中央为中心点，看法相同。

第二节　阳宅外五行的布局与调理

一、水路

宅外四边，河港直冲、反弓、斜飞、八字朝外分流，及前面阔河大荡、白光照耀，均为不吉之象。阳宅收水，喜水流屈曲从远方悠扬而来，至宅前或宅后环抱向内（抱在左右亦可）；最忌斜直飞射，或面临大溪，一片浩荡；亦忌水流湍激有声，如怒号悲泣。吉水来去两头及转弯，合水处是重点，要在向盘挨星的生、旺、辅佐方。水以明见者灵动力大，若是不明显的水如旱流、暗拱水、阴沟水等，力量小。

水管财禄，所以居住于水乡的人多富。有钱的阔佬喜欢找有水的地方盖别墅，但是据笔者考察，由于一般地理师只会"三合四大局"、"纳甲辅星"等水法，不懂真正的玄空水法，往往收到反效果，弄得灾病不断，甚至家破人亡。农村住宅，有的只收到合乎玄空水法的圳沟田源水，就能勤俭致富。

玄空水法收水，要合城门诀或向上排龙旺星飞到，当旺水星飞到低处为龙神得所，为验证水路吉法。

二、道路

屋门之外，最重道路。

凡道路直朝者，作来气论，可比喻为来龙；道路横过者，作止气看，可比喻为界水，不可冲破。来宜生旺，去宜衰死，以定门向之趋避。路宜弯曲环抱，若直冲、反射、反弓、八字、人字、叉字、火字、井字、十字、川字等形，向对皆凶。

但若是道路很宽大，或很远，亦不甚忌。一般人所普遍忌讳的是直冲的路，直路冲来，从宅前分开经宅的左右而去的剪刀宅，路向外弯出的反弓，碰到这种情况，有的人会在大门的上方安装八卦、镜子、狮子咬剑等来破解。效果如何？不得而知。

路冲的房子，如果合于"旺山旺向"、"双星会向"的格局，也能发达于一时。但是，如果挨星是"上山下水"的房子，无论开何种商店或何人居住，都要破财的。破除路冲，可利用阶级来消除掉直冲而来的煞气。路冲若在宅后，名"撞背"，与在前面的路冲同凶；前面是明枪，后面是暗箭。

蒋大鸿云："桥冲路冲莫轻猜，须与元龙一例排；冲起乐宫无价宝，冲起囚宫化作灰。"意思是路冲桥冲要看向盘挨星，区别当时的元运；若冲路在生、旺方吉方的，则能速发财。若冲路在退、衰、死、煞方，就凶了。

阳宅最忌的是非常狭窄直长的巷道，因巷道是所经由的路径，相当于"风煞"：

1.凶杀藏于巷内，宅当之而休囚，人当之而灾危。

2.人在穷巷，孤苦横撞。门外自作长巷，一代家财渐降。

3.巷长阴气重，终劳碌而无钱用。横巷旁聚气，妻子方安慰。

4.斜冲与直冲，外亡离祖宗；左冲与右冲，疾病孤孀重。

5.有巷直如枪，冲艮山少亡；直冲又开脚，外死贪淫乐。

6.深巷雨水，两头各分枪杆，巷内当遭火焚；两头流长，家室积银。当中水短，钱无半文。

7.巷路八字，两边分飞，子阢父母，遍处皆非。

8.巷尾地高，水泻出头，亦无关锁，漫流无收，直从巷尾败到巷头。巷门砂水斜飞散，必主人外亡，逃移各处。

9. 门巷斜飞水去，主人扛尸，图赖犯官方，妻子刑克，灾病祸殃，贪淫缢溺，出祖过房。

10. 头大头小，巷似刀枪，多遭贼动，岁到杀伤。大头向内，被人杀伤；小头向内，杀人命当。

11. 人家直巷，冲向正堂，心气胃痛，口舌昏盲，出外枉死，孤寡离乡。

12. 巷长冲屋，孤孀劳碌，养子入门，乖逆反覆。

13. 面前直木，小小一巷，头起官非，尾绝招撞。

14. 巷路死水，恰似尸形，打人抵命，犹犯官刑。

15. 小巷四边，路来直射，干戈扰攘，日晚听驾。

16. 左右前后，穿巷通行，凶丧离徙，寄死寄生。

17. 巷路内阔，到外紧窄，克妻少亡，家业消索。

18. 头大尾尖，巷路倒行，直出离徙，伶仃败倾。

19. 巷道弯曲，数重关锁，衣禄清贵，老幼安妥。

20、宽前巷路，直似牵牛，深巷住尾，财丁不全。

21. 巷路尖斜，隘狭无遮，刻薄颠沛，遭凶带枷。

22. 卫口之处，宅不可居，财禄消耗，丈夫必虚。

23. 人字巷口，尖遭人命，十字巷口，官非灾病。

24. 巷口牵缠，少米少钱，中间住宅，人始安然。

25. 门前巷路，逢中两断，左右分流，妄淫家散，生离死别，忤逆刁悍。

26. 门前曲尺，巷路斜飞，生子愚蠢，眼盲目斜。

三、邻屋

凡宅四方，邻屋高昂或门前直脊、真墙冲射，从有遮隔，终难免咎。在前者，为"压头"、"捶胸"、"穿心"，"攻脚"诸煞；在后者，为"撞肩"、"推背"、"牵尾"诸煞；在左右为"摸耳"、

"冲腰"、"撞股"诸煞。前后左右各煞，遇流年五黄、太岁加临，应凶。

四、峤星

蒋大鸿云："矗矗高高名峤星，楼台殿阁亦同评；或在身傍或遥应，能回八气到家庭，峤压旺方能受气，峤星对宫看向星。"百步外的高大建筑物，只以其所在宫位看山盘挨星，峤星对宫看向盘挨星；百步内的高大建筑物，只以其所在宫位看山盘挨星即可。

【例】壬山丙向下卦，丑方若有峤星，山盘挨星八白是生气、辅佐星；丑的对宫未，向盘挨星七赤是生气，则为好的峤星，主添丁、发横财。八白艮是少男卦，七赤兑是少女卦，为雌雄匹配，应少男、少女早发。

五、庙宇

神庙佛寺，宜远不宜近，最忌开门便见。庙宇宜在宅之生旺方，不宜在关、煞、死、退方。利居水口，以作守蔽。

庙宇造形多是飞檐尖脊，尖锐形峦头属火，火性烈而炎上，近则为煞，远则为秀、贵（可当文笔、牙笏等贵砂）。庙宇之地香火气盛，黄红色彩缤纷，红色居多，装饰繁巧，富丽当皇。若庙宇建在住宅山盘挨星的二五七九或二七一方位，有火灾之应。

凡居住在阴庙（城隍、大众爷、百姓公等庙）前后左右的人家，往往有终身不婚、无子、精神障碍（白痴、神经衰弱、躁怒、酒精中毒）、癌症、配偶离家出走或早丧、出浪荡歹子等情形，有的家人常常健康欠佳，药碗不断。

六、山峰

宅有四山高压，或白虎方高峰昂起，坡头岭脚在关煞方及凹风空缺、远射，不论前后左右皆忌。凡有冲射，不拘何煞，前主伤夫，后主伤妻，左主损男，右主损女。

都市中心以比本屋高的楼房为（山峰），不管在何方位，都要以山盘挨星的生、旺、衰、退、死、煞、辅佐气论吉凶。但逼压、尖射者，无论何气皆凶。

山林游乐区的建筑及山区的寺廊、住宅、别墅，大都依山面水建造，所以最适合（旺山旺向）的挨星格局，最忌（上山下水）的挨星格局。

四周都有山峰环绕时，要以最高大、山头最高点、最过、形状最特别者，作为用神断吉凶。

蒋大鸿说："宅前逼近有奇峰，不分衰旺皆成凶；抬头咫尺巍峨起，泰山倒压有何功？"不管形状多么好的山峰、建筑物，只要是逼近，如泰山压顶者，在任何元运都作凶论，主被欺辱、不能发达、出暴戾之人、绝嗣等凶事。

七、塔

宅前，忌建高塔，引起凶煞。邻近旧建者，亦宜在宅之生旺方，忌值关、煞方。如高逼临压，则不拘何方位，皆凶。

尖塔为文笔峰，亦为火星，宜在宅之生旺吉方，及一白、四绿方；忌在关、煞凶方，亦正午方。凡在宅前，见塔顶当面者，为不利；宅内高楼，开窗见塔顶在前，勿作卧房。

第三节　阳宅风水基本法

阳宅风水以水路为主，以外围山峰丘陵、邻屋、楼台、庙宇、砂石、高塔为补，此称之为峦头（亦叫形势），为体；以玄空风水、八宅风水等为理气，为用。即以形势为体为主，理气为用为辅。众所皆知，今日时师片面追求理气之合度，而忽略形体之美恶，本末倒置，验之甚少，何也？盖形体决定于理气，理气反作用于形体，形气合参，其验如神。

阳宅外水路形体环抱，左右龙虎相宜，后有靠山层层叠起（楼房亦可视为靠砂），必出大富贵之人。理气虽为上山下水，不合法度，怎能有大害？若犯反伏吟，乃似健康之人稍患小感冒而已。倘若阳宅外水路反弓或有冲射，砂水涣散，理气虽为到山到向，且门路收来旺气之星，亦主家庭破耗多端，衰败景象。此乃形体决定于理气之明证也。

又有时师，以为识得玄空理气妙法，片面追求向首旺星之方位，或辟门路，或开水路，至使宅气四射。本欲邀福，反招灾祸，用之不灵者，比比皆是。此乃非因地制宜，形气不合参之病也。

相宅如相人，人无完人，则宅亦无完宅，稍有瑕疵，不足为虑也。农居平宅，相之甚易；城市楼居，相之颇难，何也？乃因古人传下之风水学，均以农村山居为主，有灵验之水法等可以套用；而城市高楼林立，道路四通八达，若不懂得变通之道，不可以相宅也。

在未论述楼居如何断风水之前，先引用《沈氏玄空学》的重要文献——阳宅三十则：

1. 城乡取载不同

乡村气涣，立宅取载之法以山水兼得为佳。城市气聚，虽无水可收，而有邻居之凹凸、高低、街道之阔狭、曲直。凹直、低直、阔者、曲动者、为水。直者、凸者、狭者、特高者即为山。

山水之法，依"高一寸兮即是山，低一寸兮即是水"来推论，低地便成虚水，街道亦作虚水。附近甚为高阔的大厦可作山论。微凸之地亦作山看。

2. 挨星

阳宅挨星与阴宅无异，以受气之元运为主，山向飞星与客星之加临为用。阴宅重向水，阳宅重门向，然门向所以纳气，如门外有水放光较路尤重，衰旺凭水，权衡在星之理，盖亦无稍异也。

3. 屋向门向

凡新造之宅，屋向与门向并重。先从屋向断外六事之得失，倘不验，再从门向断之。若屋向既验，不必反复参门向。反之，验在门向亦可不问屋向也。

定屋向的方法，多是以下几个方法：

①以大门作屋向——门向即是屋向。

②以贴近的街道为向——大厦贴近那一条街道，便以街道来定向。

③以大厦总入门定向——一座大厦内所有单位，都是同一个坐向，而定向的方法，是以大厦的大门来定的。

④以窗定向——一间住宅，那一方的窗门最多（便是引入光线最多的一方），便以之定向，因为光线属阳，以阳来定向也。

⑤以门牌定向——有些房屋有两个门或以上，这便以门牌的一方来定向。如中区汇丰银行，有些风水大师认为它是向皇后大道中。

⑥以面背定向——所谓面背，即是前后，如半山区一些房屋，是背山面海的，便以向海一方为面，向山一方为背，背为定坐，而面便是定向了。

4. 堂局环境

凡看阳宅，先看山川形势气脉之是否合局，断看路气与周围之外六事及邻居屋脊、牌坊、旗杆、坟墩、古树街道等物落何星宫。辨衰旺以断吉凶。

5. 大门旁开

凡阳宅以大门向首所纳之气断吉凶。大门旁开者，则用大门向与正屋向，合两者观感之。外吉内凶难除瑕疵，外凶内吉仅许小康，外是指屋向，内是指门向。

6. 屋大门小

凡屋与门须大小相称。若屋大门小，主不吉。然屋向门向皆旺，屋大门小亦无妨。缘因门如瓶口，吉气入到屋内，不易再逸走。

7. 乘旺开门

凡旧居旺门，须从旧屋起造时某运之飞星推算。如一白运立壬山丙向，旺星到坐，原非吉屋，到三碧运在甲方开门方能吸收旺气。缘起造时，向上星三碧到震，交三运乘时得令，非为地盘之震三也。若开卯门，亦须兼甲，以通山向元之气也。

8. 新开旺门

凡旧屋新开旺门后，其断法可竟用门向，不用屋向也。打灶作房亦从门向上定方位。（王则先按）此指旺门大开，原有大门堵塞或紧闭者而言。须辨方向之阴阳、顺逆。与乘时立向无异。若开便门以通旺气，则取同元一气。仍照起立极之屋向断之可也！

9. 旺门蔽塞

凡所开旺门，前面有屋蔽塞不能直达，从旁再开一低小便门，以通旺门，则小门只作路气论，不必下盘。所以门以较大的为重要，小门只有辅助作用，所以房屋的坐向线位，不能以小门来作坐向。

10. 旺门地高

旺门门外有水，本主大吉。但门基反高于屋基者，虽有旺水不能吸收，门基高于门内之明堂者亦然。若门外高路当别论也。路为虚水，并非真水，故高于屋基亦不怕。

11. 黑巷

凡宅内有黑同不见日光者，作阴气论。二黑或五黄加临，主其家见鬼，即不逢此二星，亦属不吉。

12. 造灶

不论宅之星旺衰死方，均可打灶。但生旺方可避则避，灶以火门为重。灶神坐朝可弗问焉。火门向一白为水火既济，向三碧四绿为木生火，均为吉灶。火门向八白火生土为中吉向。九紫亦作次吉论，但嫌火太炽盛耳。六白七赤火门不宜向。因火克金也。二黑五黄更不宜向，因二为病符，五主瘟疫也。然火门所朝之向，乃以造屋时向上飞星所到之活方位，非指地盘九星言也。如一白运所造之屋，至八九运打灶乃须用一白运之向上飞星是也。惟飞星之九紫方，切忌打灶，火气太盛，恐遭火患，此造灶方位之概略也。

13. 烘窖牛池

秽浊不宜向迩，五黄加临则主瘟疫。二黑飞到亦罹疾病。以较远之退气方为宜。

14. 隔运添造

凡屋同运起造，固以正屋为主。如后运添造前后进或则屋，而不另开大门者，亦仍作初运论，不作两运排也。若添造之屋另开一门，独自出入，方作两运排。倘因后运添造而更改大门，则全宅概作后运论可也。

15. 分房挨星

凡某运起造之宅，至下运分作两房者，仍以起造时之宅运星图为主。而以两边私门为用。盖星运于起造，不因分房而变动，分房以后，各以所处局部之星气推断吉凶可也。同运分房者类推。七运子午兼癸丁图自明。

16. 数家同居

一宅之中数家或数十家同居。断法以各家私门作主，诸家往来之路为用，看其路之远近衰旺，即知其气之亲疏得失也。

17. 分宅

一宅划作内室，另立私门者，以私门推算。但全宅通达毗连，仍作一家排，不以两宅断也。

18. 逢囚不囚

向星入中之运，如二、四、六、八进之屋，逢囚不囚者，何也？因中宫必有明堂气空，可作水论。向星入水，故囚不住。若一、三、五、七进之屋。中宫为屋，入中便囚，但向上有水放光者，亦囚不住。

逢二、四、六、八进的屋，天井在中央，此为虚水，故不囚。而一、三、五、七进之屋，中央是房屋，除非向上见水，否则在囚运仍作入囚推算。

19. 店屋

凡看店屋，以门向为君，次格柜，又次格财神堂。俱要配合生旺，若门吉柜凶或财神堂凶，吉中有疵，主伙友不和或多阴隔。其衰旺之气皆从门向吸受。

商店的风水三要素：

第一、门要纳旺向。

第二、收银柜或收银机要摆在吉位。

第三、神位亦宜设在吉方位。

20. 吉凶方高

宅之吉方高耸，年月飞星来生助愈吉，来克泄则凶。若凶方高耸，年月飞星来克泄反吉，来生助则凶。

21. 竹木遮蔽

阳宅旺方有树木遮蔽，主不吉。竹遮则无碍，然亦须疏朗，因竹通气故也。衰死方竹木皆不宜。

22. 一白衰方

阳宅衰气一白方，有邻家屋脊冲射者，主服盐卤死。兽头更甚。服盐卤死一词，意指被咸水浸死。因为一白星为坎卦，主水。

23. 财丁秀

山管人丁水管财，财气当从宅之向水或房水看旺在何方，加太岁断之。功名当从向上飞星之一白四绿两方看，峰峦或三叉交会，流神屈曲处。加太岁合年命断之。丁气当从宅之坐下及当运之山星断之，其验乃神。

24. 流年

流年衰死重临与旺星到向，阳宅衰死到向，是某字逢流年飞星到向又为某字，主伤丁。旺星不到向，逢流年旺星到向，亦转主发祸。阴宅同断。

25. 鬼怪

衰死方屋外有高山屋脊，屋内不见名为暗探。屋运衰时，阴卦主出鬼，阳卦主出怪，阴阳并见主神煞。必须太岁月日时加临乃应。初现时有影无形，久而弥显甚或颠倒物件，捉弄生人。枯树冲射，屋运衰时，阴卦亦主鬼，阳卦主神，阴阳互见主妖怪。

乾、震、坎、艮为阳卦；坤、巽、离、兑为阴卦。

26. 路气

路气为进气之由来，衰旺随之吸引。离宅远者应微，然亦忌冲射，名为穿砂，有凶无吉，二宅皆然。穿砂即是枪煞。若果合三般卦及生旺方，见穿砂反为吉论，此为"冲起乐宫无价宝"之意。贴宅近路与宅中内路尤关吉凶，故内路宜取向上飞星之生旺方，合三般卦者吉。而外路亦须论一曲之首尾，察三湾之两头，看其方位落何星卦，弯曲处作来气，横直者作止气，其法系从门向上所见者排也。天元五歌云"酸浆入酪不堪斟"即言屋吉路凶之咎也。

27. 井

井为有源之水光，井为真水之处，专主财运。气凝聚而上腾，在水里龙神之旺方作文笔论，落衰死克煞方主凶祸，阴宅亦然。

28. 塔

塔呈挺秀之形名曰文笔。在飞星之一四、一六方，当运主科名，失运亦主文秀。若在飞星之七九、二五方、主兴灾作祸，克煞同断，阴宅亦然。

29. 桥

在生旺方能受荫，落衰死方则招殃，石桥力大，木桥力轻，二宅同断。（现今社会的行人天桥，行车天桥，亦作桥论。）

30、田角

取兜抱有情，忌反背尖射，二宅皆然。

第五部分
三元理气与环境调整

第一章　总论三元理气

第一节　伏羲先天八卦与文王后天八卦

一、先天八卦与后天八卦

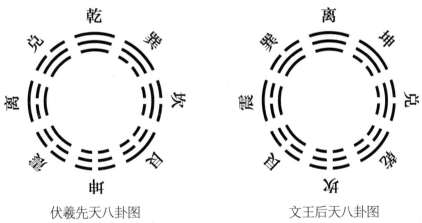

伏羲先天八卦图　　　　文王后天八卦图
（由内往外看）　　　　（由内往外看）

注：在风水操作中，以后天八卦来定方位。

二、先天八卦与后天八卦方位

离之先天为震，坎之先天为兑；

震之先天为艮，兑之先天为巽；

艮之先天为乾，坤之先天为坎；

乾之先天为离，巽之先天为坤；

第二节　三元水法

一、论先后天水位

将坐山之卦后天叫先天，即其卦之水来，谓之先天来水。

将坐山之卦先天叫后天，即其卦之水来，谓之后天来水。

如离山是后天，要叫先天之离卦，而先天之离卦乃在后天之震位，即震方之水来，谓之先天水也。如离山之乾卦乃是先天，要叫后天之乾卦，而后天乾乃在乾卦，即乾方之水来，谓之后天水也。余皆如此类推。

二、先天后天宾客劫刑案辅库曜例表

水法＼坐山	乾	坎	艮	震	巽	离	坤	兑
后天	艮	坤	震	离	兑	乾	巽	坎
先天	离	兑	乾	艮	坤	震	坎	巽
天劫	震	巽	离	乾	坎	艮	震	艮
地刑	离	坤	兑	坤	兑	乾	坎	巽
案劫	巽	离	坤	兑	乾	坎	艮	震
宾位	坤	震	坎	巽	离	兑	乾	乾
客位	兑	乾	巽	坎	艮	坤	离	离
辅卦	坎	艮	兑	坤	震	巽	兑	坤
库池	艮	坤	乾	壬	坤	辛	巽	癸
曜杀	午寅亥	辰巳卯	寅午申	申寅亥	酉卯巳	亥申午	卯辰酉	巳酉辰

先天水——坐山之先天主丁贵。水来，为收到先天水，主旺丁；水出，为流破先天，主损丁。

后天水——坐山之后天主财禄。水来，为收到后天水，主旺财；水出，为流破后天，主破财。

宾位水——向首之先天，水宜出，不宜来。收宾位来水，则利女不利男，荫外姓子孙。若无男丁，可用于荫福女。

客位水——向首之后天，水宜出，不宜来。收客位来水，则利女不利男，荫外姓子孙。若无男丁，可用于荫福女。

天劫水——天劫水最凶，宜出不宜来。收来水主多疾病，出颠狂之人，损丁，后绝嗣。

地刑水——天劫在左，地刑在右；天劫在右，地刑在左。水宜来不宜出，水出谓之地刑水流破，为妻财两空；若值年五黄到或岁刑冲煞，则损妻，破财，女人多病。

案劫水——坐山的对宫就是案劫位，又称为向首（明堂）。若水来箭射，主损幼丁，绝败；若水直去，主无气，绝嗣。

辅位水——除去各卦，余者辅卦水；水宜来不宜去，来水主旺人丁，水去主伤丁气。

库　池——此方有水深注，主大发富贵；水浅注，主小富。

曜　杀——此方忌有凶砂凶水。

三、论先后天八大吉向局

古代歌诀：**识得先天水路行，丁贵荣华达帝京；**

欲知后天卦路联，财富丰裕值万金。

兑坤水来立离向，乾震水来立坤向，艮离水来立兑向，坤兑水来立乾向，坎巽水来立艮向，震乾水来立坎向，巽坎水来立震向，离艮水来立巽向，共八大吉向局。

此八局收先后天水朝来入局，大地必大发，小地必小发。先后天八吉向局，主发财，丁旺，出贤人。地大水大，主发富比石崇；地小水小，主发蠢富之人丁，或因妻致富。八局为先后天相会局，若有奇妙山峰、龙脉与秀水相应，则为四法全备；若干龙结穴者，大地则主出状元宰相，堂前左幡右鼓朝对，主出雄豪智识将相之才；若出脉干龙结穴者，中等之地，主"少年科甲蝉联绵，世代儿孙佐圣君"；若干龙枝龙无结地者，而穴结在龙砂或结在虎砂，为小结地也，主亦发富贵，财丁昌盛。

四、论先后天囚射

古代歌诀：不识先天以何来，千灾万祸少丁寿；

后天合位人难识，家破消耗损妻财。

1. 流破（囚射）先天：

坎山离向水走兑卦；艮山坤向水走乾卦；

震山兑向水走艮卦；巽山乾向水走坤卦；

离山坎向水走震卦；坤山艮向水走坎卦；

兑山震向水走巽卦；乾山巽向水走离卦。

注：此论先天八局，名曰走破先天。内局之水走破先天，主损幼丁、夭折；外局之水走破先天，主家门伶仃、退败、绝嗣。

2. 流破（囚射）后天：

坎山离向水流坤卦；艮山坤向水流震卦；

震山兑向水流离卦；巽山乾向水流兑卦；

离山坎向水流乾卦；坤山艮向水流巽卦；

兑山震向水流坎卦；乾山巽向水流艮卦。

注：此论后天八局，名曰流破后天。内局水流破后天之位，或流地支或阴卦带劫亦然，主妇人经水之病；外局流破后天，主损妇人、堕胎或生产见血光，破财官非。

五、论天劫水

天劫方：乾卦水来忌立兑卦向，坎卦水来忌立乾卦向，艮卦水来忌立坎卦向，艮卦水来忌立震卦向，震卦水来忌立巽卦向，巽卦水来忌立离卦向，离卦水来忌立坤卦向，震卦水来忌立艮卦向。

天劫方水最凶，此方流来不可当；劫案疯癫虚痨疾，家门伶仃损少年。天劫形案三位刀，屋角侵射终如何；家门夭折年年亡，难免儿孙见血光。

天劫水，主吐血疾病。天劫方、案劫方或地刑方，此三方若有一方带劫或屋角侵射或有石堆尺余高或有井栏，主肺痨、见血光。天劫与曜杀方有树林石块，主出狂颠之人也；若兼龙水不美，子孙世代受颠狂。若天劫、案劫、地刑高低不一，劫煞重亦主损人丁。岁运行到或进入劫年，主损财丁，若地运力衰，主绝嗣也。

六、论宾客水

1. 宾水方：

震卦水来立离卦向　　巽卦水来立兑卦向
离卦水来立乾卦向　　坤卦水来立巽卦向
兑卦水来立坎卦向　　乾卦水来立艮卦向
坎卦水来立坤卦向　　艮卦水来立震卦向

2. 客水方：

震卦水来立艮卦向　　巽卦水来立坤卦向
离卦水来立震卦向　　坤卦水来立坎卦向
兑卦水来立巽卦向　　乾卦水来立离卦向
坎卦水来立兑卦向　　艮卦水来立乾卦向

以上十六局，名曰宾客水，是家无男丁只发女口之法。若宾客水朝来上堂，从吉方凶射而去，主男丁消亡败绝，女口兴旺发达。此局多生女口，少生男丁。若阳卦有奇峰秀水，且真龙结穴者，主发富发贵，应在女口或出贤女婿或出贤外甥或招赘之子孙。必发他人之子孙，若入赘之人寿考，而本族之人则伶仃退败。

七、论立向乘气兼顾水法

1. 腰耳乘气法

立向须要明腰耳乘气之法。如乾龙离向、坎龙巽向、艮龙兑向、震龙坤向、巽龙坎向、离龙乾向、坤龙震向、兑龙艮向，这是腰耳乘气之法。若不知左右腰耳乘气之法，则龙气弗耳不贯，虽得吉向亦无用矣。

2. 立向须兼顾水法

水之生死从向而分，然向非凭空而立，实因形局之所宜而定焉，故不明形局则不能定向也。水之形局有七，有斜水、有横水、有回水、有积水、有朝水、有直水、有合水。以此七水之法，若得其向，则局局收生死；若失其向，则局局破生旺气也。古云：无绝水而有绝向，虽然识得此天元之生气又知生入之生旺气之说，七水之法可运用适宜。横水者，来水应从先天之位而横来直上堂，此水直来大成之法，主发富秀之人丁；或收后天水直来上堂，而水从窍位直去，主发蠢富之人丁。

八、论中天水法

1. 正窍水口

壬子癸三山正窍辰巽巳；丑艮寅三山正窍未坤申；
甲卯乙三山正窍辛戌乾；辰巽巳三山正窍癸丑艮；
戌乾亥三山正窍辰巽巳；丙午丁三山正窍在辛口；
未坤申三山正窍在甲口；庚酉辛三山正窍在甲口。

2. 消亡败绝水

正南流西北、正北流西南、正东流正南、正西流正北、

东南流正西、东北流正东、西南流东南、西北流东北、

正北流正西、东北流西北、正东流东北、东南流西南、

正南流正东、西南流正北、正西流东南、西北流正南。

此论先后天水互为流破，地理家最忌。先天破后天名曰消，后天破先天名曰亡。立穴遇消亡之水，若兼龙穴不佳，皆主夭亡败绝。

3. 以向论去水口

以向论水口，宜用先后天之法，若无用先后天之法，则背逆山川之真性矣，焉能占福乎？若不应验，皆以来水认水口也。今将认水口之法诀于后，令人易晓而便于用向去认水口，堂水流入客水处而去是也。世人不知此意，则不知真水口也。

来源易知，去水难识。血脉尽处，方位真的。知其窍者，不差寸尺；不知其窍者，如面墙壁。诀以后人，庶不差。或明堂十字、朱雀源流、劫水地刑，堂劫混乱，先贤实旨，谁透其关。唯轩辕氏图备论悉，夺命毓天，传于百世，后学赖焉。十二宫图一个圈，若来若去自循环，源流任彼行无事，指实先天以后天。

天干轻清，地支重浊，而有然也，太岁冲动即应其凶。喜流天干，而妙于用，但凭干支，不规而圆，不矩而方，不准而平，不才而直，惟造化圣人能容之。以矩求圆，以规求方，以准求平，以纪求直，则无不方，则无不圆，则无不平，则无不直，先贤谒目力断以规矩准绳也。百工求方圆、平直法也，平直欲物方圆，平直即谒尽心思，无规矩准绳，以治之不可得。欲收山出煞，而无收山出煞之法以作之，即谒尽心思亦不得。山收或煞不出，煞出或山不收，或煞不出，一得一失山水背逆，水山全逆，凶褐绝灭，害非浅也。先贤发明心法为通气，诀爱立五例，有正、有变、有经、有权，法无不备以符合山川真性情矣。天造形局，山无不收、煞无不出矣。欲收山出煞者，其以不平不明，实为规矩准绳乎。平如略法例而可，则彼不规矩而方图，不准绳而平直者，吾焉乎知之也。

4. 收山出煞之局

乙山辛向兼卯酉水出辛口；辛山乙向兼戌辰水出乙口；

乾山巽向兼左右水出巽口；癸山丁向兼左右水出丁口；

艮山坤山兼左右水出坤口；庚山甲向兼左右水出甲口。

此论财丁贵全备之局，然须收先后天水到堂，若有奇砂秀水相配更吉。此六局，堂水直出为收山出煞法也，或左或右收先后天水朝来聚注明堂一二丈者，皆主发富禄万斯箱；或深三五丈之数，主大发百万之巨富；或明堂开湖水注天心深十余丈者，主大发巨富，富比石崇。此论水之深浅断财之多少，地大必大富，地小发小富也。

5. 论变局之法

论甲庚兼寅申局者，乃与震山同卦，宜水出辛口或出乾方。

论寅申兼甲庚局者，亦与震山同卦，宜水出辛口或出乾方。

论乙辛兼辰戌、辰戌兼乙辛，此二字皆属巽卦山乾卦向，宜收先后天水到堂，庭水宜放出乾，外局宜放癸口及至艮口。

论丙壬兼巳亥、巳亥兼丙壬，此二字皆是属离卦山坎卦向，宜收先后天水到堂，宜放水出辛口或至庚口亦妙。

论丁癸兼未丑、未丑兼丁癸，此二字皆是属坤卦山艮卦向，宜收先后天水到堂，水宜出甲口或艮口皆妙也。

论庚甲兼申寅、申寅兼庚甲，此二字皆是属兑卦山震卦向，宜收先后天水到堂，水宜收放出甲口或出艮口。

论辛乙兼戌辰、戌辰兼辛乙，此二字皆是属乾卦山巽卦向，宜收先后天水到堂，水宜放出巽口或出乙口皆妙也。

论壬丙兼亥巳、亥巳兼壬丙，此二字皆是属坎卦山离卦向，宜收先后天水到堂，出水放出巽口或乙口。

论癸丁兼丑未、丑未兼癸丁，此二字皆是属艮卦山坤卦向，宜收先后天水到堂，出口宜从坤口或出丁口也。

此局谓之变局法，虽立向是变局，但水法皆是正局之水法。如反局法，水来囚射冲破先天或后天者，宜人为立大埠聚库，不见去水为妙；虽是先凶，但水运行到聚库之年，反大发财丁，为最妙之局也。又若长久无聚者，先后皆有大凶事也。

九、论水局顺逆

乾震巽坤四卦山，宜左边水来上堂，归右边窍位去吉；坎艮离兑四卦山，宜右边水来上堂，归左边窍位去吉。此为八卦正局法。假如甲卯乙山收左边后天水上堂，从右边窍位而去，此水归正位正局；又戌乾亥山收后天水来上堂，从右边坤口而去吉，或收右边先天水来上堂，从右边窍位而去。归正窍为正局，此论卦体即是八卦二十四山顺逆正局之水法。余仿此推。

第三节　元运与地运

一、地运

地运是用以推算山水灵气旺衰之时间标准。

一白坎运：自甲子年起至辛巳年止，共十八年。先天坤卦。

二黑坤运：自壬午年起至乙巳年止，共廿四年。先天巽卦。

三碧震运：自丙午年起至己巳年止，共廿四年。先天离卦。

四绿巽运：自庚午年起至癸巳年止，共廿四年。先天兑卦。

五黄中运：自甲午年起至癸丑年止，共二十年。先中天两仪。

六白乾运：自甲寅年起至甲戌年止，共廿一年。先天艮卦。

七赤兑运：自乙亥年起至乙未年止，共廿一年。先天坎卦。

八白艮运：自丙申年起至丙辰年止，共廿一年。先天震卦。

九紫离运：自丁巳年起至癸未年止，共廿七年。先天乾卦。

论此地运所算之甲子年，乃清朝同治三年之甲子年是也。

二、元运

元运是用以推算三元九运先后天八卦卦气旺衰的标准。

看山须看主龙星，上元一白吉宜明，四绿之星中元吉，七赤下元多有情。凡山岗水路得当，元星朝顾，主六十年大利，如在生气方始终大吉。

三元地运理宜通，上元一白二三同，中元四绿中乾位，下元七赤艮离中。凡上元六十年甲子二十年一白星管局，甲申二十年二黑星管局，甲辰二十年三碧星管局，而一白为统运，六十年俱管。他元仿此。每以管九星为主，以论八方生旺，如上元一白主运，坎宅为旺气，一白水生木则震巽木得生气，一白水克火则离卦为煞气，乾兑金来生一白水，则乾兑为退气，土克水则坤艮二卦为死气。其法以生元气为退气，克元气为死气，得元生者为生气，受元克者为煞气，与元比和为旺气。其生之煞是以上元八方的生煞气，不同于本局得生旺气为吉，死气退气为凶也，若地结也不发福。

三、主运加飞星吉凶断

上元甲申后以二黑星入中宫顺行八宫，察其各方之生克以断本局之吉凶。如二黑入中宫，三碧到乾，四绿到兑，是下克上（宫克星）；五黄到艮是比和（宫星比和）；六白到离是下克上（宫克星），是主欺宾，主人心不和，语言多是非。上克下是宾克主，为煞气，如临到百事不利时必招凶祸，此为地龙穴砂水被人损破；上生下乃外溢内，大兴大发；下生上乃外耗内冷，退败损丁。又以损运为主，论八方生煞气吉凶，如二黑星入中，二黑为主，三碧四绿到乾兑，则以乾兑为煞气方；九紫加震，则以震方为生气方。其死气、退气仿此。

凡人坟宅的主运生气方，有门路、水道、山岗、秀峰、钟鼓声来应，主发贵旺财丁；煞气方缺陷破碎，决招外祸；五黄方有路冲来，有动作，大凶；退气方主退财；死气方主伤人丁；旺气有大事兼流年九紫五黄飞到，主官事火灾退败。此生杀冲主管二十年，乃大流年法，主运流年是九星加临定吉凶。

四、流年飞星加临吉凶断

生入杀方斟疾病，杀入生方断死生；死上杀来动田产，财临杀退损牲口。杀临关煞穿心害，生入生方处处兴；惟有五黄正神煞，八方到处不留情。此乃流年星加入八方断，如坎宫以坤为生气方，上元甲子年一白入中宫，又得七赤生气到坤，为生气星入生气方，其余仿此。生气见生气，主进财增益；生气见杀气，主官事得贵人救；杀气见杀气，见生半吉半凶，上半年吉，下半年凶损人口；退气见退气，主祸害患疾也；生气见退气，主损畜小口，后遇贵人。以本方有山岗水道朝拱，乃方道有大事动作，吉断吉，凶断凶也。

五、九星主运吉凶详析

（一）一白水主运
1. 九宫星气性质

坤：七赤生气方　　**兑**：三碧退气方　　**乾**：二黑杀气方

离：五黄冲关方　　**中宫**：一白水主运　　**坎**：六白生气方

巽：九紫死气方　　**震**：八白杀气方　　**艮**：四绿退气方

2. 八方砂诀

一阳坎水起巽峰，坤龙坎位叠重重；

卯酉离山乾艮伏，子孙昌盛福兴隆。

3. 八方水法吉凶

⊙一白坎水武曲星　　此陇洋流值万金

三子位中家业成　　田产倍进称人心。

⊙一白艮水实非祥　人口分离别家乡
　下田土下元都败尽　中元还许置田庄。
⊙一白震水是凶魁　仓库金银化作灰
　小房男女疯痨死　瘟病孤寡选相随。
⊙一白巽水进田庄　山中朝来仲子昌
　下后子孙人口旺　家业兴隆比孟赏。
⊙一白离水恶相冲　有人犯着败田庄
　劝君休恋此山水　造后三年有损伤。
⊙一白坤水小房强　吉水相迎百事昌
　后代儿孙官职旺　朱衣执笏佐明主。
⊙一白兑水号天牢　作后儿孙患难磨
　恶曜刑迎仓禀耗　更防疾病损伤多。
⊙一白乾水怕冲流　下后房房败绝休
　恶难疯痨虚肿死　更防官讼退田牛。

此论一白水星主运。一白水居北方，先天坤卦三爻并阴三，主十八年也，系是甲子年起辛巳止，宜坎坤二卦之龙入首为得运；坎巽坤三方有水朝来合先后天之位，主连发悠久富贵绵绵也。若不合先后天卦位，运过退败。杀气砂退气砂五黄砂，此砂宜伏，若重叠主必损人口也。

（二）二黑土之主运

1. 九宫星气性质

坤： 八白旺气方　　**兑：** 四绿杀气方　　**乾：** 三碧杀气方

离： 六白退气方　　**中宫：** 二黑土主运　　**坎：** 七赤退气方

巽： 一白死气方　　**震：** 九紫生气方　　**艮：** 五黄冲关方

2. 八方砂诀

二黑土星起千峰，巽为魁曜卯为龙；
乾兑艮方低拱伏，子孙福禄位之公。

3. 八方水法吉凶

⊙二黑坎水是元龙　　水路朝迎山头逢
　只许下元人富贵　　上元中甲主贫穷。

⊙二黑艮水是凶神　　去盗风声败灭身
　横事官灾重叠至　　父兄妻子不相亲。

⊙二黑震水合天机　　富贵官高衣锦绯
　下后诸后同发福　　常乘车马步丹墀。

⊙二黑巽水来朝迎　　四秀安康日日新
　进入田庄官职旺　　豪英富贵作朝臣。

⊙二黑离水紫微星　　瑞气迎门日日新
　进入田庄犹未此　　贤良及第作朝臣。

⊙二黑坤水起峰峦　　富贵荣华万事欢
　百子千孙皆进秀　　家藏珍宝有千般。

⊙二黑兑水忌朝冲　　长子先凶祸患重
　牛马血财皆瘦死　　人丁夭绝业还空。

⊙二黑乾水起高冈　　疯痨恶疾不离床
　屋宇田园俱卖尽　　三男子息早亡身。

此论二黑土运居西南，先天巽卦二阳一阴廿四年也，系是壬午年起乙巳止，宜坤震龙入首为得运。震巽坤三方水朝来上堂合吉位，则发福发贵，若不合吉位乘得本运亦大吉，不遇则凶。最忌艮方朝水来，为五黄冲关杀，主大凶，杀气退气上方宜伏则吉。

（三）三碧木主运

1. 九宫星气性质

坤： 九紫退气方　　**兑：** 五黄冲关方　　**乾：** 四绿旺气方

离： 七赤杀气方　　**中宫：** 三碧主运方　　**坎：** 八白死气方

巽： 二黑死气方　　**震：** 一白生气方　　**艮：** 六白杀气方

2. 八方砂诀

三阳震山乾巽方，卯为魁星子为龙；

坤兑艮离山拱伏，儿孙世代福重重。

3. 八方水法吉凶

⊙三进坎水是财宫　少子能教似石崇

更许诸房同富贵　子孙世代入朝中。

⊙三运艮水是凶方　犯着先教败长房

非灾横事年年有　田庄卖尽子孙亡。

⊙三碧震水起高峰　百子千孙胜祖宗

是水朝来冲子富　满门朱紫入朝中。

⊙三碧巽水是震方　巳午年来倍仓库

太岁加临生富贵　终富执笏在朝堂。

⊙三碧离水使人愁　病讼连年不肯休

只许下之田产旺　上之败绝见荒丘。

⊙三碧坤水损中房　病疾重重及夭亡

官事病瘴兼自缢　火光九数必相伤。

⊙三碧兑水是廉贞　横事凶灾入宅庭

败尽田园犹未已　可怜绝灭又遭刑。

⊙地都魁曜要分明　秀丽冈峦拱尾庭

回龙顾祖家显荣　衣紫腰带入帝京。

此论三碧木主运东方，先天离卦二阳一阴主廿四年也，系是丙午年起己巳年止，宜乾震龙为得运。坎巽龙为坎，宜乾巽坎震水，此四水是旺气、生气、财气，宜来朝，主大发富贵。兑山五黄、艮山杀气、离山杀气、坤山退气，此四水不宜朝来，吉又凶，宜低伏为吉，高拱则凶。

（四）四绿木主运

1. 九宫星气性质

坤：一白生气方　　　兑：六白杀气方　　　乾：五黄冲关杀

离：八白死气方　　　中宫：四绿木主运　　坎：九紫退气方

巽：三碧旺气方　　　震：二黑死气方　　　艮：七赤杀气方

2. 八方砂诀

四阴木山起震峰，坤为魁曜午为龙；

坎艮兑乾山拱伏，腰金衣紫禄千种。

3. 八方水法吉凶

⊙四绿坎水主灾殃　　残疾刑伤不可当

他日遭官并失火　　流离淫佚子孙亡。

⊙四绿艮水来冲破　　三七年中火血光

恶疾疯痨入病死　　祸来灭绝实难当。

⊙四绿震水最宜采　　一土临门富贵全

中子兴家先显达　　子孙代代出明贤。

⊙四绿巽水起重峰　　细看来龙在本宫

更得吉星堆叠耸　　定生贤土显家风。

⊙四绿离水吉堪言　　下后儿孙进库田

小子中男先富贵　　诸房也主禄高迁。

⊙四绿坤水远长流　　增益田庄进牛马

英才俊秀登金榜　　为官职大坐刑州。

⊙四绿兑水是金宫　　犯此凶星立见穷

妇人必然产孕死　　弟兄父母各东西。

⊙四绿乾水怕迎冲　　火盗瘟瘝产难凶

讼事年年并恶死　　儿孙灭亡更无踪。

此论四绿木主运居东南，先天兑卦二阳一阴，主廿四年也，系是
庚午年起癸巳年止。宜坤巽龙入首为得运，震离龙为次吉；坤巽震卦

水，但此水是生旺财之气，宜朝来上堂，主必大发福尤速；乾方五黄最凶，水山不宜朝拱，坎艮离兑此四水宜去不宜朝来，山宜低伏不宜高昂为吉。

（五）五黄土主运

1. 九宫星气性质

坤：二黑旺气方	**兑**：七赤退气方	**乾**：六白退气方
离：九紫生气方	**中宫**：五黄土主运	**坎**：一白死气方
巽：四绿杀气方	**震**：三碧杀气方	**艮**：八白旺气方

2. 八方砂诀

五阳山前坤艮峰，坎为牙笏午为龙；
巽震兑方低拱伏，子孙代代出三公。

3. 八方水法吉凶

⊙五黄坎水牙笏招　诸房积聚官又高
横财日日来增进　只为贪狼山水朝。

⊙五黄震水是杀方　水宜山高不可当
长房先见瘟疫死　妇人须教产后亡。

⊙五黄巽水若相逢　营造人家见立穷
灭绝儿孙田产尽　妇人淫走乱家风。

⊙五黄离水起高峰　来去萦迴左右同
其家富贵田蛊旺　代代富贵有爵封。

⊙五黄坤水起峦峰　子息聪明福禄荣
山朝水顾人丁旺　长幼和同万年崇。

⊙五黄兑水是猿精　自古常为血刃星
病患连年家业废　下元阴极又阴生。

⊙五黄乾山远来朝　进入田庄福自饶
子孙英贤多孝义　登科及第出贤豪。

⊙五黄坤水喜迎来　小心应知早发财

世代荣华人孝梯　　儿孙蛰中有良材。

此论五黄土主运居中宫，无八方之位，统摄八方为九宫之主。自四元中甲申年起至六元中癸卯年止主二十年也。宜坤艮离龙入首为得运，坎龙为中吉；坤艮坎离起高峰，世代儿孙佐君王；若有远水朝来上堂，儿孙富贵永无穷。震巽二卦杀气，乾兑二卦为退气，但此四卦之位砂宜低伏方吉，高拱则凶。水宜直去为禄存流尽佩金鱼，而五黄土主运以四元中及六元中兼论以定吉凶，又四元艮为杀气，五运为旺气，此为有吉有凶。六元中甲午年至癸卯年，离为退气，而五运为生气，此为有吉有凶，余仿此。

（六）六白金主运

1. 九宫星气性质

坤：三碧死气方　　**兑**：八白生气方　　**乾**：七赤旺气方

离：一白退气方　　**中宫**：六白金主运　　**坎**：二黑生气方

巽：五黄冲关方　　**震**：四绿死气方　　**艮**：九紫煞气方

2. 八方砂诀

六阳金山震坎朝，西龙子位两峰高；
艮巽坤方平拱伏，安居此地子孙豪。

3. 八方水法吉凶

⊙六白坎水若朝来　　仓库须教积宝财
　定主子孙官职显　　白衣身到凤凰台。

⊙六白艮水是凶方　　产厄瘟痨大血光
　淫荡官火瘟疫至　　更防灭绝败田产。

⊙六白震水起高峰　　只得中无气势雄
　一代生涯难久持　　下元依旧主孤穷。

⊙六白巽水不宜来　　长子先教受祸胎
　太岁加临刑法死　　仓库虚耗化尘埃。

⊙六白乾水受朝来　　子子孙孙进库财

进入外州田兴产　　出孝信义出高官。

⊙六白坤水是乖张　　父子分离出外乡

屋宅田烟俱荡尽　　幼孙鳏寡实堪伤。

⊙六白兑水起高峰　　势直来龙福禄遭

若得主星同守拱　　管教子孙世代豪。

⊙六白离水复昂藏　　罡势还教福满堂

下之小房多富贵　　上中依旧只如常。

此论六白金主运居西北，先天艮卦一阳二阴，主廿一年也，系是甲午起甲寅年止。宜兑乾卦坎龙入首为得运，震坤龙次吉。巽为五黄关系最凶之神，离为退气、艮为杀气，此三卦水宜去不宜朝来过堂，砂宜低伏则吉，高则大损人丁也。来水宜兑乾，坎震坤朝来上堂，主发富贵旺人丁也。

（七）七赤金主运

1. 九宫星气性质

坤：四绿死气方　　　**兑**：九紫杀气方　　　**乾**：八白生气方

离：二黑生气方　　　**中宫**：七赤金主运　　**坎**：三碧死气方

巽：六白旺气方　　　**震**：五黄冲关方　　　**艮**：一白退气方

2. 八方砂诀

七阴金山离巽方，乾为善曜艮为龙；

震兑二方冲激少，儿孙个个紫衣荣。

3. 八方水法吉凶

⊙七赤坎水不宜朝　　产业虽多似雪浇

破产忤逆遭刑犯　　中房冷落绝根苗。

⊙七赤艮水是贪狼　　富贵英才禄福昌

教义忠良登科甲　　满朝朱紫实非常。

⊙七赤震水是冲关　　一犯廉贞事不闲

徒配风声产厄死　　子孙零落又多难。

⊙七赤巽水子孙昌　家睦人和孝谘丰
　仓禀田禾多茂盛　英名远播实非常。
⊙七赤离水喜朝迎　定主英才衣锦荣
　更生家财千万宝　儿孙世代旺人丁。
⊙七赤坤水旺中元　富贵巽还和阴凤
　上元下之当败绝　鳏夫寡妇败田园。
⊙七赤兑水主瘟疫　定见人丁多灭亡
　卖尽田产家必破　遭官讼狱被刑伤。
⊙七赤乾水看来田　西北峰高进牛马
　先主少房身富贵　诸房衣紫旺田畴。

此论七赤金主运居正西，先天坎卦一阳二阴，主廿一年也，系是乙卯年起乙亥年止。宜乾巽离龙入首为得运，坤龙为次吉。水宜从乾巽离坤朝来上堂，主儿孙人代称英豪，若得此山有气，儿孙代代佐君。震为五黄，兑为杀气、艮为退气，此三水宜去为吉，反临为凶，砂宜低伏，高则损财丁也。

（八）八白土主运

1. 九宫星气性质

坤： 五黄冲关方　　**兑：** 一白死气方　　**乾：** 九紫生气方

离： 三碧杀气方　　**中宫：** 八白土主运　　**坎：** 四绿杀气方

巽： 七赤退气方　　**震：** 六白退气方　　**艮：** 二黑旺气方

2. 八方砂诀

八阳山前震巽峰，兑为魁罗乾为龙；
离坎坤方低拱伏，登科及第入朝中。

3. 八方水法吉凶

⊙八白坎水不堪干　动用逢之祸患速
　父子分离多败破　疯痨恶疾入黄泉。
⊙八白艮水足金银　此地分明出富人

子息贤良还茂盛　长男加福禄如春。

⊙八白震水出贤才　义聚家和积善来

子孙蛰势多茂盛　盈仓满库足钱财。

⊙八白巽水起高岗　元气加临福异常

运俱下之家业盛　上元中元退田庄。

⊙八白离水是凶神　水直出高损害人

大盗瘟疫兼产厄　流从没阵更亡身。

⊙八白兑水势昂昂　巨富家财大吉昌

中子对官加禄位　诸房富贵出贤郎。

⊙八白乾水旺儿孙　富贵先兴少女门

诸子贤才皆及第　忠良代代佐圣君。

⊙八白坤水势怜恂　太岁加临损害人

下后年年灾祸全　儿孙败绝断亲邻。

此论八白土主运居东北，先天震卦一阳一阴，主廿一年也，系是丙子年起至丙申年止，宜乾艮龙入首为得运，兑龙为次吉。水宜从乾艮兑朝来上堂，主发富旺人丁，若有奇妙秀峰，主发科甲。坎震离坤此方是凶神，宜宜直去为吉，而临头主大凶损人丁也。

（九）九紫火主运

1. 九宫星气性质

坤：六白死气方　　兑：二黑退气方　　乾：一白杀气方

离：四绿生气方　　中宫：九紫火主运　坎：五黄冲关方

巽：八白退气方　　震：七赤死气方　　艮：三碧生气方

2. 八方砂诀

九紫坎水是关星，定见儿孙病满身；

难产血光并横死，看看后代绝人丁。

3. 八方水法吉凶

⊙九紫艮水起冈高　下应儿孙禄位昌

世代为官主紫异　田仓盈积万年粮。

⊙九紫震水破军星　有人犯着不安宁

此星坐处宜安静　免得牛羊作犯刑。

⊙九紫巽水只平平　此是明龙左辅星

若得大冈来顾祖　子孙显荣至公卿。

⊙九紫离水福兴隆　百里冈龙起颠峰

更在本宫威势猛　文为卿相武封公。

⊙九紫坤水益儿孙　自有钱财进入门

子孙贤才崇孝义　龙回绕绕旺乡群。

⊙九紫兑水福来奇　屋宅空虚子孙注

走遍他乡生计少　鳏夫寡妇日凄凄。

⊙九紫乾水忌相逢　定主儿孙忤逆凶

自此田油消荡尽　家门破绝祸重重。

此论九紫火主运居正南，先天乾卦三爻阳，主廿七年也，系是丁酉年起至癸亥年。宜艮离龙入首为得生旺气，震坤龙为次吉。宜从艮震离坤朝来上堂，主大发财丁，若有奇峰秀水，主发科甲。坎巽乾兑水宜去而砂宜低伏，不宜高昂，则子孙富贵绵绵。

⊙论五黄为关杀，山冈水路屋角侵射明堂，主立见伤也。

⊙论杀气名曰六趣，若有山冈高耸水路冲射，主必损丁也。

⊙论退气名曰不良星，管谋失本家道伶仃，退主贫寒也。

⊙论死气名曰财星，不能发贵亦能财胜，似退气之凶也。

⊙论生气旺气宜水聚来，山峰叠起重重拱照，主发科甲也。

六、论吉凶应期

1.年月应期

北方水来不合局者，应寅午戌年凶；水出南方不合局者应申子辰月凶，水出午方者应子月凶。东方水来不合局者，应巳酉丑年凶；水出西方者应亥卯未月凶，水向酉位去者卯月凶。

西方水来不合局者，应亥卯未年凶；水出东方者应巳酉丑月凶，水出卯方者应酉月凶。

南方水来不合局者，应申子辰年凶；水出北方者应寅午戌月凶，水出子方者应午月凶。

坐北向南者收东方水来明现者，应亥卯未年巳酉丑月凶或巳酉丑年亥卯未月凶；水若无明现者，应寅午戌年申子辰月凶，余仿此而推之便知吉凶也。

2. 论流年吊冲和飞腾之法

欲识人家何代发，详砂远近便知情。砂奇水秀若距吉穴三五丈，流年值到该处即产豪英；亦有数寻未到就发者，即是龙神强旺气注真也。论发福迟速之诀，即用步弓尺，四尺五寸为为一步，则步尺重去一年一步，流年步数吉即吉，断凶即败绝。吉砂近穴有情，流年填实其方应验，例如立丙向，巽为食神，巽砂贴穴有情是也；亦有数寻之远而即发者，即龙神气旺结穴及三元地运山龙水源乘得本位，运亦速发也。单联重立前言备，尤论冲吊龙飞腾吊，如申子辰三合冲是巳亥，以申寅吊辰未木凶，水向凶冲亥亦凶。火向吉吊有用冲，冲有吊法、太岁、月建细推论，如立巽向，辰劫位甲年戌月定伤人丁也；如立丙向，巳方有劫，亥年应损人丁，小房人巳宫巳巽火蛇寅箕，若贯度寅月吊长房祸相侵。又起一局子山午向，卯方有水朝来西方而去，忌酉年冲卯方来水，忌卯月冲西方去水，如遇酉年卯月必应伤损人口，此论冲法也。又起一局壬山丙向，东方来水，巳酉丑年必凶，丁未去水忌寅午戌月损丁，西方去水亥卯未月为忌，此论冲杀之法。若来去水有遮，明堂带劫，忌申子辰年煞南，劫必动，劫动则伤人；忌寅午戌月，见旺之月必凶，此论杀旺之法也，余仿此推。

上论吊冲之法，以决祸福之期也。冲是四正，如子午卯酉吊是，三合如申子辰是也。以劫砂方挨太岁、月建之吊冲煞而定吉凶也，如巽方属木，辰峰属金。金克木为杀，申年以辰三合则吊辰峰之劫，戌有劫有峰属水，亥年填实巳位轸巳水，寅系箕水四正一气，寅月填寅巳，劫峰寅在壬山之左，故六冲三刑祸来侵也。凡吉凶砂位、劫位，皆从三合、三刑、六冲、四正年月吊动而发吉凶也。余仿此推。

　　飞腾之法即是三合，如坐子山午向，丙起又外向丙身砂一生一财为美矣。流年岁月挨到辰，以申山三合冲向为杀，忽然灾祸自相临。辰子拱申虚拱杀，艮丙虚拱泄，是辛拱煞损人丁。拱煞泄主病耗，富屋贫人是泄生。假如坐金见巳丑，坐土见甲丁，巳丑砂高酉平伏，酉年吊合作杀。论甲丁峰起乾砂，隐四土生旺明。戌亥流年虚拱乾位，甲丁暗拱也伤丁。居然龙强力重生英俊、爵显官高威武人，龙弱力轻生豪恶，轻重大小此中分，此是山龙拨砂诀。平原带劫亦以坐向论，飞腾者即三合而用二位拱起一位也，子山午向辰峰高起为财，壬山丙向艮峰为食神，俱吉砂也。至年月到申子辰拱申属水，为午火之杀气反主损人丁。年月到辛，艮丙拱辛，辛属土为丙火向之泄气，反主病耗，坐金之二局金山向巳丑两峰高起酉砂平伏，太岁至酉年巳丑两位高起砂拱起酉火为煞也。土山向，甲丁两山高起，乾砂平伏，太岁至戌亥二年填道灿平不昧，溯原初实为卦体高。山有络缘则分轻平地有气，气则合情，丙丁皆离，壬癸皆坎，四正四维同归畔岸，正以于辅，维以交替阴阳，截然不浓澳何以乘之。匪峡亦无起祖，亦无转结，随地成龙，随地成穴，滴水先到真气招摄，水脉不离骨亲肉贴。既知辨局更畏失胎，失胎之处一毫以乖，艮以震类，兑以坤猜，八卦澜言之可哀。分星定法一谬百危，欲求朱贝乃得尘灰，此祥堂气分别如挨，罗经一定辨入纤埃，亦有兼富星符谐好，一胎所育而婴怀抱，此衰彼盛容颜难老。若气两来三息四道，交嘘吸阳施阴报，是在全倾歌勿宝辨，清辨裸斯为卦要。此论言地理之用洛书九宫，即是先天以后天河图也，八卦定位而九宫飞行，所以象斗杓之旋转，此气充塞宇宙无物不具于洛书。地者其大象也，方隅虽有二十四道，其体不过八卦能统摄之，故四正以干为辅罗，以支为辅卦，即阳卦干支之阴者随卦而阳，阴卦干支之阳者皆随卦而阴也，不必更立干支名色也。

七、自缢水

论自缢水法者，不论立何向之局，若辰戌午三方犯曜杀或犯劫位，有水冲来或有路冲来，或丁字路者，主应男人年少自缢而死。又丑未卯巳酉方，若有犯劫位，或曜杀方，有水冲来或有路冲来，或丁字路者，或有路走破冲来者，主应女人年少自缢而亡，最灵验也，不可不慎。

八、贵人砂水

催官贵人：甲庚龙配丑未砂水，丑未龙配甲庚砂水。乙龙配子申砂水，子申龙乙砂水。壬癸龙配卯巳砂水，卯巳龙配壬癸砂水。丙丁龙配亥酉砂水。亥酉龙配丙丁砂水。辛龙配寅午砂水，寅午龙配辛砂水。

文官贵人：甲龙巳砂水，巳龙甲砂水。乙龙午砂水，午龙乙砂水。丙龙申砂水，申龙丙砂水。丁龙酉砂水，酉龙丁砂水。

此例催官贵人及文官贵人，砂起峰圆主出翰苑。砂在案外拱穴则吉，若局内拨砂，在吉位则吉，在凶位则凶。若不知拨砂之法，未进贵先受凶，主伶仃退败。若贵人二砂水在案外拱穴，主科甲连绵。若内局水合先后天之位，朝来上堂，富贵之大地也。

第四节　房位

一、八卦论房位

乾坤父母卦有水来去合局者，父母皆吉昌；

震巽山峰秀美，水来去合法者，长男、长女荣华；

坎离二卦有奇峰秀丽，水来去合局者，中男、中女富贵；

艮兑二卦有砂峰秀丽，水来去合局，主少男、少女荣华富贵。

二、二十四山论房位

乾坤艮巽子午卯酉　长房位

辰戌丑未甲庚丙壬　次房位

寅申巳亥癸丁乙辛　三房位

此论分房位之法，若乾坤艮巽水来去合局，主一四七房大发财丁，若此方有奇砂秀水，主出科甲在一四七房之位；若此方犯水之射，主一四七房伶仃退败。若是子午卯酉方水朝来过堂有合先后天之吉位，主一四七房大发财丁；假如午方水来入局流年岁君子年冲动，虽发必损无寿之人丁。余仿此推。

三、前后左右房位

长房四房穴左看高低，次房五房穴前看案不可移，三房六房看穴右定吉凶。长房山，次房案，余房空缺无力，补空缺须教夭绝亡。基后山空如仰瓦，长房大绝定不假；明堂向案次房吉，左右均将象度分；若是高低无破缺，寿以财丁岂有补。

271

周易家居环境调理

四、曜杀分房

乾卦天父，午亥寅为曜杀；坤卦地母，卯辰酉为曜杀；

震卦长男，寅申亥为曜杀；巽卦长女，酉巳卯为曜杀；

坎卦中男，卯辰巳为曜杀；离卦中女，午申亥为曜杀；

艮卦少男，寅午申为曜杀；兑卦少女，酉辰巳为曜杀。

五、男女贤愚论法

论先天水来并先天卦也。

坐北朝南者乃坎山离向西方兑卦水朝来过堂，乃先天坎卦后天兑卦来水，主男贤女愚，应次房子孙英贤，兑少女应三女愚蠢也。

坐南朝北者乃离山坎向局也。东方甲卯乙水朝来过堂，乃先天离卦后天震卦来水，先天离卦来水应中男、中女秀贤且富也，而后天震卦乃应长子及其子孙愚蠢而富，谓之土豪。

坐西北朝东南者乃乾山巽向局也。东北方丑艮寅水朝来过堂，乃先天震卦后天艮卦来水，即艮为震之先天，为长男，故长男子孙英豪秀富；而后天艮卦乃应少男及其子孙愚富。余局仿此。八卦砂山秀美，先天为贤且富，后天为愚富，来水合局者亦如此。

第五节　曜煞与劫杀

一、论曜煞

1. 八曜煞口诀

坎龙坤兔震山猴，巽鸡乾马兑蛇头，艮虎离猪是曜煞。即坎山忌辰方，坤山忌卯方，震山忌申方，巽山忌酉方，乾山忌午方，兑山忌巳方，艮山忌寅方，离山忌亥方。这是地理之凶方，时师断风水时常忽略之，实在可惜。

曜煞方忌开门路及有凶物冲射，如尖塔、烟囱、高楼逼压、桥路冲、电杆、庙宗、杂物破山石等，当流年太岁加临或冲动时，必应其灾。

建宅择日动土，上不能用曜煞日。如造坎宅，忌用辰日；造乾宅，忌用午日等等。

2. 三曜煞方及其凶应物象

乾山忌午为曜，乾之先天居正南离位，故离忌亥为曜，而乾之后天居东北方艮位，故艮忌寅为曜，即午亥寅三方为乾山曜杀方。

兑山忌巳为曜，兑之先天居东南巽位，故巽忌酉为曜，而兑之后天居坎位，故坎忌辰为曜，即巳酉辰三方为兑山曜杀方。

坤山忌卯为曜，坤之先天居正北坎位，故坎忌辰为曜，而坤之后天居巽位，故巽忌酉为曜，即卯辰酉三方为坤山曜杀方。余局仿此。

曜杀方最忌门路冲射，又忌石器高至尺余者，又忌石堆叠并石磨、井、栏杆、孤木、古松树、屋角侵射及石臼镇位，主能吐血、痨疾等症。若有孤木镇在曜杀位，又有劫水射入者，主应男女癫狂，或一或二，或男或女，或代代子孙继续不休也。切宜慎之！慎之！

3. 曜煞化生法

论曜杀，每卦有三字，或同卦或曜杀在曜，玄武并左右畔同，此法不犯明堂十字主亦凶；曜杀与劫同位，有犯主必大凶。

犯曜杀，生旺方水来入局，地厚有气，主出英雄杰士，谓化杀生权产豪杰也。曜杀虽在生旺方，水来朝堂，但若地无余气（灵力），亦不能化杀。曜杀方虽有吉水，吉中必凶，财旺而人丁夭折、伶仃。经云：山主人丁，水主财，故有财无丁也。

二、论劫杀

1. 丙水灌壬山，将败一时间

"有桥冲入，谓之穿心箭劫，亦大凶。如此能致咯血痨伤而死"。

（如图一）

2. 丁路冲心劫，凡事心自涉

"此局至长久，自尽者非少也。"（如图二）

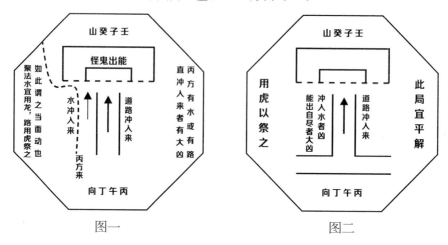

图一　　　　　　　　　　图二

3. 不论何山与何向，天劫水来大不祥，劳伤咯血并癫狂。

"向南之厝对厅门，中有井者，主出哑聋之子。"（如图三）

4. 不论何山与何向，劫水劫案被人惊，劳伤短寿乱癫生。

"此局不但如此，而且能多损失并夭寿。"（如图四）

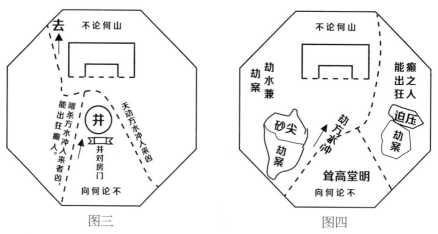

图三　　　　　　　　　　图四

5.堂前有树可堪忧，最怕水来冲树头。

"此局多出狂癫、精神病和邪气之病也。"（如图五）

6.竹木栽掩半厅门，定出自尽不再问。

"此局不论何山，不论何向，男女皆应验也。"（如图六）

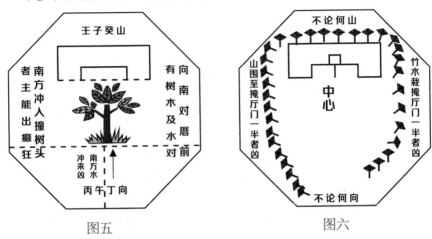

图五   图六

7.不论何山与何向，庭水出来冲树头，家人眼目最堪忧。

"庭水冲树头者伤两目，冲树根者伤一目，冲竹头者眼目常病。"（如图七）

8.游魂桃花最是奇，只惊妇女奔男儿。

"此局谓游魂桃花水也，妇人能私奔。若水从子午卯酉方来。又从四正出者，谓之桃花水也。"（如图八）

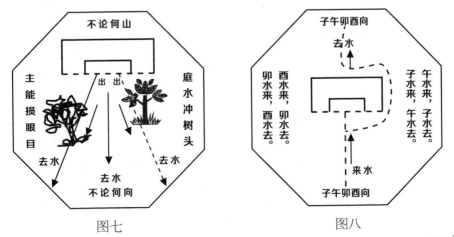

图七   图八

9. 不论何山与何向，剪刀杀法最堪怜，久能伤人果是真。

"犯剪刀杀者最凶，见明堂患剪刀杀者伤人口也。"（如图九）

10. 不论何山与何向，剪刀水杀最堪凶，石硬两劫致痨伤。

"犯石劫和硬劫者能吐血，水大者大凶，不见水者小凶。"（如图十）

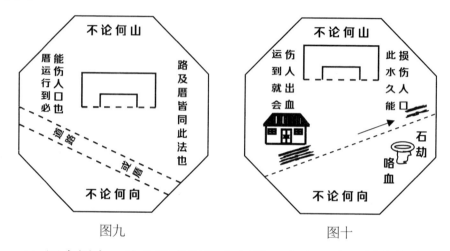

图九　　　　　　　　　　图十

11. 四大局中，法此局名曰四水归堂，全家灭亡，男女皆自缢自尽而亡。

"此局为辰巽巳午四方有水路冲来。若逢此四方之水直透冲入明堂，其家失运之时，主男女老少自尽、癫狂、自缢而亡。"（如图十一）

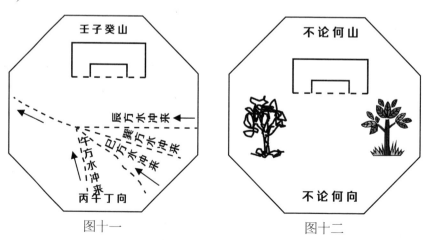

图十一　　　　　　　　　图十二

12. 不论何山与何向，宅近有古树，家内主堪忧。

"宅的劫位有古树，主能致阴症，且能致手足之疾也。"（如图十二）

13. 水由辰戌丑未四方来或去者，皆大凶。辰戌来而丑未去，丑未来而辰戌去，如此能翻棺。水由左去翻左边，水由右边去翻右边（阴宅断法）。

"左右边患此四字者，子孙不安然。"（如图十三）

图十三

14. 犯淋头水者，由墓后之高处有水流下，冲于墓顶。如此穴内之头欹平穴入水也。

"患者子孙头目不安也。"（如图十四）

15. 犯桥箭者，为桥梁冲射墓前。其子孙能致咯血或哮喘并乱心之病，家中不能和顺、多疾病也。犯此煞者最凶，须观石碑之气色为要。（如图十五）

图十四

图十五

"石碑气色纯黑色，家中出凶恶之人。"

16.犯路箭者其穴内久自能生芥草并竹叶等物，犯者子孙致肺病、心气及胃气等症，且常不如意。若道路高耸者，久能退败。（如图十六）

图十六

第二章　廿四山精论及八局详解

第一节　廿四山精论

亥巳	坐丁亥向丁巳	土
坐壬向丙兼	三分，	分金属
子午	坐辛亥向辛巳	金

　　龙运遁辰库运遁戌，宜配戌龙入首龙，戌龙与壬山六一配合，主人丁千万口；乾亥龙配壬山为次吉，亦主能旺人丁。乾卦龙在三六七八运有气，主发富贵也。丑龙入首，龙山一八配合吉；艮寅龙又次吉。艮卦龙宜五九运大吉。玄武有山峰，朱雀呈笔塔，龙虎砂奇秀，水聚天心，此谓藏风聚气，必发大贵之地也。先天兑卦宜庚水朝

来，西辛方有尖秀山峰圆砂，会后天坤卦水朝来聚明堂，局大真龙结穴者，主文官至拜相，官至三公；若中等之地，主发科甲也；小地主亦发富贵也。内局水放左，左主荣华，而水放右，右主富贵，此言十二年地运。外局水放丙口，主次房发财丁；水流巽位。正窍，主长房荣华而子孙英贤也，三房又吉，次房凶；乙为水口，三房主发富贵，长房次吉，次房凶。巳方为水口，忌亥年冲动，又忌申寅年刑杀，主退财伤死损人丁；辰为水口，长房、次房吉，虽发富而遇戌年冲动辰方，主损人丁也；水出东南正窍宜明现，主大发财丁绵远，若有树木屋宇遮障者，主不能发矣，此谓闭杀不济，主又多病；甲卯及戌乾亥宾客之水反归坤位，而库池深聚如河海，主女秀男发富，富比石崇也。

坤卦后天之位，若内局射破，主妇人虚损病症；若外局流破坤宫，名曰走后天，主妇人产厄见血光也。水流入西方兑位，名曰走先天，主损幼人丁退败，庚方流破次房败绝，余仿此类推。先后天流破，宜栽竹、屋宇遮障即无害耳。巽方水朝来流入西方兑卦，名曰消亡败绝水，主吐血、夭折、痨疾、绝嗣；东水来西水去，名曰客盛主衰，女成群男单丁，而此丁之法左畔主必重妻，右畔主螟蛉以续宗基。

天劫、案劫、地刑有屋宇侵射，主吐血痨疾之症；若有松茂者，主阴病之人，而树木茂盛主多病。

明堂十字最忌石磨、屋角、墙角、大松大树而石堆叠，流年地运行到，主损人丁退败。辰水或巳水朝来明堂有劫，主出狂人；辰水巳劫或巳水辰劫，定出癫狂之人。忌丙位有道路行破，主鬼怪也。午水朝来，名曰娥眉水，男多病女贪花；午水流入西兑，名曰游魂桃花，主女人淫乱随人走也。内出水，水路忌树木挡塞水口，主男女患眼疾之症或瞎目也；巽巳方有水朝来，主男淫欲，一定为花街柳巷之人也；辰午方有路有冲动，主少年男人吊死；辰巳有水朝来主遭刑戮，虽美地亦不免遭刑戮或盗杀或阵亡，最验也。

壬丙　　　坐丙子向丙午　　　水

子山午向兼　　　三分，　　　　　　分金属

癸丁　　　坐庚子向庚午　　　土

　　龙运遁辰库运遁辰，宜配乾龙入首，乾龙配子山，主旺人丁；戌亥龙配子为次吉。乾卦龙宜三六七八运，乘得本运有气，主发富旺人丁也。艮龙入首，子山配合大吉，丑寅二入首次吉。艮卦龙三九运吉。玄武廉贞起祖而入艮转子结者，主科甲翰苑。龙虎砂秀起，庚酉辛水朝来，兑山秀峰坤水会聚明堂，文星阔大诰轴全，左牙刀右司官，乾坤艮巽四神峰峦尖端，案上金星贵人拱楼台，数角印箱金主出状元，即世代科甲朕绵也；枝龙结穴者，主出豪英富秀之人也。内庭水倒左，左畔财丁；水出右，右畔之人荣富；水将堂中直出，长房败绝。外局水放丙位，主次房富贵，长房败绝；外局放丙水，而转流入巽宫，荣华之客，主长房大发财丁，子孙英贤如绵远，三房又吉，次房凶；水转流乙位，主长房吉，少房发富贵，次房凶。水从地支巳位流出，忌亥年冲动，又忌申寅子冲刑杀之年，主损丁大凶；辰为水口亦能发富，而遇戌年冲动，辰方主损丁也；水流入正窍，水明现无遮，主大发富贵绵绵也。震宾乾客两挂水入坤库池，深聚如潭，此法

周易家居环境调理

宾助主富贵，主必大发富而宾客冷退。坤卦为后天之位，内局流破坤位，主妇人经水之症；若外局流破坤宫，名曰走后天，主妇人产厄见血光也；水流入西天兑卦，名曰走先天，主损幼丁伶仃退败；酉为水口，长房伶仃败绝，余仿此推。先后天兑坤二卦若水流破，宜栽竹屋宇庶障则免大凶矣。巽流坤宫去，名曰忤逆水，名曰消亡败绝水，子孙悖逆败绝，先吐血、痨疾，而后绝嗣；卯水来酉水去，名曰三刑水，男伶仃、女贪花；此水法，左畔主重妻，若无重妻主必损人丁，而右畔先吉后凶。

癸山丁向兼子午三分，坐丙子向丙午，分金属水

天劫、案劫、地刑有屋宇侵射，主损人丁痨疾见血光，而有古树者主阴症，树木茂盛主多病。

明堂十字最忌井石、栏杆、磨、屋角、墙角松树木，而石堆叠在明堂，而流年地运行到，主伶退见血光。辰巳方有水来明堂带劫，主出狂人；辰巳方有孤木卯水应，主必出狂癫之人；忌丙位有路行破，主出鬼怪；午水朝来名曰咸池水，此穿心水也，男人致血光，女人贪淫；午水来入西兑，名曰桃花杀水，主女人随人走也。论内局出水之路，忌树木挡塞水口，主男女眼疾之病或瞎目也。巽巳方有水朝来，

主男淫欲，一定出花街柳巷之人；辰午二方有路冲动，主男少年人自缢而亡；辰巳水朝来，主遭重刑戮，虽地吉亦不免遭刑戮或盗杀占阵亡，最验也。

龙运遁辰库运遁辰，宜配亥龙入首，山与龙一六配合人丁旺；戌乾龙配癸山为次吉。乾卦龙宜三六七八运，乘运得气，主发富贵、旺人丁。寅龙入首，寅龙癸山八一配合亦大吉；丑艮龙入首次吉。艮卦龙宜五九，乘运有气运大吉。亥龙廉贞起祖，束腰过峡而结者，主出富贵显官之人，龙虎砂端正尖圆而有情者，主定产科甲豪富悠久。辛水朝来，兑方秀峰圆，坤水会聚于明堂，案山秀起文笔金星贵人拱主，定产翰苑之客及荣华富贵之人；若枝龙结穴者，主出豪富旺人丁也。

内埕水放左，左畔之人大吉，而水放右，右畔之人富贵；水将堂中直出，长房凶，次房、三房半吉。外局放丙位，主次房兴旺；水转流巽宫，长房产巨富之人；辛水流明堂，主三房出科甲及第，次房凶；水转流入乙位，三房发富贵，长房先吉后凶，次房先凶后吉；水流午位，次房发富，长房退败，子年伤丁，午年犯刑损人口；水流巳位，三房吉，忌亥年冲动，又忌子申寅年冲刑杀，主损人口大凶；水流入正窍宜明现，大发富贵悠久。震为宾，乾为客，两卦水流入坤位，坤为库池也，深聚数丈者，从外溢内，主必大发富贵，而宾客伶仃退败。坤卦为后天位，内局流破坤位，主妇人经水不顺；若外局流破坤宫，主妇人产厄见血光。兑卦为先天位，水流入西兑，名曰走先天，主损幼人、伶仃退败，而辛为水口，三房绝嗣，余仿此类推。坤兑二宫水流破，宜栽竹木、筑屋宇遮则无碍矣。巽水流来入坤兑，而震水流入午宫，名曰消亡败绝水，主忤逆、痨疾、见血光、最后绝嗣。卯水来西水去，名曰六冲水，主伶仃、女人贪淫，此水之法，长房必重妻，若妻无损必损人口，而次房先吉后凶。

天劫、案劫、地刑有屋宇、墙角侵射，主损人口或吐血痨疾等症，有久年大树者主阴症，树木茂盛主多病。明堂忌石、井、栏杆、墙角、屋角、石堆叠，流年地运行到之年必伶仃也。辰巳二方有水朝来，案堂带劫，主出狂人，又忌丙位被冲破，主出鬼怪。午水朝来，名曰桃花水穿心水也，男吐血，女人贪淫；午水流入西兑，犯游魂桃花水，主妇人淫奔也。巽巳为风声水，忌朝来，主男人贪淫欲，一定出花街柳巷人也；论眼症，内局出水路有树木挡塞，主眼疾病也；自溢水，辰午二方有路冲动，主男少年人自缢而亡，劫方有砂抱来作案亦然；辰巳方有大水朝来，主遭刑戮或牢狱之灾或盗杀或阵亡，最验也。

癸丁　　　坐丁丑向丁未　　　水

坐丑向未兼　　三分，　　　　　　分金属

艮坤　　　坐辛丑向辛未　　　土

龙运遁辰库运遁辰，宜配甲龙入首合贵格，主旺人丁；卯乙龙入首配丑山为次吉，主亦能旺人丁。震卦龙宜二三运主发富贵，四六九运亦吉。壬龙入首，丑山配合亦吉；癸龙配丑山又次吉。坎卦龙宜一六运上吉，五七运为次吉。玄武山宜端正方圆，明堂、案山清秀，龙虎明现而有情，水聚明堂，若真龙结穴者，大贵之地也。先天乾卦宜戌乾水朝来，乾亥起峰端圆而金星得位主大贵；后天甲卯乙水朝来，会合先天水聚明堂，主状元拜相；若中等之地，主科甲尚书；若枝龙结穴者，亦主富贵也。内局水放左，左畔主财丁，利左畔之人旺财丁；而水放右，右畔主富贵，利右畔之人发高贵也。外局水放丁位，主少男富贵、长男财丁、次男伶仃；水转入坤宫，次男发巨富、诸房又吉；水流入丙位，长房旺财丁、次房先凶后吉；水放午方，长房定产豪巨富之人，次房先富后必退败，次男先败后发富贵且旺人丁；辰巳两地支为水口，右畔后有遮障无碍，此卦宜水将左边朝来到右为吉局；甲卯乙方水来朝，庚位出口，震长房也，长房发福、次房又吉；辰巽巳水来，辛方为水口，长房伶仃退败，三房凶，次房平吉；水流入戌位而去，房房败绝，水流乾位而出口，长房损丁退败，三房亦然，而有蓄聚不见去水，反为巨富。

先贤云：流破先天主少亡，射破后天财落空。巽水来忌流坤兑二卦，离水来忌流乾位，坤水来忌流坎位，此四局为消亡败绝水，主退败绝嗣。

天劫丙午丁也，忌丙午丁水到堂，主痨疾、血光、损人口也。

明堂忌有石、井、栏杆、屋角侵射或石堆叠，流年地运行到，主损人口或痨疾吐血之症眼目症，内局放水，忌有树木挡在水路中，主眼疾或盲目也。犯自缢水，午方有水冲来，主男人自吊死，有路冲来亦然。牢狱水，午阳应男，午为牢狱，大牢星照午，有山如狱如枷杞者，或路有绳锁者，主牢狱囹圄而死也。刑戮水，忌午申方来水，忌午水朝来，主女人阴淫而乱奔也。风声水，忌丙方水朝来，男从淫欲也。未方忌有路冲破，主鬼怪。午寅申为曜杀，而寅居后则无忌也。忌明堂或天劫位或地刑犯十字煞也，而有树木、屋宇高压，主伶仃或多病也。

丑未　　　坐丁丑向丁未　　　水

坐艮向坤兼　　三分，　　　　　　　分金属

寅申　　　坐辛丑向辛未　　　土

　　龙运遁戌库运遁未，宜配卯龙入首，三八龙山配合，主旺人丁也；甲乙龙入首为次吉。震卦龙宜二三运，主发富贵旺人丁，四六九运亦吉。子龙入首，立艮山坤向，一八配合，主旺人丁也；壬癸龙入首又次吉。坎卦龙宜一六运为上吉，五七运为次吉。玄武山宜峰圆端正，明堂、案堂宜端方秀气，龙虎砂峰宜朝来拱穴，若龙真结穴者，为则大贵之地。先天乾卦宜戌乾水朝来上堂，乾亥方峰起尖秀而金星方圆主出贵；震卦为后天，宜甲卯乙水朝来会合先天水聚面前。干龙结穴者主状元拜相也；中等之地主科甲翰苑；枝龙结穴者主发富贵也。

　　内局水宜放左，左畔主丁贵，而水放右出，右畔主财富。外局水流丁位，先贤云：丁坤终是万斯箱，主三房富贵、长房财丁、次房伶仃退；水转坤出口，主房房大发富贵；水流丙位去，长房大吉，三房次吉，二房凶；水流午而去，长房、三房吉，二房损幼丁，子辰年主损人口；水流入巽宫，长房先吉而后必退败，次房先凶后必发富也。

艮卦山宜右水倒左，出丁未坤为正局，而后天震卦宜甲卯乙水朝来上堂，主得贤妇及有内助，妻财大发也；水流西兑，长男损人口，次男吉；水流乾位去，名曰走先天，次房平吉，长房退败绝人丁也，但乾方蓄聚如深海不见水去，反主发富贵。

先后天忌流破，先天流破主少亡，而后天流破主重妻退败，。巽水来忌流入坤兑，离水来忌流入乾位，此谓先天破后天，名曰消亡败绝，犯此则绝嗣矣。

天劫丙午丁水来到堂，主吐血、痨疾，人丁消灭也。明堂十字忌有石、井、栏杆、屋角侵射或石堆叠，流年地运行到，主痨疾、见血光或损人口。

眼疾水，内局放水，忌树木挡在水路中，主眼疾、瞎目也。自缢水，午方有水有路冲来，应男人自吊死；而午宫属阳男也，午为牢狱，天牢星照午宫，忌午方有山如狱如枷扭或有路如绳索，主牢狱囹圄死也。刑戮水，午申方水来，主刑戮或盗杀或战阵亡或被人杀死也。颠狂水，忌午甲二方水朝来案堂带劫，或午申方有松树，主出狂人也。桃花水，丙午水朝来，主妇人淫乱走，男人贪淫欲，而未方有道路行破，主魁魁也。午申寅为曜杀，寅居后则无忌，而明堂天劫位及地刑三卦方，有树木屋宇高压，主伶仃又主多病也。

龙运遁未库运遁辰，宜配乙龙入首，寅山与乙龙正配，主大旺人丁也；甲卯龙入首为次吉。震卦龙宜二三运，主发富旺人丁，四六九运主发福也。癸龙入首龙山一八配合，主旺人丁；壬子龙入首为次吉。坎卦龙宜一六运主财丁，而五七运主发财也。玄武山宜峰圆端正，四神高昂，八国奇秀，龙虎砂朝对，案山如娥眉，贵人砂明现，催官水来朝，而先天乾卦宜乾亥水朝来上堂，后天震卦宜甲卯乙水朝来会先天聚明堂，龙真结穴者，主出状元拜相；干龙结中等之地，主科甲翰苑；枝龙结穴者，主发富贵。

坐寅向申兼艮坤三分，坐丙寅向丙申分金属火

内局水放左出，左畔主财丁，左畔之人主凶，而水放右出，右畔主富贵，右畔之人凶，此论初年吉凶最验也。外局水直流坤位正窍，主房房大发富贵，旺人丁而绵远；水转丁方出口，长房大发富贵，三房发财旺人丁也；水流入丙位，长房富荣、三房次吉，次房损幼丁退败；水流入巽宫，长房先吉后必伶退，次房先凶后必大发财丁也；水流午未二位而去，申子辰年次房损人丁。艮卦山宜右水倒左，出丁、坤为正局，而后天震卦甲卯乙水朝来上堂，主得贤妇内助妻大发财也，但水流西去，长房凶，次房吉；水流乾位去，名曰走先天，主长房天亡败绝，三房凶，次房初平吉后凶。乾方停蓄乃为佳，不见水去主反富贵。

先后天最忌流破，若流破先天主少亡，而后天流破主重妻损人口。忌巽水来流坤兑，忌离水来流乾位，局为先天流破后天。名曰消。又忌巽水来流坤位，离水来流震，此为后天破先生，名曰亡。消亡水为败绝水，大凶。天劫离卦巳丙午丁水来到堂，主痨疾等症之病大凶。明堂忌有石、井、栏杆、屋角侵射，主吐血；或有石堆叠，痨

疾见血光或损人口也。眼疾水，内局放水，忌有树木挡塞水口，主眼疾或瞎目也。自缢水，忌午方有路冲来，应男人自吊死，午宫属阳应男人也，午为牢狱、天牢照午方，忌午宫有山如枷扭，如狱或如绳索，主牢狱囹圄而死也。刑戮水，午申水来，主刑戮或盗杀或战阵亡或被人伤死也。颠狂水，忌午申二方水朝来，案堂带劫或午申方树木，主出狂人也。桃花水，忌午水来上堂，主妇人淫乱，而丙水来，男人风流淫欲也，而未方有道路行破主魁魅也。午寅申为曜杀，此三方忌大树、石、水凶，而明堂、天劫、地刑三卦方，忌有树木、屋宇高压，主多病伶仃也。

	寅申	坐丙寅向丙申	火
坐艮向庚兼		三分，	分金属
	卯酉	坐庚寅向庚申	木

龙运遁未库运遁辰，宜配丑龙入首，八三龙山配合，主人丁千万口，此局主旺人丁也；艮寅龙入首，配甲山为次吉，主旺人丁也。艮卦龙宜五九运，乘得本运旺气，为永无忧矣。辰龙入首山龙合吉；巽巳龙入首又次吉。巽卦龙宜四七运发财丁，一二三运发财不发丁也。玄武端圆而峰正，丑未贵砂明现，奇峰案山而朝拱，而龙宜中心出脉

束腰，断细结穴宜成金钟，龙砂虎案，龙内虎外，宜齐明现。先后天会聚于明堂，左右有旗鼓明现，官星明现入门高昂清秀，方圆以成五星像把水口，此大贵之地也，主出三公将相也。

内局埕水放左，左畔之人大吉，而水放右，右畔之人吉昌；乾卦水来，地局大，次房绝、长房吉，地局小，房房大凶。外局水辛戌方出口，主发富贵，诸房吉昌；而水流乾出口，次房吉，长房发财不发丁，三房凶；水转流坎位主财丁，次房伶仃退败；水出正窍而有树木、屋宇遮障，主不发也。坎卦库池宜深聚，主房房大发富贵。

先天丑艮寅水，主出秀富之人丁；南方丙午丁水为后天，主出蠢富之人丁。先天流破，主夭折损丁；后天流破，主损妻财，妇人产厄见血光。先贤云：先天流破终斯绝，后天流破后代穷。先后天被囚射流破，宜栽竹、筑造屋宇遮障，不见水去则无碍耳。一忌乾水流艮位，坎水流坤位，先天破后天曰消；二忌乾水流来离位，坎水流来兑位，后天破先天名曰亡。消亡败绝水，主绝嗣也。

乾为天劫，戌乾亥水来，主痨疾等症之病。巽为宾水，宾水朝来上堂，主生女少生男，并来男女成雁也。天劫、地刑、案堂三方，有屋角侵射，主见血光痨疾；若天劫有古松主阴症也，有树木茂盛主多病。

明堂十字忌石井、栏杆、屋角、墙角及石堆叠，流年地运行到，主吐血或损人口也。颠狂水，戌乾亥水来，申方有树木或带劫，或申方有水来；戌乾亥有树木，主出狂人也。论酉朝水来，名曰咸池水，主淫乱，男夭折见血光；而酉水来流午宫，名曰游魂、桃花，主女人淫乱随人走。眼疾水，内埕放水，忌有树木塞在水路中，主男女眼疾也。论风声水，坤申方水朝来，主男人淫欲，一定花街柳巷之人也。论自缢水，戌方有水或有路冲来，主男人自吊死也。形戮水，戌方水来主刑戮，而地吉亦不免遭刑或盗杀或战阵亡，最验也。

甲庚	坐丁卯向丁酉	火
坐卯向酉兼	三分，	分金属
乙辛	坐辛卯向辛酉	木

　　龙运遁未库运遁未，宜艮龙入首，艮龙卯山八三配合，主旺人丁也；丑寅龙入首，配卯山为次吉，亦主人丁也。艮卦龙宜五九运，乘得本运旺气，发福、旺人丁也。巽龙入首，山龙配合吉，而辰巳龙入首又次吉。巽卦龙宜四七运主发财丁；一二三运主只发富，不旺丁，因为死气为丁星，故丁不旺也。玄武山宜端厚、方圆，六神起峰圆，而金星照穴，奇峰齐明案，贵人明现，宜催官贵人方起尖峰秀气；子午卯酉之位，奇峰秀起，端圆呈金星，此为四大阳升殿，四方照主，极品之贵，敌国之富。

　　内埕水放出左，左畔之人大吉；水放出右，右畔之人吉。此法十二年地运也。外局宜收丑艮寅及丙午丁方水来会合，为先后天水齐到，而水出辛方为正局，主发富贵旺人丁也；流乾位而酉向配乾方出，主发福悠久诸房吉；水转流坎位去主财丁，而次房后伶仃退败；水出正窍宜明现，主发富贵而绵远也；坎为库池宜深聚，主房房大发财丁也。

先天丑艮寅水朝来，主出秀富人丁；后天丙午丁水来，出豪富人丁茂盛。先天流破终斯绝，后天流破后代穷，一忌乾水流艮位，坎水流坤位，此为先天破后天，名曰消；二忌乾水来流离位，坎水来流兑位，此后天破先天，名曰亡。消亡败绝水，主大凶。

乾为天劫，戌乾亥水朝来主痨疾见血光也。巽为客位，客水朝来而女招婿填房以续宗基，本族人伶仃。天劫、地刑、案堂三方，若有屋角侵射，主吐血痨疾；天劫方有树木茂盛或屋宇高昂，主多病也。

明堂有石井、栏杆、屋角、墙角、石堆者，流年地运行到，主吐血或损人丁也。颠狂水，戌乾亥方水来，申方有树木或带劫或申方有水朝来，戌亥方有树木或带劫，主出狂人也，忌戌方有山如狱如枷扭，或有路如绳索，主牢狱囹圄而死。曜杀，寅申亥三方最忌之神或树木为水来带劫，主大凶。酉水朝来名曰咸池，女淫乱，男夭折，见血光；而酉水朝来流午宫，名曰游魂桃花，主女人淫乱随人走也。眼疾水，内埕水放出，忌树木挡塞在水路中，主男女眼疾也。风声水，坤申方水来，主男人贪淫欲也。自缢水，戌方水来或路冲来，主男自吊死。刑戮水，戌方有水来，主遭刑戮，虽结美之地，亦不免遭刑戮或盗杀或占阵亡或被人杀死也。

龙运遁未库运遁戌，宜配寅龙入首，山与龙为三八配合，主人丁旺；丑艮龙入首，乙与艮丑配合次吉。艮卦龙宜五九运，主发富贵旺人丁。巳龙入首，乙与巳配合主大吉；辰巽龙入首为次吉。巽卦龙宜四七运，主发富、旺人丁，一二三运主发财而不发丁也。玄武山宜起峰端圆方正，案山贵人明现，龙虎砂秀起而有八卦方位，峰峦满圆而金星催官方直尖秀，峰圆抱来做案，而得先天丑艮寅水朝来会合后天聚明堂，形局阔大者为大贵之地也。

坐乙向辛兼卯酉三分，坐丁卯向丁酉分金属火

　　埕内水宜放出辛位，主房房吉星。外局水宜流辛位而去，辛方为水口，主房房大发富贵旺人丁；转流入乾位去为正局，主发人丁也；转流入壬位，二房大发财丁。坎卦为库池宜深聚，主房房富贵。水流正窍宜明现，大发财丁绵远，若树木屋宇遮障者，主不发也，此谓闭杀，又主多病也。坎卦为客位，壬子癸水忌流上堂囚射吉方（先后天位）而去，此法阴盛（女盛）阳衰，而本族人丁败绝矣；水流东北丑艮寅去，名曰水走先天，主损人丁也；水转局流入离午位去，名曰水走后天，主妇人产厄见血光。若先后天被流破，宜栽竹、屋宇挡遮则无害耳。一忌乾水来流艮宫去，坎水来流坤位，名曰消；二忌乾水来流离位，坎水来流兑位，名曰亡。消亡败绝水、反弓水，主子孙忤不孝也。

　　天劫、地刑、案堂三方，有屋角、墙角侵射，主见血光致痨疾等症，或损人口；有古松在天劫方，主阴症；有树木茂盛，案堂高压，主多病。明堂十字忌有石井、栏杆、屋角、墙角、石堆在明堂，流年地运行到，主损人口或吐血痨疾之症也。牢狱在戌，戌方有山如狱如

枷扭或有路如绳索，主牢狱囹圄而死也。寅申亥为三曜，此三方有水路朝来，明堂带劫或二方树木或一方有水朝来一方有树木，主必出狂人。酉水朝来，名曰桃花水，又名穿心水，主主女人贪淫，而酉水流入午宫，犯游魂桃花，主女人淫乱随人走也。眼疾水，埂内放水，忌树木塞在水路中，主眼疾或瞎目。自缢水，戌方有水朝来或路冲来，主应男少年人自吊死，或劫方抱来做案亦然，申亥二方有大水朝来，主刑戮或牢狱之灾或被人杀死，或战阵亡，最验也。

	乙辛	坐丙辰向丙戌	土
坐辰向戌兼		三分	分金属
	巽乾	坐庚辰向庚戌	金

龙运遁戌库运遁辰，宜配丙龙入首，山与龙四九配合，主旺人丁也；午丁龙入首，配辰山为次吉，主亦旺人丁也。离卦龙宜五七九运，主大发富贵旺人丁。甲龙入首，龙山配合为吉，而卯乙龙入首又次吉；震卦龙四绿运亦吉。玄武山峰圆端正，案山贵人明现，催官贵人砂水来应，龙虎砂朝顾有情，四大神高昂，圆峰、尖峰秀起，四正金星相照，而先后天水水会聚明堂，水聚天心，且龙真穴结，主有公侯将相之地也。

内局埕水宜放出乾位交合外局水，而先天未坤申水朝来主秀富，交后天庚酉辛水来过堂，流入癸艮丑出口者，此四局主发富旺人丁也；水流壬位出口，次房吉，四房又吉，长三房凶；水流正窍，宜明现，大发富贵旺人丁也，若有树木、屋宇遮障主不发，又主多病；水反来上堂而将后天兑卦位出口者，内居主妇人经水之病。外局水流兑卦出口，主重妻也，若水明现，定应妇人产厄见血光而亡，水流庚出口者主次房大凶，酉辛二位仿此推；转流坤位而去，曰走先天，主少亡，房房伶仃败绝；申方出水者，三房凶；未方出口者，次房大凶；大水聚坤位不见水去，而初年收反局水，主退败，而后行年至聚水之处，主必大发富贵旺财丁也。一忌艮水流震位去，坎水流坤位去，此谓先天破后天名曰消；二忌艮水流乾位，坎水流兑位，此谓后天破先天名曰亡。消亡败绝水，大凶。

天劫、地刑、案堂三方有屋角侵射，主吐血痨疾之症；天劫方有石尺余高，主亦见血光，此方有古松，主阴症等症，而曜杀又最忌耳。明堂近有屋宇树木高压主多病也，忌明堂附近有石井、磨、屋、墙角或有石堆叠，而岁君地运行到，主损人口或吐血或痨疾恶死。癸水主溺水毒药死，丑水来主刀兵祸，乾水来主石压死，而戌水为地纲，主人凶恶死。颠狂水，坎卦有水来，酉卯巳方有大树木，主出狂人。自缢水，戌方有水或路冲来，主应男人自吊死。牢狱水，戌方有山如狱如枷扭或有路如绳索，主囹圄死也。眼疾水，内埕水放出，忌树木塞在水路中，应男女眼疾或瞎目也。洇疾水，子癸水来，主肿胀、落水、自缢、血崩、痔漏、大脚或六指或缺唇，乾水来主暗哑或聋疯跛也。

辰戌	坐丙辰向丙戌	土
坐巽向乾兼　三分，	分金属	
巳亥	坐庚辰向 庚戌	金

龙运遁戌库运遁辰，宜配午龙入首，山与龙四九配合主旺人丁也；丙丁龙入首，立巽山为次吉；离卦龙在五七九运有生旺之气，主大发旺人丁也。卯龙入首，卯龙配巽山主旺人丁；甲乙龙入首又次吉；震卦龙宜二三运，主大发旺人丁也，而四六九运死气发财。玄武山宜峰圆端秀，案山端正，宜娥眉贵人星明现，催官贵人；砂秀水秀朝来，龙虎砂朝顾而有情，四神高昂入国，砂起尖秀而且合五星四正位，尖秀方圆而金星四面相照，先后天水会合聚面前，而真结穴者，主大有声名扬于天下，此有公侯将相之地也。内局埕水放乾位直出交合外局，而先天未坤申水朝来上堂，主出才子之人也；先天会合后天庚酉辛水来过堂，流入癸丑艮而出口者，谓正局也，主发富贵旺人丁也；先天合后天，水流壬位，主次房大吉、四房大吉、长、三房平吉；先后天水会合，水流正窍位宜明现，主大发财丁悠久也，若树木、屋宇遮障，主不发又主多病；宾各水反流上堂从后天兑位出口者，内局主妇人经水之病也，而外局主重妻也，若无损妻必损人

口，而出水明现，主妇人产厄见血光而亡也。水转流坤位出口曰走先天，主少亡伶仃退败，而水流未位出口者，次房损幼丁。水聚坤宫不见水去，而初年收反局水，主伶仃，而后行年至聚水之处，主白屋出富翁旺人丁也。一忌艮水流震位去，坎水流坤位去，先天破后天，名曰消亡败绝水，此水大凶；二忌天劫、地刑、案堂三方有屋角、墙角侵射，主吐血痨疾，而天劫有石尺余高亦见血光，而此方有古松主必阴疾。明堂近有屋宇、树木高压，主多病也；忌石井、屋墙角或有大小石堆叠，而地运行到，主损人口或吐血痨疾恶死；癸水来主溺水毒药，丑水来主刀兵，乾水来主石压死，而戌水为地纲，主恶死。颠狂水坎宫有来水，酉卯巳方有大树木，主出狂人也。自缢水，戌方有水来或有路冲来，应男人自吊死。牢狱水，戌方有山如狱如枷扭或路如绳索，主囹圄死也。眼疾水，内埕流出忌有树木塞在水路中，主眼疾或瞎目也。痼疾水，子癸水来，主肿胀、落水、自缢、痔漏、大脚或六指缺唇，戌乾水来主喑哑或聋耳或疯跛也。

坐巳向亥兼巽乾三分，坐丁巳向丁亥分金属土

龙运遁丑库运遁未，宜丁龙入首，山以龙配合主旺人丁也；午丙龙入首配巳山为次吉，人丁兴旺。离卦龙宜五九四七运，主发富贵旺

财丁也。乙龙入首山龙合配，主人丁兴旺；甲卯龙入首又次吉。震卦龙宜二三运上吉，而四九运次吉。玄武山起峰端秀圆案山清秀，贵人砂明现，龙虎砂奇秀且合八卦方位，峰满端圆，而金星照穴，催官方尖秀方圆抱拱而有情，且先天长流之水朝来会合后天水聚堂心，主大贵也。

内埕水宜放出乾方，主房房大吉；水流兑宫名曰破后天，主妇人经水之病；水流坤位名曰走先天，主损幼丁退败也。先天未坤申水宜远坟流来上堂，主发秀而财丁也；后天庚酉辛水而远朝来过堂，主人发旺人丁也。外局水宜流癸丑艮出口者为正局，主大发富贵人丁兴旺；水流壬位出口，主二房发财丁也。正局出水宜明现，主大发财丁也。艮卦客水反来上堂，主多生女也，若客水上堂囚射后天兑位而去，主重妻或损人口，出水明现且有势，主妇人产厄见血光而身亡；转流坤宫出口者，主夭折、伶仃、退败；若走先后天，宜遮障不见水去则无碍耳。天劫壬子癸水朝来，最忌之水，主次房吐血、夭折、退败也。一忌艮水来流震位、乾水来流艮位去，此为先天破后天，名曰消；二忌坎水来流坤位去，坎水流兑位去，此为先天与后天相破，名曰亡。消亡败绝水，最凶也。

天劫、地刑、案堂忌有屋角、墙角侵射，主见血光痨疾之症或损人口也；天劫方有古松，主阴症，树木茂盛，案堂高压，主多病也。明堂十字忌有石井、栏杆、屋墙角或石堆叠，流年地运行到，主伤人口或吐血或致痨疾。牢狱水，戌方有山如狱如枷扭，或有路或有水如绳索者，主牢狱之灾也。恶死水，癸水朝来主溺死或毒药死，而丑水流来主刀兵，乾水朝来主石压死，戌为地纲主凶恶死也。颠狂水，坎宫有来水，酉卯巳方有大树木，主出狂人也。自缢水，戌方有水流来，或路冲来，主男少人自吊死也。痼疾水，子癸方有水来，主肿胀、落水、自缢、血崩、痔漏、大脚、六指、缺唇；戌乾水流来，主暗哑或聋耳或疯跛也。

	巳亥	坐丁巳向丁亥	土
坐丙向壬兼		三分,	分金属
	午子	坐辛巳向辛亥	金

龙运遁戌库运遁戌，宜配辰龙入首，辰龙丙山四九配合，主人丁兴旺也；巽巳龙入首为次吉，主旺人丁。巽卦龙宜四七运，主大发富贵旺人丁也。未龙入首二九配合为次吉；坤申龙入首又次吉。坤卦龙宜一二四五运为上吉，三六七九运次吉。玄武山起峰卓立云霄如屏、如玉圭镜台、如娥眉凤辇，地局端正峙立，四神高耸朝拱，龙虎砂端正朝拱，贵人明现，震方尖秀峰圆砂水秀丽，案山文笔贵人拱，主出将入相。若中等之龙，主富贵双全，科甲联登；下格龙，主富贵重义之人也。

内埕水宜壬位流出，主大吉，放癸位流又吉；而水从乾卦出口破后天也，主妇人经水之病。外局水宜流辛位出口，主清才秀士，诗画满箱，而水转流入庚位去，主大发财丁也，或转流坤位出水者，主大吉；水流正窍宜明现，主大发富贵，旺人丁悠久，而有遮障不见水去，主不发而多病；甲卯乙水朝为过堂，主大贵大富，而乾水朝来会合流辛位，此谓先后天全备主财丁贵也。兑为宾水，反来上堂及坤水主多生女也，而水从震卦流出，此走先天主天折少亡也，或流乾位出水者，主妇人产厄见血光身亡，此谓后天流破，主损妻财；先后天流破，宜栽竹木、筑屋遮障则无碍也。一忌兑水来流坎位去，而艮水来流震位去，名曰消；二忌艮水来流乾位去，乾水来流艮位去，而先后天相破，名曰亡。消亡败绝水主大凶也。天劫、地刑、案堂三方有屋墙角侵射，主见血光痨疾之症或损人口也，而有古松在劫方或在曜杀方，主阴症，而树木茂盛，案堂高压，主多病。明堂十字忌有大石井、栏杆、屋角、墙角或石堆叠，而流年地运行到，主伤人口或吐血痨疾之病。牢狱水在戌方有山如狱如枷扭，或有路或有水如绳索，主牢狱之灾也。恶死水，癸水朝来，主溺死或毒药死，而丑水流来，主刀兵死也，寅水流来主石压死。地纲水、戌丑水流来，主凶恶死。颠狂水，坎宫水流来，午申亥有大树，主出狂人也。自缢水，丑水流来或路冲来，主应女少人自吊死。眼疾水、埕内水放出有树木塞在水中，主眼疾。痼疾水，子癸方有水流来，主肿胀、落水、自缢、血崩，或痔漏，六指、缺唇、疯跛也，而丑水流来主痼疾，艮方有深坑主青盲，桃花水与午山同断也。

龙运遁戌库运遁戌，宜配巽龙入首，山龙四九气通，主人丁大旺也；辰巳龙入首为次吉，主旺人丁也。巽卦龙宜四七运，主大富贵旺人丁也。坤龙入首，午坤正合主旺人丁也；未申龙入首为次吉。坤卦龙宜一二四五运为上吉，三六七九运又次吉。玄武山峰秀端圆，巽处骨脉分明，盘旋布气如龙楼阁，如娥眉锐台高拱，如华盖高耸，如旗如鼓，大开帐幕，殿下贵人，龙虎清秀如分明，案山贵人如朝拱，出脉过峡行度正出回结穴者，文武全才之士，威镇边夷。中格龙，主科甲翰林；下落龙，主科贡秀百万之庄、富压一郡也。

丙壬　　　坐丙午向丙子　　　水
坐午向子兼　　三分，　　　　　　分金属
丁癸　　　坐庚午向庚子　　　土

　　内埕水宜放壬位流出，主房房大发富贵，放癸位流去美吉，放乾位流破后天，主妇人经水之病。外局甲卯乙水朝来过堂，主秀士大富，又收戌乾亥水朝来，主巨富蠢俗燥烈之人，宜水流辛位而去，长房、三房主大发富贵；流转庚位出口，主大吉；或流坤位而去，主次吉。兑为宾，坤为客，宾客水反来上堂主多生女也，宾客水因射乾卦方而去为流破后天，主妇人产厄见血光也；宾客水流震位去为走先天，主损幼丁夭折退败绝也；先后天流破宜栽竹木、筑屋宇遮障则无碍耳。一忌离水来流乾位、兑水来流坎位，名曰先天破后天；二忌坤水来流坎位、艮水来流震位，名曰：先后天相破也。

　　天劫、地刑、案堂三方有硬劫侵射，主见血光痨疾之症或伤人口；有古松在曜杀方，主阴症，此方最忌也。而有树木茂盛，龙虎案堂或近高压，主多病伶仃，明堂忌有大口水井、栏杆或硬角侵射，而流年地运行到，主伤人口或吐血夭折退败。桃花水，子水流来入局，名曰娥眉水，主女人贪淫欲；水流卯位去，名曰游魂桃花水，主男人夭折见血光，女人淫乱随人走也。恶死水，癸水朝来，主溺死或毒药死，而丑水朝来主刀兵死，而寅水来主应蛇伤虎咬，忌曜杀方在亥午申酉四方最忌也。颠狂水，申亥水流来案堂带劫，主出狂人。自缢水，丑水朝来，或有路冲来，主女少人自吊死。眼疾水，埋水放出有树木塞在水路中，主眼疾也。痼疾水，子癸二方有水流来上堂，主肿胀、落水、自缢、血崩、痔漏、跛脚、六指、缺唇，而丑水朝来主痼疾之症，最忌亥方有树木，主出狂人或阴症，而艮方流来或有深坑，主痨症或瞎目也。

坐丁向癸兼午子三分，坐丙午向丙子分金属水

龙运遁丑库运遁丑，宜配巳山入首，龙山四九通气为上吉，主人丁兴旺；丙午龙入首为次吉，亦主人丁旺也。申龙入首山龙配合，主发人丁也；而未坤龙入首又次吉。巽卦龙宜四七运，主大发富贵旺人丁也；坤卦龙宜一二四五为上吉，三六七九运又次吉。

玄武山宜方圆，而巳龙起祖卓拔如华盖如玉堂如个字，出脉通峡起伏盘旋布气，行度之中大开帐幕，帐下贵人龙虎砂奇秀朝来，案山

如娥眉、如凤辇。龙从申坤入午转巳正面结穴者，上格龙也，主武略将帅之职，英俊雄伟之才；中格龙，主科甲翰林才，名曰近天颜富如礼；下格龙，主科甲大富。

内埕水宜放癸位流出，主房房大吉；水放壬位流出房房亦吉；而水流乾卦而出口，主妇人经水疾病，次房重妻或损人口也。外局宜收甲卯乙水流来上堂，主发贵发丁；乾卦水朝来，主巨富旺人丁也；水宜流辛位去，主大发巨富；水转庚方出口主大吉，或水转坤方出口主又次吉，水流辛庚坤出口者宜明现，主发富贵也。兑坤二卦为宾客水，反来上堂凶射，乾卦出口，破后天主损妻财，而妇人产厄见血光伶仃退败也；水流甲卯乙去谓破先天，主夭折少年亡大凶也。

先后天破局者，宜栽竹木、筑屋宇、培土遮水口不见水去则无害也。一忌兑水流坎位去，艮水流震位去，此为先天破后天，名曰消；二忌艮水流乾位去，坤水流坎位去，此为后天破先天，名曰亡。消亡败绝水，主大凶也。曜杀亥午申方忌水来，忌树木，主不祥也。

天劫、地刑、案堂有硬角侵射，主吐血痨疾或伤人口；古松在曜杀方，主阴症；左右畔及明堂近高压，主多病。明堂忌有树木、大石、水井、栏杆、硬角侵射，流年地运行到，主伤人口，或吐血夭折退败。恶死水，癸水朝来，主溺死、毒死，而丑水流来主刀兵死也。颠狂水，申亥方有水案堂带劫，主出狂人也。自缢水、丑水流来或有路冲来，主女少人自吊死也。眼疾水，埕内流出有树木塞在水路中，主眼疾也。瘤疾水，子癸水流来上堂，肿胀、落水死、自吊、血崩、痔漏、六指、缺唇、大脚之人，丑水流来上堂，主瘤疾之症也。桃花水，同午山断也，一忌亥方有古松，主阴症，此方有树木，主出狂人，艮方有水来有深坑，主夭折青盲也。

丁癸　　　坐丁未向丁丑　　　水
坐未向丑兼　　　三分，　　　　　　分金属
坤艮　　　坐辛未向辛丑　　　土

　　龙运遁丑库运遁辰，宜配丙龙入首为上吉，主旺人丁；午丁龙为次吉主人丁也。庚龙入首为正配山龙卦，主旺人丁也；酉辛龙入首，山龙卦配，主亦旺人丁。兑卦龙宜六八运，主大发财丁也；离卦龙宜五九运为上吉，四七运为次吉。

　　玄武山宜起伏，龙起祖卓入云霄如华盖如个字出脉过峡，起峰盘旋布气，行度由坤入庚位正出结穴者，且龙虎砂清秀有情案山分明，娥眉如玉镜台者，此为上格龙也，主科甲翰院官居极品；中格龙，主尚书待从翰苑荣卦；下格龙，主秀士巨富旺人丁也。

　　内埕水放艮位流出，主大发富贵；或水流甲乙位出口，主大吉；水流癸位此谓流破先天，主三房大凶，次房又凶；转流壬，主次房损幼丁。外局宜流甲位出口，主发巨富人丁兴旺也；水转流巽卦而去，主重妻或妇人产厄见血光大凶；宜壬子癸、辰巽巳水流来上堂，而出甲而去，主大发富贵旺人丁。先天壬子癸方，若水流破，主损幼丁或伤人口；后天辰巽巳方水若流破，主妇人产厄见血光也。

先后天被流破，宜栽竹、筑屋宇或培土遮水口，不见水去则无碍耳。一忌艮水来流乾位去，震水流乾位去，此为先天破后天，名曰消；二忌艮水流震位去，坤水流坎位去，此为后天破先天，名曰。消亡败绝水主大凶也。曜杀方卯酉辰三方，忌有树木或硬角，主大凶。

天劫、地刑、案堂三方有屋墙角侵射，主吐血痨疾；天劫震卦若有水流来，主吐血、痨疾等症，退败也。曜杀方有古松主阴症，而左右畔及明堂近有高压，主多病也。明堂忌有石井、栏杆、屋墙角等之硬劫侵射，而流年地运行到，主损人口或吐血夭折退败也。恶死水，丑水来主刀兵，甲水来主自缢或木石压死。颠狂水，卯辰方有水或树木或明堂带劫，主出狂人。自缢水，卯水流来或有路冲来，主少女人自吊死也，内埕水放出忌有树木塞在水路中，主眼疾。痼疾水，丑水主痼疾，而审申水来主痼疾、残疾、驼背，艮方有深坑主盲也。刑戮水，卯方有大水流来，主刑戮虽美地，亦不免遭戮刑或盗杀或战阵亡，最验也。忌堂艮水冲来堂面劫也，主男女少亡败绝也。

龙运遁辰库运遁戌，宜酉龙入首，坤兑正配，主旺人丁；庚辛龙入首为辅配主大吉。兑卦龙宜六八运，主大发旺财丁也。午龙入首为上吉，主旺人丁也；丙龙入首为次吉。离卦龙宜五七九运为上吉，主发富贵旺人丁；四运为次吉，主发富贵旺人丁。

玄武山宜端厚方圆，兑山起尖峰发祖个字出脉束咽处，必细小为真；六神位方圆，而金星相照入将高拱，案堂清秀，催官贵人明现，龙虎砂奇秀而朝拱，先后天水聚会明堂，主翰林官贵敌国之富。

未丑　　　坐丁未向丁丑　　　水
坐坤向艮兼　　三分，　　　　　　分金属
申寅　　　坐辛未向辛丑　　　土

　　内埕水宜放艮位流出，主房房大吉，水放甲位出口亦大吉；水反放坎位流出者，此谓内局走先天，次房损幼丁。外局宜放甲位出口为正局，主大发富贵旺人丁，卯乙出水者主亦大吉；水转流巽卦去流破后天，主损妻财、妇人多病。巽卦为库池深聚不见水去，主大发富贵，人丁旺盛而悠久。水流坎卦而去，外局破先天，主次房大凶，人丁夭折及他房亦凶。天劫甲卯乙忌水朝来，而有冲射，主次房定必吐血绝人丁也。内局走先天，主损人丁；外局走先天，主夭折。内局水破后天，主妇人经水之病；外局破后天，主重妻，妇人产厄见血光。先后天被走破，宜栽竹、筑屋宇遮障，则可免祸耳。一忌艮水来流震乾去，而乾震水流艮位去，先天破后天，名曰消；二忌艮水流震位去，坤水流坎位去，后天破先天，名曰亡。犯消亡败绝水，主大凶。曜杀卯酉辰，最忌树木或水路冲来或硬角冲射，主大凶。天劫、地刑、案堂三位，有墙角侵射，主吐血痨疾等症，曜杀方有古松主阴症，右畔左畔及案堂近有高压主多病，明堂有石井、栏杆、屋角侵射，逢流年地运行到，主损人口。

恶死水丑水来主刀兵，甲水来主自吊死或石木压死；颠狂水卯辰方有水冲来，或树木或明堂带劫，主出狂人也；自缢水卯水流来，或有路冲来主女少人自吊死；眼疾水埭内水放出，若有树木塞在水中，主眼疾也；痼疾水丑水来主痼疾，而寅申水主疯破、残疾、驼背也；刑戮水卯方有大水来主刑戮，结美地亦不免遭刑戮、盗杀或战阵亡也。

坐申向寅兼坤艮三分，坐丙申向丙寅分金属火

龙运遁丑库运遁辰，宜配辛龙入首，申辛二七正配主人丁兴旺；庚酉龙入首，龙山配合，主旺人丁也。丁龙入首为辅配，主上吉旺人丁也；丙午龙入首为次吉，主人丁也。兑卦龙宜六八运，主大发财丁；离卦龙宜五七九运，主发富旺人丁，四运为次吉。

玄武山宜圆峰端正，宜兑山发祖起尖峰，如龙楼凤阁个字出脉，过峡之处必小为真。入首宜峰圆尖秀，四大神高耸而金星相照，催官贵明现，龙虎砂朝拱，而龙真穴结，主科甲及第显耀富贵也。

内埭放艮宜平流出，主大吉，或水放甲方出口或卯乙方出口主大

吉；而水反流坎卦出口者，谓内局走先天，主次房损幼丁也。外局水宜流甲位出口，主房房大发巨富，而卯乙方出口，主亦大吉；而水巽卦去流破后天，主损妻财，妇人多病；巽卦为库池，宜深聚不见水去，主大发富贵人丁兴旺；水流坎方而去，外局破先天也，主次房大凶；天劫甲卯乙方水朝来，主次房定必吐血夭折绝人丁也。案堂丑艮寅忌水冲来，主男女痨损之症，一忌艮水流来震位而去、乾水来流艮位，先天破后天曰消；二忌艮水来流乾位去，坤水来流坎位，后天破先天曰亡。一忌消亡败绝水，主大凶也。曜杀方卯辰酉三方，最忌树木水冲来，或硬劫主大凶。

天劫、地刑、案堂，有屋宇或墙角或有路冲来，主吐血痨疾，而曜杀方有古松，主阴症。明堂十字近处有屋宇或树木高压，主多病。明堂有屋墙角、栏杆、硬劫侵射，流年地运行到，大损财丁或吐血也；恶死水丑水流来，主刀兵死，而甲水来，主自吊死或木石压死；颠狂水辰卯水流来，或树木或明堂带劫，主出狂人也；自缢水卯方有水流来，或有路冲来，主女少人自吊死，而丑水流来亦然；眼疾水埕水放出，若有树木在路中，主眼疾；痼疾水丑水流来，主痼疾；而寅甲二方有水流来，主疯跛、残疾、驼背；艮方有深坑，主目盲也；刑戮水卯方有大水流来入局，主刑戮，虽结美地亦不免遭刑戮或盗杀或战阵亡，最验也。

龙运遁丑库运遁辰，宜配未龙入首，坤兑二七配合大吉，主大旺人丁也；坤申龙入首，龙山配合，主旺人丁也。戌龙入首为辅配上吉，主旺人丁；乾亥龙入首为次吉，主旺人丁也。坤卦龙宜一二四五运，主发巨富旺人丁也；三六七九运主发财也。乾卦龙宜三六七八运，主大发财丁也。

申寅	坐丙申向丙寅	火
坐庚向甲兼 三分，		分金属
酉卯	坐庚申向庚寅	木

　　玄武端圆而方正，贵人明现，龙宜起伏盘旋布气行度，四神高耸，金星四面相照，龙虎砂奇秀而有情，案山明现殿下贵人。收水宜先后天水会于明堂，水聚天心而真龙结穴者，主富贵双全科甲联登也。

　　内埕水宜放甲位出口主大吉，水放艮位出口主大吉；水流坎位去，主妇人经水不顺；水流巽位去，主长房损幼丁也。外局水宜流甲位主大发富贵旺人丁，房房皆大发也，水转流艮位出口，主大发富贵也；水流坎位出口，谓流破后天，主妇人产厄见血光；坎卦为库池，宜水深聚，主房房大发也；水流巽位去谓走先天，主损人丁夭折退败。先后天不可流破，若被流破，宜栽竹木、筑屋宇或培木遮水口，不见水去则无碍耳。一忌艮水来流震位去，兑水来流巽位去，此为先天破后天，名曰消，二忌震水来流艮位去，震水来流离位，此谓先后天相破，名曰亡。消亡败绝水主大凶也。艮为天劫，丑艮寅水主吐血或痨疾。

　　天劫、地刑、案堂忌有屋角或硬劫侵射，主吐血痨疾夭折大凶；劫方有古松，主阴症，有树木茂盛，主多病。桃花水卯水朝来，名曰咸池水，主女人淫乱，男夭折见血光；卯酉水流南方午位，名曰游魂桃花水，主女人淫乱随人走。恶死水丑水来，主刀兵死，甲水来主自吊或石木压死也。颠狂水辰巳水来吉中有凶，辰巳方有树木主出狂人。自缢水辰方水来或路冲来，主男少年人自吊死。眼疾水、埋水流出，有树木挡在水路中，主眼疾也。痼疾水、丑水来主痼疾，寅甲水来主疯跛、残疾、驼背，艮方有深坑主盲目也。刑戮水，卯方有大水来，主刑戮，虽美地亦不免遭刑戮或盗杀或阵亡也。

庚甲	坐丁酉向丁卯	火
坐酉向卯兼	三分，	分金属
辛乙	坐辛酉向辛卯	木

　　龙运遁辰库运遁丑，宜配坤龙入首，坤酉正配主旺人丁；申龙入首，龙出配合，主旺人丁也；乾龙入首为辅星配合，主旺人丁也；戌乾龙入首为次吉，主旺人丁也。坤卦龙宜一二四五运，主大吉发财旺人丁也，三七九运主大发财也。乾卦龙五七九运主大吉。

玄武山廉贞发祖，束脉过峡，起伏盘旋布气，而中心出脉地局端正，主科甲翰苑；龙虎砂奇秀，贵人明现，案堂有情如娥眉，主出清秀才子荣贵而绵远。先后天水朝来或奇砂秀水朝来会聚于明堂，楼台鼓角印箱全，主产状元郎世代为官佐君王也。

　　内埕水宜放甲位出口主大吉，此谓内局第一水口也；水放艮位出口，亦主大吉；水转放坎位出口为破后天也，主妇人经水之疾；水反流位出口，主损幼丁也。外局水流艮位出口者，亦主富贵也；水流坎位而去，次房重妻或损人口或妇人产厄见血光身亡，坎为中男故次房大凶；水反流巽位出口者谓走破先天，主长房三房损幼丁夭折退败，而巽卦为长女，故长房长女大凶；先天辰巽巳方水朝来上堂，主秀富之人也，后天壬子癸朝来，主富贵旺人丁也。天劫、地刑、案堂有硬角侵射亦然，劫曜方有古松主阴症之病；坤为天劫、震为案劫，故忌丑艮寅甲卯乙水来，主吐血痨疾夭折退败；辰巳有树木或路冲来或硬劫侵射，主大凶。桃花水，卯水流来入局，名曰穿心娥眉水，主妇人淫乱，男人夭折见血光；卯水流来南方午位，名曰游魂桃花水，主女人淫乱随人走也。外局水宜流甲位，此谓正局，房房大发富贵。恶死水，丑水来主刀兵也，甲水来主木石压死或自吊死也。颠狂水，辰巳水朝来，而明堂带劫，主大发后必出狂人。自缢水，辰方有水来，有路冲来，主男女少人自吊死。眼疾水，埕水放出之水路中有树木，主眼疾也。痼疾水丑水流来主痼疾，寅申水来入局主疯跛、残疾、驼背也，艮方有深坑主盲目也。刑戮水，辰卯二方有大水流来，主刑戮，若结美地或内正局行到外局，主刑戮或战阵亡也。

坐辛向乙兼酉卯三分，坐丁酉向丁卯分金属火

龙运遁辰库运遁辰，宜申龙入首为吉，主人丁兴旺，清才秀士也；未坤入首立辛山，为二七配合，主大旺人丁也。坤卦龙宜一二四五运，主大发贵，三六七九运主发富贵也。亥龙入首为辅配，主旺人丁也，而乾戌龙入首为次吉，主旺人丁也。乾卦龙宜三六七八运，主大发财丁。

玄武山宜方圆，发祖如龙楼凤阁，个字出脉束咽起伏，开帐束脉过峡由坤旋乾转至申方正面结穴，而先后天水朝来会聚于明堂，龙虎砂抱拱而有情，官星明现，主科贡秀士百万之庄，富庄一郡。

内埕水流甲位出口，谓内局之正法；而水放艮位出口，亦可发富贵；内局水流坎位，为流破后天，主妇人经水病；水反流巽宫出口，内局走先天，主长房损丁也。外局宜流甲位出口，谓兑山第一水口，主大发巨富旺人丁，而转流艮位出口，主亦发富贵；水流坎位出口，为破后天，主重妻损人口；癸方是兑山库位，宜深注为佳，主房房大发富贵也；水反流巽位，谓破先天，主损人夭折伶仃退败。

先后天流破，宜栽竹木、筑屋宇或培土，不见水去则无妨。一忌艮水来流震位，兑水来流巽位去，先天破后天，名曰消；一忌坤水来

流巽位去，震水来流艮位去，先后天相破，名曰亡；消亡败绝水，主大凶。艮为天劫，震为案劫，故忌丑艮寅甲卯乙水流来堂上，主吐血痨疾夭折退败。

天劫、地刑、明堂若有硬劫侵射亦然，最忌曜杀辰巳方有树木或有路冲来或硬劫侵射，主不祥大凶。桃花水，卯水流来入局，曰"咸池娥眉水"，女主人淫乱，男人见血光也；卯水来流入南方午位，曰"游魂桃花水"，主女人淫乱随人走也。恶死水，丑来主刀兵死，甲方来主自缢或木石压死大凶。颠狂水，辰巳方有水或有路冲来，主男少年人自缢死。巳卯二方水来或有路冲来，主女少年人自缢死。眼疾水，埕内水流出有树木在水路中，主眼疾瞎目也。痼疾水，丑水来主痼疾。甲水来入局，主疯跛、残疾、驼背也。艮方有深坑，主盲目也。刑戮水，辰卯方有大水来，主刑戮，若结美地，虽内正局而行到外局，主亦不免遭刑戮或战阵亡也。

	辛乙	坐丙戌向丙辰	土
坐戌向辰兼		三分，	分金属
	乾巽	坐庚戌向庚辰	金

龙运遁戌库运遁辰，宜配壬龙入首，壬龙戌山为正合，主出英雄杰士旺人丁也；子癸龙入首，为一六共宗，主旺人丁，清秀也。庚龙

入首，龙与山同气，主旺人丁也；酉辛龙入首，龙与山同气，主旺人丁也；酉辛龙入首，主人丁燥烈也。坎卦龙宜一六运，主大发财丁也；五七运为次吉。兑卦龙宜六八运，主大发财丁。

玄武山宜端圆方正，催官贵人明现，玄武卓立如圭如贵人，个字出脉束腰细小起伏盘旋，由兑转坎壬位正面结穴入将高昂照穴，龙虎砂奇秀而抱拱案堂贵人明现，四大神高耸，而金星四面相照，宜先后天水来朝堂大贵之地，主产科甲翰院高显爵禄也。

内埠水宜放巽位出口大吉；水放甲卯方亦大吉，若兼寅字，主大凶也。水放艮位出口谓破后天，主妇人经水之病也；反流离位出口者走先天，主损幼丁。外局水流乙位出口，主大发富贵，旺人丁也；水流巽宫出口，主大吉，此乙巽水口为乾山第一水口；而水转艮位出口谓破后天，主重妻或损人口女人产死；艮为库池，宜深聚为佳，主房房大发富贵也；水反流离卦出口谓走破先天也，主损人丁夭折退败。一忌震卦水来流离位，乾水来流艮位去，先天破后天，名曰消；二忌震水来流艮位去，乾水来流离位去，后天破先天，名曰亡。消亡败绝水，主大凶。震为天劫，巽为案劫，故忌甲卯乙辰巽巳水朝来正堂，主吐血痨疾夭折退败。地刑、案堂有硬角侵射亦然。忌曜杀寅午亥三方有树木或有路冲射，主大凶。恶死水甲水来主自缢死或木石压死，辰乙水来主木压死大凶也。颠狂水寅午方有水来或有树木或案堂带劫，主出狂人也。自缢水卯午二方有水或有路冲来，而卯水应女人自吊死，午方应男少年人自吊死。牢狱水辰方有山如狱如枷扭或有路如绳索，主牢狱囹圄死也。眼疾水、埠内水流出有树木在路中，主眼疾瞎目也。风声水巽巳水冲来，主男人好色，不拘贫富，若风声水也。瘌破残疾水、辰水，主瘌疾或缺唇或喑哑或耳聋，甲水来主疯跛、残疾、驼背也。刑戮水辰方有大水冲来，主刑戮，虽美地亦不免遭刑戮或盗杀或战阵亡，最验也。

	戌辰	坐丙戌向丙辰	土
坐乾向巽兼		三分，	分金属
	亥巳	坐庚戌向庚辰	金

　　龙运遁丑库运遁丑，宜配子龙入首，子龙乾山之配为上吉，主人丁大旺也；壬癸龙入首一六共宗，主人丁兴旺也。坎卦龙宜一六运，主大发巨富旺人丁也，五七运主大发财丁。酉龙入首，龙山配合，主旺人丁也；庚辛龙入首，主人丁也。兑卦龙宜六八运，主大发财丁也。

　　玄武山宜尖峰端正，宜坎龙发祖如龙楼凤阁，如个字出脉束腰断细龙过峡起伏盘旋布气，行度由癸转壬入子正面结穴，龙虎砂抱拱贵人砂明现入将高拱，四大神方圆而金星四面相照，案堂清秀如娥眉，主状元之宰辅。中格龙，翰院学士；下格龙主科第大富也。

　　埕水宜放巽位去为上吉，而水放乙位出口亦大吉也，水放甲位出口为次吉。水放艮位出口破后天，主妇人经水之病；水放离卦出口走先天，主损幼丁也；艮为库池，水宜深聚，主大吉房房发财丁而悠久也。外局水宜放巽位出口，为乾山第一水口也，主房房大发财丁；水流乙位出口亦大吉。水流艮位出口，外局破后天，主损妻财。水明现妇人产厄血光也，水流离位出口，外局走先天，主损人口。若先后天流破，宜栽竹、筑屋宇、培土遮之则吉。一忌震水来流午位去，而乾水来流艮位去，此先天破后天，曰消；一忌乾水来流午位去，震水来流艮位去，后天破先天，曰亡；消亡败绝水，主大凶也。震为天劫巽为案劫，故忌甲卯乙辰巽巳水来过堂，主吐血痨疾夭折退败。地刑、案堂有硬劫亦然。忌曜杀寅午亥三方，有树木或有路或便劫冲射，主大凶。恶死水甲水朝堂；自缢水或木石压死，乙辰水流来主木压死，大凶也。颠狂水寅午方有水或树木或案堂带劫，定主出狂人。自缢水卯方有路或有水冲来，主女人自吊死，午方有路冲来，主男人自缢死。牢狱水辰方有山如狱、如枷扭，或有水或有路如绳索，主牢狱囹圄死。眼疾水同于前。风声水巽巳水来，主男人好色，不拘贫富，若风声水也。痼疾水辰水来。主痼疾，或缺唇或喑哑或耳聋也。而甲水来主疯跛、残疾、驼背也，最验也。

坐亥向巳兼乾巽三分，坐丁亥向丁巳分金属土

龙运遁未库运遁丑，宜配癸龙入首，癸与亥配合，主大旺人丁；壬子龙入首，主人丁兴旺而蠢燥也。辛龙入首，主旺人丁也；庚酉龙入首，龙山气圆主旺人丁也。坎卦龙宜一六运，主大发富贵，人丁兴旺也，五七运主发财；兑卦龙宜六八运主大富贵也。

玄武山起峰尖秀，廉贞发祖如镜台，个字出脉束咽过峡，起伏盘

旋布气行度，龙虎砂抱拱，或奇秀水朝堂，先后天水会聚，水法天心明堂局正，楼台鼓角印箱全备，主定产文武全才之士，威镇边夷也。中格龙主科甲翰林；若枝龙结穴者，主大发富贵旺人丁也。

内埕水宜放巽位出口大吉也，放乙位出口谓乙巽水口，主富贵也；水流艮位出口，内局破后天，主妇人经水之病；水流丙午丁位出口，谓走先天，主损幼丁也。外局水宜流巽位出口，主房房大发富贵；水流乙位出口亦大吉。水放艮位去谓破后天，主损妻财也；丙水反流丙午丁出口谓走先天，主损伤人丁夭折退败也；收水宜丙午丁丑艮寅来到堂，主大富贵旺人丁，而流破此二卦宜栽竹木或造墙遮障或筑屋宇或培土以遮水口，不见水去则无害。瘤疾水辰水来，主瘤疾或缺唇或喑哑或耳聋，而甲水来，主疯跛、残疾、驼背也。

第二节　八局详解

壬子癸山坎局

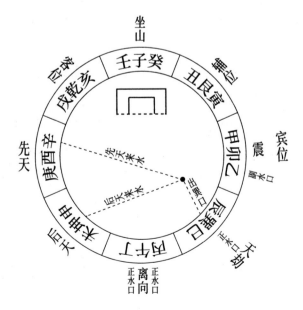

壬子癸山丙午丁向之正局者，须收庚酉辛方兑卦水来，谓之先天水；又收未坤申卦水来过堂，谓之后天水。水来得长去得远者，谓之财丁贵全备之水法也。

天劫在辰、巽、巳位，大凡收先天庚辛水来，后天坤申水接出巽口或出乙口为最妙局。若收着巽卦水（天劫水）来者最凶，其家至久主多损人口，又兼女人撑权，至久必败；若有女子招夫者，主能出丁，此谓之客来助主。水流出庚酉辛卦者，谓之流破先天，主损丁；水流出未坤申卦者，谓之流破后天，主能损女口及破财也。

1. 干流水的调理：若收兑卦先天水主旺丁，但水从后天坤卦流出为破后天，主损财，须把坤位填高，让水从乙方流出可解。

2. 宅庭内放水宜从巽卦之巽口，或离方丙、丁位，或震方乙位流出。庭院出水应从天干或四维出，不宜流破支神。

3. 外局如有河流从天劫巽方流入，从后天坤方流去，及先天兑方流去，当主损丁破财，家破人亡。

调理方法：须于宅门建一挡墙，使之不见水之来去，且内局水法应符合三元水法，可减外局之凶煞。

4. 如外局之道路犯破局，能改则改之。若不能改之，亦用上述方法，在门前建一挡墙壁。

5. 坎宅门路绝不能开巽方，为犯天劫，祸不可挡。

6. 应期：先天兑水应于下元七运，后天坤水应于上元二运，因二七同道，故二七运均应；流年应于未申酉年。天劫巽方水应于中元四运，因四九为友，亦应于下之九运；流年应于辰巳年。

丙午丁山离局

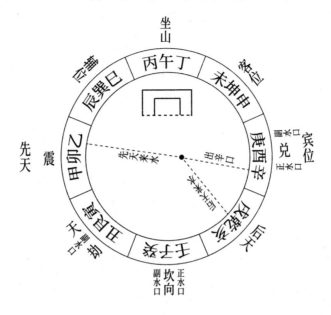

丙午丁山壬子癸向之正局者，须收震卦甲卯乙方之水来，谓之先天水；又收乾卦戌乾亥之水到，谓之后天水。先天取丁，后天取财，先天水来得长而出口去得远者，主出子孙贤；后天水来得长者，主能发财，此谓财丁全备之水法也。

天劫在丑艮寅方，丑艮寅方水不宜来，来者甚凶。曜煞在午申亥位，如水来者大凶，会出狂癫之人。大凡天劫、曜煞之位，切勿栽树、种竹、筑置等事皆为最凶。犯曜煞位者，久则必多损失。丙午丁山壬子癸向正局，大凡收甲与乙之水来，又收乾方之水来接，由辛口流出大吉；若出口差错者，不妙也。

1. 宅内局放水，宜从天劫艮卦之艮位，或案劫方之壬、癸位，或宾位方之辛位而出。

2. 此宅不宜开艮方天劫门路，犯之损丁破财，其凶甚烈；亦不宜开曜煞方午申亥位门路，主出疯癫之人。宜开乾位门路，以收后天水主旺财禄；亦宜开甲乙门路，以收先天水主旺丁贵。

3. 干流之水如破局，须按正局水法补救。如干流水从艮方天劫位来，流入震方先天而去或从乾方后天而出，宜以土填高转水流向，可免招灾。

4. 道路为水，犯破局，须建一挡墙避而不见，能改则改。若外局河流犯破局，能堵则堵，若不能堵，则建一挡墙以避之。内吉外凶，能减其凶。

5. 应期：先天震水应于上元三运，因三八为朋，亦应下元八运；流年卯年。后天乾水应于中元六运，因一六共宗，亦应上元一运；流年戌亥。天劫艮水应于下元八运，因三八为朋，亦应上元三运；流年丑寅。犯曜煞午申亥位凶者，则应于午子申寅亥巳之年不利。

丑艮寅山艮局

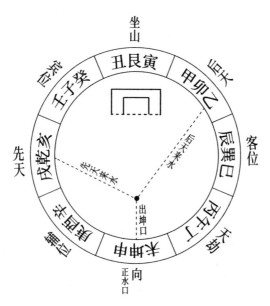

丑艮寅山未坤申向之正局者，须收乾卦戌乾亥之水来，谓之先天水；又收震卦甲卯乙方之水到，谓之后天水。水来得长去得远皆润泽者，谓之财丁贵全备之水法。水出坤口由堂面直出者，主能出贵。先天水长来者，主出丁兴旺多贤；后天水长来者，主大发财。若水由丁口而出者，主有多财丁，但不合贵格。出丁口者谓之副水口，出坤谓之正水口，正副有别则贵格自然有差矣。天劫在丙午丁方，地刑在庚酉辛位，曜煞在寅午申位。此局大凡收甲卯乙之水来，又收乾卦水接出坤口为最妙之局也，坤位有聚大埠者为最上妙局也，大吉也。

1. 巽方为客水，坎方为宾水，如收宾客水入局，主本族子孙伶丁，财不发。如此局宾客水为干流水或小路，须改造之。

2. 从理气上讲，收先后天水出坤方正水口，丁财贵全备，此为理气重于地理之说也。凡风水以山川为体，以理气为用，不能颠倒。如收先后天之水为道路，出坤方，有犯道路直冲之嫌，必主财产不聚，人丁流荡；如收先后天之水为水路，则犯牵牛煞，阳宅之气不存，为飞砂走石之地，怎能丁财贵全备。故习风水之要者，应以形局为主，理气为补也。

3. 宅内局放水宜出天干四维，如庚辛坤丁丙之口。

4. 若宅外干流水或水路从离方天劫位来，或开离方门路，均不吉也。干流水宜于离方挖低，有小路宜堵住。

5. 艮宅曜煞在寅午申三位，不宜见路冲、暗箭、高杆、庙宗、塔等。

6. 应期：先天乾水主应六一之运，戌亥年；后天震水应三八运，卯年；天劫离水应九四运，午年；曜煞呈凶象，应寅午申子年；坤方窍位应二七运，未申年。

申 坤 未 山 坤 局

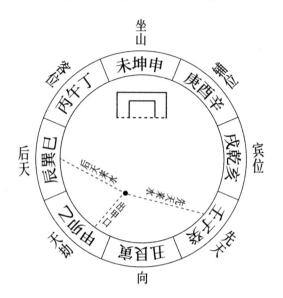

未坤申山丑艮寅向之正局者，须收壬子癸方坎之水来，谓之先天水；又收辰巽巳方之水到，谓之后天水。收先后天两水会合，内局出艮口，外局出甲方，或不论内外局出甲亦妙也，出艮乃是副水口亦妙也。天劫在甲卯乙位，地刑在壬子癸方，曜煞在卯辰酉位，若甲艮之水来，谓黄泉水，天劫水大凶，能杀人口。壬子癸水来出辰巽巳方者，谓之流破后天，主妇人能致月经白带之病，甚者血崩、难产、堕胎等等，亦能重妻。若卯方之水来冲入目角者，谓之桃花水，主出妇人淫乱；子水冲入亦同，至久必败。大凡此局须收壬与癸水来，又收巽水到接出甲方或艮口最上妙也。

1. 此局如乾方宾水来流入天劫震方而去，旺女儿，败男丁。

2. 宅内放水于地势上宜收坎方先天，收巽方后天水合流，从天劫方甲口而出，如此家庭堪许小康。

3. 门路忌开天劫震方和曜煞卯辰酉位；开正门亦可，因艮方为副水口吉。

4. 外局道路或河流如收先后天之水，若从艮方长直而去，此为风水上之大忌，为形局牵动土牛，无藏无气，破败之家也。能改则改，如为小水宜于艮方做池，门前竖墙，不见其去方妙。

5. 屋外干流之水犯冲破先后天，宜堆土填高，阻其流动为佳。

6. 应期：先天坎水应于一六运，子年；后天巽水应于四九运，辰巳年；天劫震水应于三八运，卯年；劫案艮水应于八三运，丑寅年；曜煞方凶应于卯酉辰年。

甲卯乙山震局

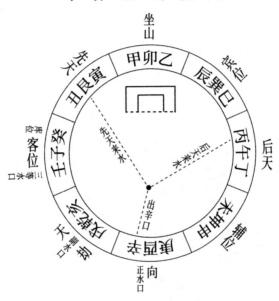

甲卯乙山庚酉辛向之正局者，须收艮卦丑艮寅之水来，谓之先天水；又收离卦丙丁午之水到，谓之后天水。内局出辛口，外局出乾方，如此谓之财丁全备之水法也；或内外局皆出辛口，或皆出乾方者，亦为最妙之局也。若出壬口者为三等之水口也，比辛乾小次之，须要正丙方来正对壬口而出，方为合局也。不论何出之立向者，皆以先天水明现为重，但于立坐东向西卦者，应以后天之水明现为重也。天劫在戌乾亥位。地刑在未坤申方，曜煞在寅申亥位。此局大凡收先天艮寅水来，又收后天丙丁水到接出辛口，为大吉之局也；若收着正午方之水来者，反为大凶，谓之桃花水也。

1. 干流水犯冲破先天后天之局，或收乾方天劫水入局，须按正局之水法改动之，方可获福。

2. 宅内放水宜出辛、乾、壬、庚方。门路不宜开乾方，犯天劫凶位；曜煞方寅申亥位，亦不宜开门路。

3. 外局道路或沟河，如流破先后天或收乾方天劫水，为大凶之局。调理方法：宜门前建一挡墙，使之不见，如能改动更好。

4. 如收宾客之水来堂，为不吉，主丁稀财败，招婿过门者反吉。

5. 应期：离方后天水应九四运，午年；艮方先天水应八三运，丑寅年；天劫乾方水应六一运，戌亥年；曜煞位凶则应寅申亥年。

庚 酉 辛 山 兑 局

庚酉辛山甲卯乙向之正局，须收巽卦辰巽巳方之水来，谓之先天水；又收坎卦壬子癸方之水到，谓之后天水。出口须应立向配合之或出甲、出乙、出艮皆可用之。若卯水射入者，谓之冲心桃花水，主出妇女淫乱、男人致痨病；若卯水冲来游于厝后，正对西方出口或西水直冲厝后，绕来转由厝前卯位出口者，谓之游魂桃花水，主出妇女淫乱，家中女人会与外人私奔，其家至久退败。天劫在丑艮寅位，地刑在辰巽巳方，曜煞在酉辰巳位。此局大凡收巽水来，又收壬癸水到接出甲口大吉，此谓财丁全备之水法也。

刑、劫、曜，切不可栽种树木、竹，又不宜水来，来者凶。

1. 宅内放水宜出甲、乙、艮方；门路不宜开艮方天劫位，宜开巽方先天门路主旺丁。

2. 天劫艮方或曜煞酉辰巳方，不宜有凶物照应或路冲等。

3. 如收离方客水出天劫艮方，虽为合局，但亦主旺女丁，发小财。

4. 干流水或门前小路犯冲破先后天之局，须改造方吉。

5. 屋外公路或外局河流犯冲破先后天大凶之局，能改则改，若不能则于门前建一挡墙（照壁），使之不见。

6. 应期：先天巽水应四九运，辰巳年；后天坎水应一六运，子年；天劫艮水应八三运，丑寅年；客位离水应九四运，午年；曜煞位应酉辰巳年。

辰巽巳山巽局

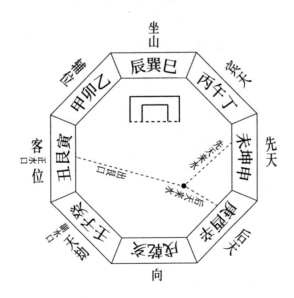

辰巽巳山戌乾亥向之正局者，须收坤卦未坤申方之水来，谓之先天水；又收兑卦庚酉辛方之水到，谓之后天水。来去之水须长秀润

泽，流水环到目角接对艮口而出，此谓财丁全备之水法，或出癸方亦妙。向乾向坎者，只怕兑坎之方，须要防之，子水酉水不宜来，此两水来谓之桃花水，甚凶。天劫在壬子癸位，地刑在庚酉辛方，曜煞在酉巳卯位；天劫、曜煞之水不宜来，来者能出癫狂、咯血之人，久也能杀损人口。此局大凡收坤申之水来，又收庚辛之水到，目角接出艮口，为大吉之局也。凡天劫、地刑、曜煞之位，不宜栽种树木、竹子。

1. 宅内放水宜出艮、壬、癸方为吉；门路不宜开坎方天劫位，宜开兑方后天吉位。

2. 干流水或屋外小路，若犯冲破先后天或收坎方天劫水，须把路堵住，将干流水方填高以改变其流向。

3. 外局有公路或河流犯冲破先后天之凶局者，若不能改造，须于门前建一挡墙，使之不见。

4. 应期：先天坤水应二七运，申未年；后天兑水应七二运，酉年；天劫坎水应一六运，子年；客位艮水应八三运，丑寅年；曜煞位应酉巳卯年。

戌乾亥山乾局

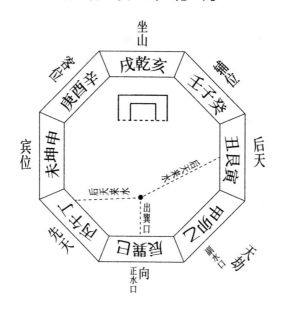

戌乾亥山辰巽巳向之正局者，须收丙午丁方离卦之水来，谓之先天水；又收丑艮寅之水到，谓之后天水。先后天水来得长去得远，皆清秀润泽者最妙；两水到堂会合，由巽口直出者，谓之财丁贵三备之水法也。此局收山出杀之方法：内局出巽，外局出甲或出乙口，此皆为局法之吉也。收正艮方水来过堂，由正坤位出口者，谓之反局水法也，坤方水尾有聚大埠者更妙，无聚水亦无妨也。天劫在甲卯乙位，地刑在丙午丁方，曜煞在寅午亥位。此局大凡收离卦水来，又收艮寅水到，接对巽口直出者，大吉之局也。

1. 此局正水口于巽位。若收先天或后天水到堂，从向首巽方直长而出，虽为合局，但亦见凶，乃因牵动土牛，地气涣散，丁财两败。若两水会于巽方蓄聚而不见其去者，乃为丁财贵齐备之局也。

2. 干流水或屋外小路，犯冲破先天后天者，须改造调整，使之合于吉局。

3. 宅内放水宜从巽、甲、乙方而出为吉；门路宜开离方先天水方，不宜开天劫震方。

4. 屋外有公路或河流犯冲破先后天之凶局，如不能改动，则于门前建一照墙，使之不见。

5. 应期：先天离水应九四运，午年；后天艮水应八三运，丑寅年；天劫震水应三八运，卯年；曜位应寅午亥年。

第三节 实例点窍

【例1】陈先生七运造震宅，宅局图示如下：

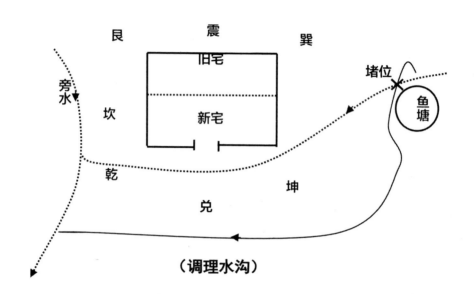

（调理水沟）

　　笔者应陈先生邀请，对其住宅风水进行勘察。进入宅地，察看四周，相其形局，无形煞，取一吉。随后看宅旁之外水，宅外艮方有干流水，水路痕迹明显，遇雨天必有大水流过。于是，我对陈先生道："你最少生有三个儿子，且小儿子在外地谋生，想必日子过得不错。"

　　陈先生笑道："先生高明！我共生三子一女，小儿子在外做生意，赚钱不少，不用我担心啦！但不知先生如何看出？我也是个风水迷，但总学不进去，先生能否直言？"

　　既然陈先生有此爱好，当视为同仁。于是，我毫无保留地跟他解析道："我是从三元水法上看出来的，贵府右边宅旁收艮卦干流水，每逢雨季其水必不小；震宅以艮卦之水为先天水，旺相主能发丁，虽为干流水不甚旺气，而断至少生有三男。艮为少男，艮卦旁水流经坎卦客位水，带动了客位的风水气场，客者主作他乡之客也，且此水有气，当断为客居他乡。"

陈先生久逢知己，其乐融融。

我们一行走至南边的鱼塘边，看见鱼塘排水沟被堵干已久。于是，我问陈先生道："此水沟何时被堵住？新宅是何年建的？"

陈先生答道："都是前两年所为，有问题吗？"

我说："问题可大了！想必在你没有建造新宅时，南边的水沟是与宅旁艮方水合流后，从乾位流出的。"

陈先生疑虑沉重道："正是如此！"

我说："真是祸福由己，唯人自招。你没有建造新宅之前，收离方后天旺水过堂，与先天艮水合会，所以你事业发达，赚了不少钱。于是，自己想住得宽敞一点，再建新舍，把这条财水填平堵住了。"

陈先生惊奇道："承蒙贵言，确实如此！但不知此后如何？"

陈先生似在考我，但此时已不是什么难题了。我说："这两年你走了雷运，事业上兵败如山倒，与财运无缘，几乎一无所有了。"

陈先生点头称是，又问："不知先生有何妙法能解此困局？"

我说："简单得很，照旧处理。将南边水沟开通，让水流过门前，与艮水相会，再让会合之水从乾方向外流出即可。"

陈先生高兴说："此事简单！多谢先生指点。"

时过境迁，时间已经过了一年，但陈先生并没有把我忘记。一天，我接到他的来电，称："我是陈先生，自从你给我提出调理方案后，事业财运好多了，太感谢你了！改天登门拜访……"

【例2】林先生住宅，七运丙子年上半年建造，坐巽向乾正针。宅局图示如下：

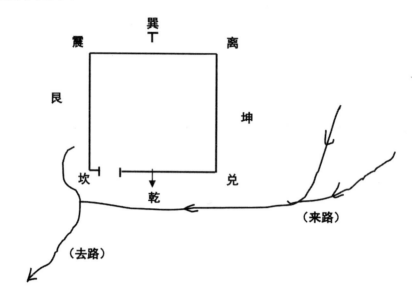

相宅时间：庚辰年秋季。

宅基情形：农村住宅，一厅四房。右边开廊三间，兑角建厕所，门路开在坎方，有围墙自成一体。

近宅之局：兑方有长远来路，坤方邻居小道，坎方为通往水井和田地的小路。

外宅之局：乾方向首120米左右为干流空地，雨季之水从兑方流下来，消于坎方水田。

推断：从宅内到宅外，林先生随我转了一周，一切了然于胸。于是，对林先生道："此宅旺丁，别看你今年三十出头的样子，又处于计划生育的管制年代，你应生有一女两男，且女孩为大。"

林先生表情很奇怪，道："正是一女两男，女的为大。"

巽宅之坤方为先天方位，有邻居来路，可视为先天水来。先天水主旺丁气，坤为二，故主两男丁；坤为大，又属女性宫，故女孩为大。

我接着说："从外局水路来看，收兑方后天之水主发财；又从近局道路来看，收兑方来路后天水亦主发财，所以你得两路来财。一方面跟老板打工赚钱，另一方面又有自己经营的生意，可见财源滚滚来，是个富裕家庭。"

林先生笑道："正如先生所言，钱赚了不少，可是开支特大，破财也多。比如买了两辆骄车，外面花了十几万元买地皮准备建房，连计划生育也被罚了好几万，不知先生能否指明流年吉凶？"

断其收兑卦后天水主发大财，其中之一个原由是，下元七运，二七当旺，七旺又为先天坤卦水旺之故。

其破财的原因是在天劫位坎卦开门，且先后天水合会于酉方，酉为巽山的曜煞之故。

丙子年： 宅开坎门，收天劫之水，下半年必破财。

丁丑年： 丑岁在客位方，此方有路曲去，为正水口位，故主此年外出做生意发财。

戊寅年： 寅在客位，冲先天坤位人口，人动必主去远方，且为马星相冲。故主外出打工，有车惊。

己卯年： 岁在辅位，此位有一条小路直下，为吉位，且冲劫后天兑位。此年发财必大，但耗财亦大。

庚辰年： 此年山向逢冲，先后天来路被冲断，故此年耗财，且有车惊。

以上均验，其余从略。